长三角议事厅合集

新都市与新城镇

曾刚 曹贤忠 易臻真 等著 ｜ 澎湃研究所 编

NEW CITY & NEW TOWN
OF THE YANGTZE RIVER DELTA REGION

格致出版社 上海人民出版社

前　言

　　长三角是中国经济发展最活跃、开放程度最高、创新能力最强的区域之一。长三角区域一体化发展是习近平总书记亲自谋划、亲自提出、亲自部署、亲自推动的国家重大区域发展战略之一。2020年,全国城镇常住人口约9.02亿人,常住人口城镇化率已达63.89％。长三角三省一市常住人口城镇化率更高达70.84％。中国已经进入了"城市纪",城市、城市群已经成为我国新时期高质量发展的关键支柱。

　　2021年是建党100周年,也是"十四五"开局之年、长三角区域一体化发展国家战略实施的第三年。回眸过去的三年,根据中央关于沪苏浙皖41座城市"一极三区一高地"战略定位,以及充分发挥上海龙头带动作用、苏浙皖各扬所长的部署和安排,长三角一体化发展取得了丰硕成果。从整体上看,一是全国发展强劲活跃增长极基本形成,长三角地区生产总值占全国比重从2018年的24.1％提高到2021年前三季度的24.5％;二是区域一体化发展示范区建设取得实效,长三角生态绿色一体化发展示范区、虹桥国际开放枢纽、G60科创走廊跨界区域率先取得突破;三是高质量发展模式初现端倪,数字经济、绿色发展、一体化发展硕果累累。从省市发展来看,上海市依托"五个新城""一江一河"等项目计划,在践行"人民城市"重要理念等方面取得了令人瞩目的成就;江苏省以"转方式、调结构、强动能"为指导,基本解决了长江两岸"重化围江"的突出问题,树立了绿色转型发展的典范;浙江省利用自身数字经济、民营经济的特色优势,开创了"共同富裕示范区"建设的新时代;安徽省充分利用中国科学院合肥分院、中国科学技术大学、合肥综合性国家科学中心的科创资源,"中国声谷"声名鹊起,"京东方"影响力不断增强,新能源产业不断发展壮大。

作为国内最重要的高校城市智库和媒体城市智库之一,教育部人文社科重点研究基地中国现代城市研究中心、澎湃研究所、上海市社科创新基地华东师范大学长三角区域一体化研究中心,于2019年3月强强联手,主动对接长三角区域一体化国家发展战略需求,联合推出了"长三角议事厅"线上专栏、线下沙龙系列活动,旨在论述战略背景、解析科学依据、提出政策建议、指出多方参与途径,为推动长三角一体化高质量发展服务。线上专栏重点展示长三角一体化研究成果与务实建议。"长三角议事厅"入选"2019年度CTTI智库最佳实践案例",荣登全国2019年度优秀案例榜单。作为全国首个由高校智库与媒体智库共同打造的时政类栏目,截至2021年8月31日,"长三角议事厅"已发布线上专栏文章133篇,举办线下沙龙11场,全新推出"周报"52篇,中央、地方党委和政府、人大、政协,行业协会、社团组织以及企业领导、专家学者、市民百姓对栏目平台好评如潮,阅读量"200万+"文章频现,多篇文章被《人民日报》、新华网、学习强国、《改革内参》等重要媒体转载。

为了让读者系统了解过去一年"长三角议事厅"对长三角区域一体化国家区域发展战略的深度解读、行动方案建议,我们从2020年7

月至 2021 年 8 月刊登的专栏文章中,选取 41 篇文章,聚焦"新都市与新城镇"主题,围绕长三角空间新关系、产业新动能、人口新结构、求解共同富裕、问策区域协同、振兴新城之道、探索功能转换等七大问题展开论述。同时,为方便读者了解长三角一体化发展国家战略的实施过程,我们还汇编了近期长三角发展大事记。然而,需要指出的是,长三角区域一体化发展国家战略内涵十分丰富,三省一市创新实践多姿多彩,加上我们的认知程度不深、时间有限,本书一定存在不少疏漏、错误之处,恳请各位读者批评指正!

放眼未来,在面对百年未有之大变局、落实双循环新发展格局战略部署的重要历史阶段,长三角肩负着维护国家发展大局、振兴中华民族的重任。解决长三角一体化发展过程中的"三热三冷"(上层热,基层冷;政府热,社会冷;媒体热,餐桌冷)问题,实现长三角一体化、高质量的发展目标,需要我们携手共进,砥砺前行。因此,恳请各位读者继续关注、支持"长三角议事厅"线上专栏和线下沙龙系列活动。让我们携起手来,为建设长三角美好的明天,而努力奋斗!

曾刚

辛丑中秋于丽娃河畔

目 录

上篇　新都市：绿色、科创、活力

第三章 人口新结构:人口流动与素质提升

下篇 新城镇:协同、共享、振兴

第四章 求解共同富裕:欠发达地区的融入与突围

第七章　探索功能转换：上海重点转型区普陀桃浦实践

上 篇

新都市：

绿色、科创、活力

导　言

　　都市区、城市群、都市圈，如今已成为高频词，不仅出现在如《第十四个五年规划和 2035 远景目标纲要》(以下简称"十四五"规划《纲要》)这样的政策文件中，也是寻常百姓茶余饭后谈论的话题。

　　目前，中国已形成包括京津冀、长三角、珠三角、成渝、长江中游、山东半岛、粤闽浙沿海、中原、关中平原、北部湾、哈长、辽中南、山西中部、黔中、滇中、呼包鄂榆、兰州—西宁、宁夏沿黄、天山北坡等 19 个城市群。

　　而随着城市化的推进，以及城市间愈发频繁的竞合，以超大城市、特大城市或辐射能力较强的大城市为中心，以 1 小时通勤圈为基本范围的都市圈也成为城镇化空间新形态。2021 年，南京都市圈、合肥都市圈、杭州都市圈发展规划相继获批，可见国家对都市圈发展的支持，并寄予厚望。

　　"十四五"规划《纲要》提出，以城市群、都市圈为依托促进大中小城市和小城镇协调联动、特色化发展，使更多人民群众享有更高品质的城市生活。"发展壮大城市群和都市圈"是完善城镇化空间布局的关键，在此基础上"分类引导大中小城市发展方向和建设重点"。

　　鉴于都市圈与城市群的重要性，本篇的第一部分依据空间大小，讨论长江经济带、南京都市圈、合肥都市圈、上海虹桥枢纽的发展特征和阶段性问题。无论是穿过十余个省的长江经济带,还是关联苏浙沪的虹桥枢纽,都拥有共同挑战,那就是如何在新时代高质量发展,但它们的发展又各具特点与难处。我们希望通过呈现不同的城镇化空间形态,告诉读者不同的空间形态、不同的发展阶段、不同的经济体量、不同的地理位置,应有不同的解决方案。

但它们面临的高质量发展中都至少包含了科技创新与绿色发展,也就是我们在第二部分中想要表达的两个关键词"科创策源"和"双碳"(碳中和、碳达峰)。

同济大学王少副教授认为,科创策源是指科技创新的策划、发源,而科创策源地就是科技创新活动的策划和发源地。从内涵上看,无论是策划,还是发源,都强调了科创活动的内生性、原创性和创新性,因为科创策源地要以科创中心为基础,集聚人才,拥有良好的产学研配套机制,它是中心之中心。因此,即使在科技创新能力较强的长三角地区仍然需要推进科技创新范式变革,安徽大学宋宏研究员撰文建议长三角区域要加强协同合作、规划统合。

"双碳"与"科创策源"具有同等热度。中国已经向世界宣布,将于2030年碳达峰,努力争取在2060年实现碳中和。"双碳",将导致中国产业结构发生重大调整,也会给居民生活带来巨大变化,中创产业创新研究院的朱加乐、李光辉、张舒恺以长三角为例,从产业、园区、碳金融分析长三角实现"碳中和"的机遇、挑战和路径。这提供了一个实践"碳中和"的思路与视角。

最后一部分,我们回到城市发展的核心与目标,那就是人。中国区域科学协会理事长、中国宏观经济研究院研究员肖金成等分析了中国 199 个人口流出地的自然和经济特征，流出地城市发展的困境，并提出人口流出地城市发展的路径与策略。又如，华东师范大学城市与区域科学学院研究员崔璨等分析了长三角城际人口流动的时空动态；上海市社科院城市与人口发展研究所研究员林兰以上海为例，分析了制造业的人才发展问题，并提出对策。无论是城市群，还是超大城市，或中小城市，都在为了留住人，创造宜居、宜业的城市环境。

什么是新都市？它不仅要有高楼园区，也要有青山绿水；不仅要有产业集聚，也要有公园绿地；不仅要有科研人才，也要有家政保洁。就如上海"十四五"规划《纲要》所提出的："人人都有人生出彩机会、人人都能有序参与治理、人人都能享有品质生活、人人都能切实感受温度、人人都能拥有归属认同。"

第一章

空间新关系:长江经济带与都市圈

"十四五"时期长江经济带发展的五点建议

曾　刚　曹贤忠*

2020 年 11 月 14 日,习近平总书记在南京全面推动长江经济带发展座谈会上强调,要坚定不移贯彻新发展理念,推动长江经济带高质量发展,谱写生态优先绿色发展新篇章,使长江经济带成为我国生态优先绿色发展主战场、畅通国内国际双循环主动脉、引领经济高质量发展主力军。

长江经济带发展是中国重大国家战略之一。2016 年 1 月在重庆、2018 年 4 月在武汉推进长江经济带建设工作座谈会上,习近平总书记多次指明共抓大保护、不搞大开发、生态优先、绿色发展的总体方向,提出将长江经济带建设成为引领我国经济高质量发展生力军的总体要求。2019 年 12 月 23 日,《长江保护法》草案首次提请全国人大常委会审议,保护长江流域生态环境、推进绿色发展的法律体系建设取得重要进展。

"十四五"时期将是推动长江经济带绿色发展的关键时期,建议重点抓好以下工作:

* 曾刚,教育部人文社科重点研究基地中国现代城市研究中心主任,华东师范大学城市发展研究院院长、终身教授;曹贤忠,华东师范大学城市发展研究院副教授。

第一,统筹条块分割的生态环境机构,建设天地一体的生态环境监测系统。

欧洲莱茵河流域治理经验表明,准确观测长江流域水土气生生态环境质量变动,是制定长江经济带生态优先、绿色发展战略行动计划的科学基础。主要建议如下:一是将现有生态环保类国家重点实验室、省部级重点实验室纳入统一的合作网络中,由国家发改委统筹、生态环境保护部主要负责。二是按照世界最高、最新生态环境监测技术规范,建设天地一体、包含水土气生(生物)多要素的长江生态环境监测系统,实现长江生态环境质量的统一标准、统一监测、统一处理、统一发布,彻底改变当前长江环境监测碎片化、多元化的混乱局面。

第二,优化排放权交易市场,建设生态补偿长效机制。

欧盟碳排放市场成功经验表明,排放权交易不仅能够促使更多社会资本流向企业节能减排领域,而且还能引导更多环保资金从发达地区向欠发达地区转移,有利于建立流域上中下游生态补偿的长效机制。主要建议如下:一是以上海环境能源交易所、湖北碳排放权交易所、重庆碳排放权交易所为基础,依据中央要求及各地经济社会发展水平和生态环境保护目标,建立可信、可查、可测的重点污染物质排放量清单。二是允许减排补贴进入市场,鼓励社会资本投资异地减排工程,从而调动社会各方面积极性,彻底改变中国当前生态环境保护中央积极、地方消极、跨地区生态补偿资金来源不足的困境。

第三,充分发挥长三角生态绿色一体化发展示范区的示范作用。

长三角生态绿色一体化发展示范区是长三角区域一体化发展国家战略的"样板间",有必要充分发挥长三角生态绿色一体化发展示范区在推进长江经济带发展中的示范作用：一是探索和推进区域协同、一体化制度创新。以城市群、城市圈为空间载体，启动长江经济带不同尺度一体化、城市协同发展建设，优先推动规划衔接、制度协商、生态共保、要素流动、投资准入、财税分享、一网统管等重点领域的一体化工作。二是坚持生态优先、绿色发展，凸显地域"特色"。紧抓生态保护和生态修复，打造生态价值高地，充分挖掘文化特色，构筑区域形态特色，遵循自然肌理和历史脉络，凸显地域文化的独特魅力，探寻将生态特色与本土文化融合、生态优势转化为经济增长的新途径。

第四，高标准制定长江经济带绿色发展标准。

长江经济带工业企业密集，部分企业清洁生产水平不高，产业结构和布局不合理造成累积性、叠加性、潜在性生态环境风险高。主要建议如下：一是由国家发改委牵头，由中央组织部以及工信部、环保部、科技部、财政部参与，以提高企业水耗、能耗、环境、质量、安全标准，鼓励企业开发绿色产品、建设绿色工厂、打造绿色园区、完善绿色供应链为抓手，建立绿色 GDP 政绩考评体系，完善生态环境事件责任人追溯制度，探索干部自然资产离任审计制，加大支持绿色技术产学研一体化发展力度，为长江经济带企业绿色发展提供可靠的体制机制保障。二是充分发挥绿色标准化工作的引领和规范作用，加快构建并完善长江经济带区域绿色发展标准体系，实现长江流域各省市在碳排放、资源投入等方面的标准化，引导科技研发资金流向城镇污水垃圾处理、化工污染、农业面源污染、船舶污染和尾矿库治理等领域，推动长江流域科技驱动绿色转型发展。

第五，构建长江经济带绿色技术协同创新网络。

一是充分发挥上海全球科技创新中心在长江经济带创新驱动发展中的创新策源地作用，以上海、南京、杭州、合肥、武汉、成都等创新要素密集的城市为核心节点，充分发挥上海张江、安徽合肥综合性国家科学中心的大科学装置在基础研究、重大应用研究领域的科技支撑作用，辐射带动中游、上游城市群内核心城市的科技创新动能。二是构建以绿色产业创新联盟、产学研合作、产业共性技术协同攻关、技术转移转化等为联系渠道的长江经济带绿色技术协同创新网络，实现长江经济带内重大科技创新的协同攻关，为长江经济带企业绿色发展提供强有力的技术支撑。

长江经济带三大城市群城际客运联系及其优化建议

涂建军　毛凯　况人瑞　李南羲[*]

长江经济带南北居中、横贯东西,是中国区位优越、交通便捷、产业集中的经济带。2016 年公布的《长江经济带发展规划纲要》提出"生态优先、流域互动、集约发展"的发展理念,明确了长江三角洲城市群、长江中游城市群,以及成渝城市群三大国家级城市群在长江经济带发展的重要作用。但由于经济社会、自然本底、政策倾斜等因素影响,三大城市群的城市城际客运联系网络结构存在明显的时空差异,表现出明显的空间继承性。

鉴于以上背景,本文基于三大城市群共计 92 个地级市(长三角城市群 26 个、长江中游城市群 31 个、成渝城市群 35 个)客运交通流数据,深入刻画长江经济带三大城市群的城际客运联系网络结构特征,考察城市等级与城市群网络发育的关系,探究高等级城市在城市群空间网络发育中的作用,并对数据背后的逻辑关系进行特征提取和规律挖掘,揭示城市群形成发展过程中的阶段性特征,为实现城市群高质

* 涂建军,西南大学经济管理学院教授;毛凯、况人瑞、李南羲,西南大学经济管理学院硕士研究生。

量发展提供借鉴思路。

数据获取及研究方法

当前,在长江经济带三大城市群内部,水运、客运已不是人们出行的主流方式,而公路和铁路在城际客运交通中占绝对主导地位。此外,随着高速铁路不断开通,区域间时空压缩更加明显,故本文主要选取公路客运班次、普速火车班次、高速铁路班次等大数据作为研究的基础数据源。

数据的获取过程如下:公路班次数据来自车次网(www.checi.cn),通过网页检索收集,对个别城市拥有多个汽车客运站进行合并;在获取过程中通过随机检验的方式进行数据验真,确保数据准确性。普速火车班次和高速铁路班次的数据来源于中国铁路客户服务中心网站(www.12306.com),通过查询两两城市之间铁路客运班次得到,这里的班次是指列车停靠站点的次数。需要额外说明的是,公路、铁路客运班次在一年内是相对固定的,因此,本文仅获取了2018年9月18日一天的客运班次数据。

利用上述三种基础数据源,将长三角、长江中游、成渝三大城市群内的城市分别组成26×26、31×31、35×35的矩阵,共计2200个城市对关系数值,用以测度两两城市间的交通联系。交通流所构成的城市间联系在强度、方向、密度上存在差异,因此,城市网络结构特征的分析一方面应关注节点城市间的联系,另一方面也要重点关注同一城市群内部省际城市联系差异所导致的联系断层,以此判断城市群发育水平。基于这一思路,本文采用城市联系强度模型和网络密度模型,从城市群内整体联系、城市对联系、分省局部联系等方面分析长江经济带三大城市群城际客运联系网络结构特征。

公路客运网络特征

从公路客运整体联系强度来看,长三角城市群(8 276 班次/日)>长江中游城市群(3 655 班次/日)>成渝城市群(3 255 班次/日)。长三角城市群城市间日公路客运班次>50 次的城市联系高达 52 对,占整个城市群城市联系对的 6.62%,而长江中游城市群与成渝城市群分别仅占 1.04%、0.15%。长三角城市群城市间日公路客运班次为 0 次的城市联系为 143 对,占整个城市群城市联系对的 22%,而长江中游城市群与成渝城市群该比例分别高达 65.09%、57.69%。说明长江中游城市群与成渝城市群的公路交通网络较为薄弱,在网络强度上与长三角城市群形成巨大的反差。

从城际客运联系的空间结构形态来看,长三角城市群呈现明显的多中心特征。其中上海、南京、无锡、苏州、杭州、宁波等 6 市为第一梯次,日客运班次均在 700 次以上,总客运量占比高达 46.9%,联系强度比长三角城市群其他 20 个地级市间的平均值高出 480 次;长江中游城市群公路客运网络呈现以武汉、长沙、南昌为中心的三核辐射格局,其日客运量分别为 661 次、601 次,399 次,为第一梯次,总客运量占比达45.4%,其余地级市日客运班次均不足三大核心城市的一半。成渝城市群则呈现以成都、重庆主城区为双中心的辐射格局。成都与绵阳、德阳、眉山、资阳,重庆主城区与永川、合川客运联系量均在100次以上,为第一梯次。

从城市群跨省公路客运联系来看,长三角城市群以上海为主核心,其与苏浙皖三省日联系班次高达2 345次,占日跨省公路客运联系52.2%。其中,苏锡常地区、江浙地区作为上海的直属腹地,城市间联系尤为紧密(图1)。其中江苏、浙江日跨省联系班次分别为998次、786次,而安徽跨省联系班次仅为489次,仅为上海跨省班次的1/5,这也充分体现了城际客运联系流很大程度上受地理距离的影响。

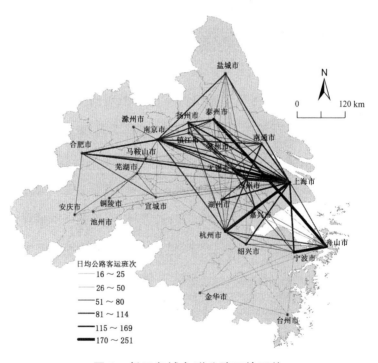

图 1　长三角城市群公路运输网络

　　长江中游城市群产生公路客运联系较多的均为本省城市之间,省内联系的日平均值为 103 次,比跨省联系高出近 82 次,且跨省联系主要发生在省会城市之间,如武汉与长沙、南昌的客运联系分别达到 60 次和 48 次,其余地级城市间除与其他省会城市联系较多外,几乎无跨省公路客运联系,这说明长江中游城市群省际交流向心性(即向省会的联系)明显(图 2)。另外,长江中游城市群省界交界区城市间的直接联系依然处于较低水平,如湖北与湖南接壤城市仅有湖北荆州—湖南岳阳、湖北荆州—湖南常德直接联系超过 10 次。

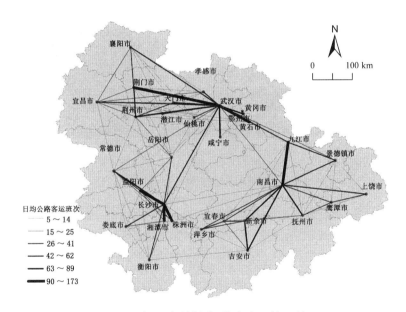

图 2 长江中游城市群公路运输网络

　　成渝城市群的省际联系主要发生在成都与重庆主城区之间,二者间形成一条非常明显的联系主轴线(图 3),但除此联系线以外,产生公路客运联系较多的仍为本省(市)城市之间,省(市)内联系日平均值为 107 次,比跨省(市)联系高出 79 次。从川渝交界接壤地区的联系情况来看,四川泸州与重庆荣昌、永川的日均开行班次分别为22次和50次,四川资阳与重庆潼南、铜梁的日均开行班次分别为6次和0次,四川广安与重庆合川仅为8次,四川内江市大足、铜梁的日均开行班次分别为4次和6次,均低于成渝城市群平均班次水平,更远低于长三角城市群最低班次水平。说明长江中游城市群和成渝城市群在城市群一体化发展过程中,省际边界造成的行政壁垒依然存在。

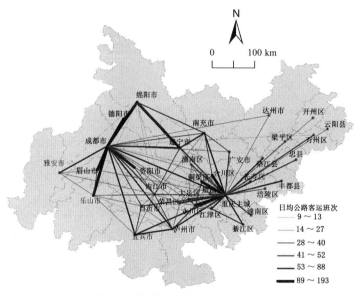

图3 成渝城市群公路运输网络

普铁客运网络特征

从普铁客运整体联系强度来看,长江中游城市群(3 499班次/日)>长三角城市群(3 006班次/日)>成渝城市群(707次/日)。但从联系频度来看,长三角城市群日客运班次>50次的城市联系有10对,而长江中游城市群、成渝城市群均为 0 对。这说明长三角城际普铁客运联系依然是最强的，其中最高的上海—苏州、上海—南京日客运班次分别达 128 次、127 次，而杭州—嘉兴、无锡—南京也分别有 108 次、91次。长江中游城市群最强联系的是武汉—长沙、株洲—衡阳、长沙—衡阳，铁路客运班次分别为 94 次、85 次、67 次。成渝城市群最强联系的是重庆—达州、成都—绵阳，日客运班次分别为 21 次、18 次。因此，从普通铁路客运强度和频度来看，成渝城市群核心城市的辐射力远低于长三角城市群与长江中游城市群。

从普铁城际客运联系的空间结构形态来看，长三角城市群呈现东、北密集，西、南疏松的分布格局（图 4）。东部京沪沿线城市（南京、

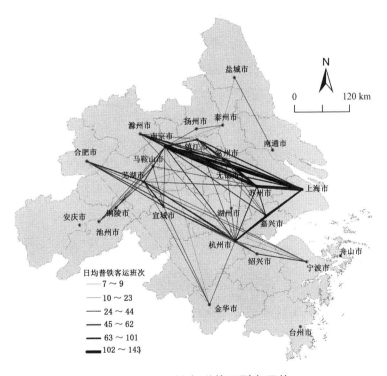

图 4　长三角城市群普通列车网络

镇江、常州、无锡和苏州)间的客运班次最稠密,日均客运班次达 30 次;沪宁线(上海、杭州、泰州、宁波)次之,日均班次 20 次;皖西、浙南腹地最低,日均低于 3 次。

　　长江中游城市群呈现"两纵一横"分布格局(图 5),其日均客运班次最高,达 15 次。"两纵"即沿京广线(武汉、宜昌、荆州)和京九线(九江、南昌、吉安)的纵向联系,"一横"即沿沪昆线(南昌、宜春、长沙)的横向联系。

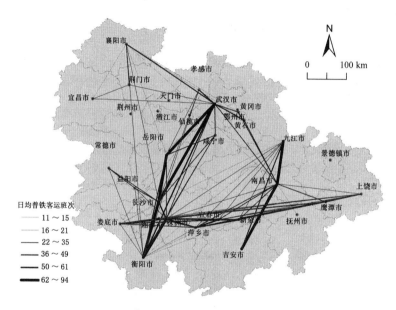

图 5　长江中游城市群普通列车网络

　　而成渝城市群沿重庆主城区—广安—达州—南充—遂宁—成都—德阳—绵阳围合成一个倒"N"字形(图 6),其中,重庆主城区—广安—达州、成都—德阳—绵阳的纵向联系线强度最大,日均开行车次有 40 次以上,大幅度领先其他节点城市,主要依赖襄渝、宝成两条铁路线向北与陕西西安、河南郑州等城市联系。说明成渝城市群普铁线

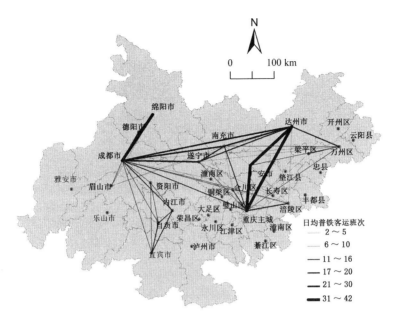

图 6 成渝城市群普通列车网络

不发达,覆盖的地域范围有限,川南、川西普铁客运长期处于空白。

从城市群省际普铁联系来看,长三角城市群与长江中游城市群日省际联系均比日省内联系量高 500 次左右,说明受路程、票价影响,普铁客运更受长途出行者喜爱。但成渝城市群省内联系(1 049 班次/日)仍大幅高于省际联系(596 次/日),这与川渝地区普铁线路较少有关。另外,长三角城市群的苏浙皖各自省内城市日均联系强度分别为 51.15 次、45.31 次、38.56 次;长江中游城市群湘赣鄂对应班次分别为 44.90 次、41.23 次、26.92 次;而成渝城市群的重庆、四川分别为 13.72 次、6.41 次。说明长三角城市群和长江中游城市群因有京沪、京广、京九线等运量较大的铁路线经过,普铁网络化特征明显。而成渝城市群普铁线路少,网络特征不甚明显。

高铁客运网络特征

从高铁客运整体联系强度来看，长三角城市群(8 552 班次/日)＞长江中游城市群(4 035 班次/日)＞成渝城市群(1 645 次/日)。从联系频度来看，长三角城市群日客运班次大于 100 次的城市联系有 24 对，而长江中游城市群、成渝城市群均没有大于 100 次的城市联系。长三角、长江中游、成渝城市群日客运班次大于 50 次的城市联系分别有 53 对、18 对、2 对。以上数据说明长三角城市群高铁客运较长江中游和成渝城市群发达得多。此外，从开通高铁城市数量对比来看：长三角城市群 26 个地级市中 73％的城市已开通高铁，平均每个城市日均高铁班次 328 次；长江中游城市群 31 个地级市中虽已有 77％的城市开通高铁，但平均每个城市日均高铁班列仅有 130 次；而成渝城市群 36 个地级市(区)中仅 58％的城市已开通高铁，单个城市日均高铁班次仅 47 次。这充分说明长江中游城市群和成渝城市群高铁覆盖的区域次中心城市发育尚不成熟，日均高铁班次较低，相应客运量较少，城市间联系远低于长三角城市群。

从高铁联系的空间结构特征来看，相比公路和普铁客运网络，高铁运输呈现的网络核心城市向外延伸的轴线联系明显加强。长三角城市群高铁联系主要以上海为主核心，以南京、无锡、杭州、苏州为次核心，特别是在上海—南京—苏州三城市间形成一个密集的三角形区域(图 7)。上海在长三角城市群高铁网中的中心地位相当突出，其与

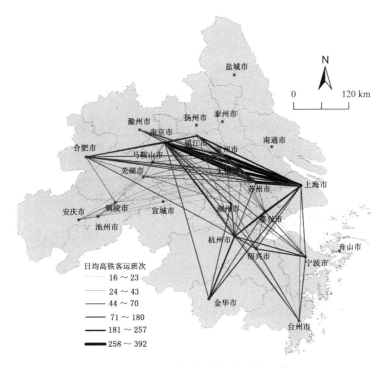

图7　长三角城市群高速列车网络

苏浙皖三省的省际联系高达 2 348 次，仅略低于苏浙皖三省的省际联系之和（2 421 次）。

　　长江中游城市群中武汉、长沙、南昌三个省会城市的跨省总班次分别为 497 次、807 次、250 次，是其他城市跨省班次总和的 4.85 倍，说明长江中游城市群高铁联系网络并未形成一枝独大的强核心结构，而是呈现武汉—长沙—南昌的三核心结构，且跨省联系的省会向心性也十分显著（图 8）。

　　成渝城市群主要以成都和重庆主城区为主核心向外辐射。其中产生高铁客运联系较多的仍为本省（市）城市之间，省（市）内联系总班次为 1 049 次，比省际联系约高一倍（图 9）。

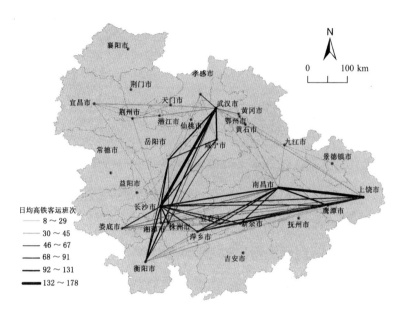

图 8　长江中游城市群高速列车网络

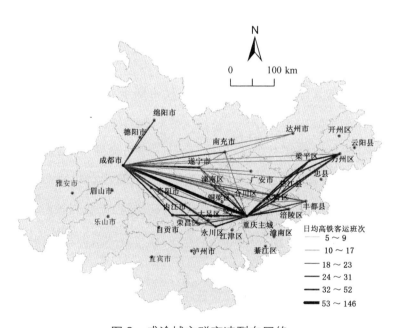

图 9　成渝城市群高速列车网络

　　从城市群高铁城际客运联系来看，长三角江苏省的南京、无锡、常州、苏州、镇江等5市因京沪、沪宁高铁的开通，省内城市两两间日平均高铁班次高达345次；位于宁杭高铁沿线的浙江省杭州、宁波、嘉兴、湖州、绍兴、金华、台州等7城市两两之间的日平均高铁班次达到282次；安徽省合肥、芜湖、马鞍山、铜陵、安庆、滁州、池州等7市因宁安高铁、沪汉蓉高铁的开通，省内城市两两间日平均班次154次。

　　长江中游湖北省的武汉、黄石、鄂州、孝感、咸宁、天门、襄阳、宜昌、荆门、荆州等城市，因郑万高铁、沪汉蓉高铁等的开通，省内城市两两间日平均高铁班次达68次；湖南省的长沙、株洲、湘潭、岳阳、衡阳、娄底等6市因京广高铁、沪昆高铁的开通，省内城市两两间日平均班次189次；江西省的南昌、九江、景德镇、鹰潭、新余、宜春、萍乡、上饶等8市因沪昆高铁、京九高铁的开通，省内城市两两间日平均班次208次。

　　成渝城市群日客运班次1 645次，其中四川省的成都、德阳、绵阳、遂宁、内江、南充、广安、达州、资阳等9市因成达城际铁路、成渝高铁的开通，省内城市两两间日平均高铁班次37次；重庆市的万州、涪陵、合川、永川、潼南、荣昌、梁平、丰都、垫江等9区因渝万高铁、渝蓉高铁的开通，城市两两间日平均班次51次。说明高铁的开通大大增强了城市群内沿线城市的联系密度，高铁客流已成为长三角城市群城际客运联系的主导，而成渝城市群内高铁客运网络仍不发达。

城际客运联系空间网络总体特征

综合以上四种城市群城市联系网络,从整体联系上看,公路客运和普铁客运网络基本构成长江经济带三大城市群城际客运联系网络的总体脉络,除长三角城市群外,另外两个城市群核心城市的主要联系范围仍以省内为主,跨省联系相对较弱。而高速铁路可以显著压缩城市间的时空距离,重新整合分配城市内部各种资源要素。另外,城市交通方式的无缝对接可以提升城市群内区域一体化发展,使城市网络化发展更加迅速。因此,公路客运、普铁客运、高速客运既可以反映人流与物流在区域的流动空间,也可以映射城市物理性空间联系,以此识别城市群空间特征。

对比长江经济带三大城市群发现,长三角城市群"中心城市效应"最明显,上海作为主核心城市,依托发达的交通线路克服地理障碍,与次核心城市、腹地城市有着最为频繁的交通流联系。区域内多个次核心城市如南京、杭州、苏州等,也对周边城市起到辐射带动作用。另外,长三角城市群高速铁路的发展并未明显出现对公路、普铁的替代效应,三大交通流合力驱动着长三角城市群城际客运联系网络结构的新演变;长江中游城市群和成渝城市群也存在"中心城市效应"特征,但核心城市及其腹地普遍存在小型的封闭空间,整个城市群中缺乏类似上海这样的主核心城市带动整个城市群发展。长江中游城市群和成渝城市群应努力打破城市群内区域中心城市的小型封闭空间,保证城市群内聚集—扩散效应对整个城市群的发展发挥促进作用。另外，长江中游城市群和成渝城市群核心城市间高速铁路发展后，与之相应的公路、普铁的交通联系却较弱，替代效应明显。

相比于以往研究，本文基于多种流数据对长江经济带三大城市群城市网络空间结构特征进行了深入研究，但需要进一步讨论的是，由于采集的是一天的数据，因此只能从静态层面反映交通信息流对城市网络空间结构的影响，未来还需要补充连续时序数据、增加货运流大数据开展动态研究。同时，本文对城际客运联系特征背后的逻辑机制探讨尚显不足，长三角城市群高速铁路客运蓬勃发展之时，高铁运营对公路、普铁客运仍未出现明显的替代效应，而长江中游城市群和成渝城市群却出现了明显的替代效应。因此，未来可利用更全面的"空间要素流"大数据，多视角、多尺度探讨城市群城际客运联系特征形成的逻辑机制及其网络空间结构特征。

《长江保护法》与超大城市的角色与作为

曾　刚[*]

　　《中华人民共和国长江保护法》（以下简称《长江保护法》）是中国第一部流域保护法律，是一部将中国现有资源环境类法规与长江经济带发展规划纲要紧密在一起的法律，体现了中央对于长江经济带建设国家战略的高度重视，展示了中国解决长江保护多头管理顽疾的机制创新和安排。《长江保护法》坚持"生态优先、绿色发展"的战略定位，突出"共抓大保护、不搞大开发"的基本要求，明确了多种行为的法律红线、责任主体、惩罚标准、执法机制。《长江保护法》是对政府责任要求最多的法律之一，共有 62 条有关政府的责任规定，占法律条文总数的 65％，特别强调了省级政府在共抓大保护中的责任和担当。

　　长江流域环境保护意义重大。长江是中华民族的母亲河，长江流域拥有中国 20％的湿地、35％的水资源、40％的淡水鱼类种类以及47％的 GDP，是中国重要的生态安全屏障，也是中国经济重心与活力所在，战略地位高，科学、高效解决生态环境保护与经济社会发展之间的关系关乎中华民族伟大复兴战略全局。然而，长江生态环境形势依

　　* 曾刚，教育部人文社科重点基地中国现代城市研究中心主任，华东师范大学城市发展研究院院长、终身教授。

然严峻,流域生态功能退化严重,近30%重要湖库处于富营养化状态,长江生物完整性指数到了最差的"无鱼"等级;沿江污染物排放基数大,废水、化学需氧量、氨氮排放量分别占全国的43%、37%、43%;固体危废品跨区域违法倾倒呈现多发态势、污染产业向中上游转移风险隐患加剧。从总体上看,长江经济带生态文明建设任重道远,生态环境质量改善仍然没有告别"靠天吃饭"的境地(见图1)。

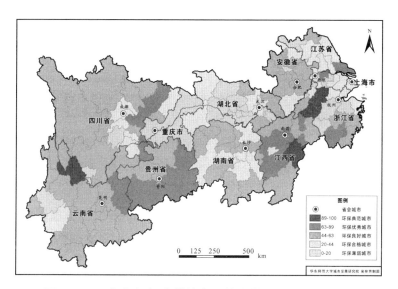

图1 2019年长江经济带城市环境保护水平空间分布图

注:长江经济带城市环境保护水平东西差异不太明显,位于长江干流沿岸的大城市环保水平不高,长江以南城市环保水平略高于长江以北城市,气候等自然条件差异是主因。

资料来源:长江经济带城市协同发展能力指数(2019)。

需要特别关注的是,长江口是中国"陆海统筹、河海联动"的战略支点,长江口既是长江的"汇",也是东海、黄海的"源",是长江生态健康状态的指示器和标尺。《长江保护法》7次提及长江河口。在第六十条中,明确要求国务院水行政主管部门会同国务院有关部门和长江河口所在地人民政府,维护长江河口良好生态功能。作为长江经济带发展龙头的上海,肩负着率先落实、执行《长江保护法》的重任。同时,长江是上海最重要的饮用水源。为此,建议如下。

第一,尽快制定上海落实《长江保护法》的相关配套制度与规定。对于国家流域协调机制,《长江保护法》规定了该机制的基本功能及协调事项,但对于该机制的组织及运行,除了专家咨询委员会的设立外并没有涉及。因此,上海应该尽快开展对现有相关法规、规章和规范性文件的清理工作。建议由上海市发改委、法制局牵头,做好配套法规、规章、规划、计划、方案、标准、名录等文件的及时修改及废止。并根据长江保护与发展的重大决策、重大规划、重大事项与重要工作,结合长三角区域一体化国家战略部署和要求,进一步明确长江流域协调机制的具体工作内容及运行方式。

第二,尽快制定长江河口生态环境修复和保护实施方案。2020年6月,生态环境部发布的《2019年中国海洋生态环境状况公报》显示,东海未达到海水水质标准的海域面积为5.3万平方公里,劣四类水质海域面积为2.2万平方公里,同比增加130平方公里,长江口水域污染问题严重。因此,建议由长三角区域合作办公室,上海环保局、水务局(海洋局)牵头,联合江浙两省相关政府管理部门,制定对长江口水、沙、盐、潮滩、生物种群的综合监测,严格防范污染物质向长江及其相邻水域排放,防止海水入侵和倒灌,维护长江河口良好生态功能的具体方案以及联合行动(协作会商、联合执法)方案,确保长江口生态环境步入逐渐改善的良性发展轨道。

第三，尽快落实"一江一河"综合治理方案。黄浦江、苏州河俗称"一江一河"，在上海的建设与发展中承担着十分重要的使命。2020年8月，上海规划资源局公布了黄浦江、苏州河沿岸地区建设规划（2018—2035年），明确提出了建设世界级滨水区的总目标，并计划将黄浦江沿岸打造成为国际大都市发展能级的集中展示区，将苏州河沿岸打造成为特大城市宜居生活的典型示范区。2019年11月2日，习近平总书记在考察上海杨浦滨江时提出了"人民城市人民建，人民城市为人民"的重要理念。上海应该对标世界最高标准、对接世界最严要求，秉承生产、生活、生态"三生"融合互动的理念，尽快清理沿江沿河地区违法建筑、违规活动，创新及时发现并消除沿岸水体污染隐患的新机制，加快黄浦江、苏州河水质综合治理力度，提高滨水步道配套设施水平，将上海"一江一河"沿岸打造成为世界未来城市更新发展的样板。

第四，尽快将崇明世界级生态岛的建设推上一个新台阶。崇明岛是世界上最大的河口冲积岛，也是东亚—澳大利西亚候鸟迁飞路线上一个重要的候鸟迁徙停歇地，崇明岛是长江生态环境质量优劣、健康与否的"标尺"。2010年，上海颁布世界级生态岛发展规划纲要以来，建设成绩斐然，占全球物种数量1%以上的水鸟物种数由7种上升至12种，被国家发展改革委领导评价为"探索了一条生态优先绿色发展新路子"，苏州西山岛、重庆广阳岛等计划复制崇明生态岛建设经验。建议由上海崇明生态岛建设领导小组牵头，会同上海市发改委、环保局、绿化局、崇明区政府，在前期实现自然生态健康、社会生态和谐的基础上，探索绿色制造的新途径，着力实现产业生态高端的预定目标，确保崇明世界级生态岛在《长江保护法》贯彻落实过程中发挥龙头示范作用。

都市圈外围地区"融圈"发展的思路与路径

宋　宏[*]

2020 年 12 月—2021 年 2 月,国家向苏浙皖沪省市政府密集发布了关于长三角一体化发展的三个文件:一是国家科技部发布的《长三角科技创新共同体建设发展规划》,二是国家发改委批复的《南京都市圈发展规划》,三是国务院批复的《虹桥国际开放枢纽建设总体方案》。在"十四五"开局之时,国家对长三角连续出台三个重要文件,表明国家就扎实推进长三角一体化发展加快了战略布局和重大部署。

显而易见,这些战略部署进一步突出了长三角区域的都市圈及其中心城市的地位与功能。对此,坊间议论,长三角区域中不在几大都市圈范围的"外围"地区,如安徽的皖北地区和皖西南地区、江苏的苏北大部地区、浙江的浙西南地区等,处于被动甚或被游离境地,由此产生一种焦虑,即外围地区难以获得长三角一体化的机遇。

应该说,这种看法虽然指出了外围地区面临的压力,但仍带有传统行政区经济思维的片面性,没有看到跨行政区的区域一体化各事项的本质是开放的,各方都可以在融入参与、共建共享中获得机会。事

　*　宋宏,安徽省政府长三角专家咨询委专家,安徽大学创新发展研究院副院长、研究员。

实上，"融圈"发展正是一种可行的路径。

"融圈"是外围区域融入长三角一体化的新模式

在构建以内循环为主体、国内国际双循环互促新发展格局下，欠发达地区仍然要继续完成工业化和城镇化的阶段性任务。但在现阶段，区域经济发展增长极已经不再呈传统的散点分布，而是出现大集聚、中心化的分布趋势，在空间形态上，就是城市群、都市圈。都市圈成为区域经济增长和区域经济一体化的引擎。在都市圈经济中，各个城市的经济功能已不再是在一个孤立的城市体现，而是由城市群——以中心城市为核心、与其保持密切经济联系的一系列中小城市共同组成——来配置，都市圈经济的主要特征是区域联动，即一体化的功能分工、产业结链、资源配置等。都市圈经济的联动打破了外围城市传统的独立发展、自成体系模式，而要寻求与中心城市及其周边城市的联动合作，向都市圈经济转型。这次获批的《南京都市圈发展规划》和《虹桥国际开放枢纽建设总体方案》，以及安徽"十四五"推进合宁两个都市圈"双圈融合发展"，都呈现出跨省构建都市圈与功能区的态势，将产生放大都市圈经济效应的作用。

那么，不在都市圈范围的外围地区是否难以融入都市圈经济？在现实中，外围地区的创新性实践已经给出了其可以融入都市圈经济的答案。笔者在苏浙两省调研时看到，目前，两省各都市圈的外围城市、县区都非常重视"融圈"发展模式，呈现出一种潮流和趋势。比如江苏在 2019 年就提出"省域一体化",既包括南京、苏锡常都市圈内深化一体化,更注重苏北地区与南京、苏锡常都市圈联动,引导苏北相对欠发达的外围地区各市县融入两个都市圈体系。再如浙江的"省域一体化",主要是打造杭甬温、沪杭金发展带,把外围浙西南地区"融圈"于杭州、宁波两个都市圈。同时,两省部分市县还跨省界"融圈",如江苏盐城、南通和浙江嘉兴等直接与上海"融圈"。安徽也有很好的"融圈"实例,黄山市原本不在长三角城市群,也不属于长三角的任何都市圈,但于 2018 年被纳入杭州都市圈,两市所长叠加互补,一体共建国际文化旅游区,一举提升了杭黄国际旅游目的地的水准和功能。可以看到,不少长三角外围地区都把"融圈"发展作为重要战略选择。

"融圈"发展的机理与条件

发展经济学和区域经济学研究早已关注到"中心—外围"问题,其中一个重要的观点认为,中心区与外围区是相互作用的,并非是中心区对外围区的无休止"虹吸"而导致外围区陷于衰退。在"中心—外围"关系的走向和趋势上,一方面,中心区向外围区吸聚生产要素产生大量的创新;另一方面,中心区的创新又源源不断向外围区扩散,引导外围区的经济活动、社会文化结构的转换,由此促进整个空间系统的发展。要加速这一进程,关键在于外围区应主动参与中心区的创新活动并承接中心区的扩散。

从新经济地理角度考量,区域一体化取决于三个因素,即空间距离、联系密度和区域分割（整合）。首先，外围地区之所以是"外围"，是因为与中心城市地理距离较远，整个长三角地区以核心城市上海为圆心的最长半径约为 500—600 千米，当下处于外围的地区距离最近的都市圈中心城市约为 200—300 千米，但在高铁时代，地理距离概念已被时间概念取代，长三角外围地区现已基本上处在中心都市"一小时或两小时交通圈"可覆盖范围之内，地理距离已不再是外围地区"融圈"障碍。

其次，现时的关键是联系密度，外围地区与中心城市的经济联系密度越高，就越能感受到中心城市的互动与带动作用，由此形成相融一体的格局。因此，长三角外围地区要融进区域一体化和都市圈带动的格局与进程，关键在于加强与长三角各都市圈中心城市的联系，提高经济联系密度。这既是必要条件，也是必由路径。

再次，区域分割是约束因素，但在长三角制度一体化进程和框架中，多样化的区域合作体制机制已经有了新突破、新进展，经济联系密度越高，区域合作形式及其机制也越加丰富、多样和有效，原先的区域分割将被区域整合所取代。因此，外围地区深度融入长三角中心的"融圈"发展条件已越来越成熟。

外围地区需要打破一个不合时宜的思维定式，即简单化沿用梯度推进模式，坐等先进的中心地区发展到一定水平后再向外围辐射推进，被动地接受先发地区梯度转移。在理论和实践上，区域发展既有梯度推进模式，同时也有反梯度发展模式。所谓区域增长极、产业链嵌入等，指的是后发地区聚焦某一点打造与先发地区相当水平的增长极点，后发地区扬其所长，将某一产业及其环节嵌入先发地区产业链供应链体系,实际上都是反梯度发展模式。在此意义上,长三角外围地区"融圈"发展就是在区域一体化格局和条件下反梯度发展的新模式。在这一模式中,外围地区的主动意识与主动作为有着决定性意义。

外围地区"融圈"的具体路径

初步总结长三角区域的外围地区"融圈"发展的实践经验,大体可以观察到具体路径的基本特征。

第一,建立对标战略合作。外围地区追赶先进的中心地区,通常都选择对标,即追赶的标杆地区,以此作为自己发展的参照系。但是,如果对标的仅仅是参照系,外围地区仍然沿袭独自发展的传统路径,那么其与中心地区仍然是互不相关的"两张皮";而在"融圈"发展模式下,对标的不仅仅是参照系,更应该是目标合作伙伴,并与目标伙伴对接融合。因此,外围地区要着力开拓对标战略合作,与中心地区都市圈及其具有互补性的城市建立战略合作,提高科技创新、产业链构造、内需市场拓展等经济联系密度,使本地区深度参与、嵌入和承接中心地区都市圈经济。这种对标战略合作不能是偶发式或间歇式,而必须是全面、持续、深度的,为此,从政府层面到微观主体层面都需要建立契约化的战略合作机制。长三角区域凡是"融圈"发展先行的,无一不是建立了这种城市(县区)、园区、产业(主要企业)之间的战略合作机制,它是"融圈"对标战略合作的基础。

　　第二,充分运用点、廊、园等载体实现融入和嵌入。在长三角区域的有关实践中,外围地区融入中心地区都市圈的科技创新,既有引进创新资源在本地合作建立创新中心或机构,也有被称为"离岸创新",即外围地区在都市圈中心城市合作建立创新中心或机构,这可以视为"点"型的"融圈"形式。长三角区域目前正在蓬勃发展"走廊经济",即通过经济走廊把中心城市与外围地区连接起来,沿交通干线进行创新、产业、园区布局,使沿线地区更便宜地整合资源、配置要素,增强互补协同,提高融合发展效率。长三角各地在"十四五"时期都提出,将建设若干经济走廊,如安徽的"合(肥)六(安)经济走廊""合(肥)淮(南)经济走廊"等,南京都市圈和虹桥国际开放枢纽也有经济走廊或功能走廊的布局,呈现出以"廊"为径的"融圈"形式。更为普遍的是合作园区形式,即外围地区与中心地区共建合作园区。在长三角地区,不仅有安徽的省际毗邻地区合作园区开发,沪苏浙还有更多的跨省市合作园区的共建,中心城市在外围地区建立准飞地园区的实例也不再鲜见。这表明,外围地区"融圈"有丰富形式和多条路径,外围地区可根据实际选择可行路径。

　　第三,把握"融圈"的当前重点。一是解决时空距离的基础条件,以交通接轨为基础,利用长三角综合快速交通网络进一步建设完善的机遇,加快打通外围地区与中心区资源双向输送流动通道。二是在外围地区关注度最高的产业嵌入方面,为推进产业基础现代化和产业链现代化,关注点和聚焦点是全产业链的连线与结网。过去,外围地区讲求"承接产业转移",现在,则要讲求"承载现代产业链布局"。这就需要细化外围地区与中心地区的产业对接,明晰在哪个行业甚至最终产品的全产业链上连线和结网,如何与这个全产业链上的"链主"联动合作。三是着力做大专业化规模经济,外围地区"融圈"发展要追求经济联系密度,而做大专业化分工下的规模经济是提升密度的重要表征。有关理论指出,外围地区与中心地区融合发展并不完全源于比较优势,更在于规模经济产生的报酬递增。因此,外围地区要扬己"长板",发挥优势,聚焦重点或主导产业,加强与中心地区相关产业链接,培育支持企业专业化规模发展,提升"融圈"的规模经济水平。

合肥、南京都市圈"双圈联动"发展的思考

宋　宏[*]

　　"十四五"时期伊始，国家发改委批复发布了《南京都市圈发展规划》。连同 2020 年 12 月—2021 年 2 月以来，国家科技部发布的《长三角科技创新共同体建设发展规划》和国务院批复的《虹桥国际开放枢纽建设总体方案》，国家已向苏浙皖沪省市政府密集发布了关于长三角一体化发展的三个文件，既表明国家就扎实推进长三角一体化发展加快了战略布局和重大部署，也为实现长三角三大战略定位和任务建构实操支点，其意义重大而深远。

如何观察新规划的南京都市圈

　　我们注意到，新发布的南京都市圈规划对前几年的长三角城市群规划中关于南京都市圈与合肥都市圈的格局作了变化，即原来布局的两个都市圈分别属于江苏、安徽两个省级行政区，而现在的南京都市

　　*　宋宏，安徽省政府长三角专家咨询委员会专家，安徽大学创新发展研究院副院长、研究员。

圈则除了覆盖江苏的宁、镇、扬、淮四市,还将合肥都市圈的芜湖、马鞍山、滁州三市以及皖南宣城囊括其中,构成了跨省的都市圈。环顾全国的都市圈,跨省级行政区的都市圈现在只有成渝都市圈和南京都市圈,而在长三角唯有南京都市圈。应该说,这种战略部署是长三角一体化格局的进一步深化,即进一步突破省级层次行政区边界,以跨省都市圈的空间形态和运行载体来推进跨省区域一体化。国家实施长三角区域一体化的初衷就是打破行政区边界和"行政区经济",在更大尺度的区域空间高效配置资源。因此,建设跨省级行政区的南京都市圈与长三角一体化的初衷是完全吻合的。

我们还注意到,跨省的南京都市圈与合肥都市圈形成了交叠,可谓"你中有我,我中有你"。对此,坊间有安徽及合肥都市圈被南京都市圈"挤出"之说。其实,此说法有失偏颇。在以内循环为主体、国际国内双循环互相促进的新发展格局中,国家以及区域发展的最重要依托之一就是超大规模市场,都市圈正是超大规模市场中的高能级市场,而市场的本质从来就是开放的而并非封闭的。因此,观察都市圈只能以开放的思维和视野,不能将都市圈"画地为牢"。再从区域一体化的经济密度视角考量,合肥、南京两大都市圈交叠,是这一区域经济密度不断加大趋势的必然反映,两大都市圈的市场会更加一体,经济联系将更加密切。促进两大都市圈进一步提升经济联系密度是建设南京都市圈的题中应有之义。倘若两大都市圈的发展相互排拒、相互挤兑,那就与长三角一体化发展国家战略背道而驰,建设南京都市圈也失去应有的全局性战略价值。国家发改委在南京都市圈规划的批复中明确要求,江苏和安徽两省共建南京都市圈,其中蕴含的战略意图不言而喻。

合肥、南京都市圈"双圈联动"的内在机理与现实必要

　　基于上述观察,合肥与南京两大都市圈的交叠与加密,内在地要求加强两个都市圈联动、协同和融合发展。长三角区域一体化发展中,竞争不可避免,但竞争有利弊两面;合作非常必要,因为可以对冲消弭竞争之弊。我们看到,无论在南京都市圈规划,还是在苏皖两省"十四五"规划中,都提出了两大都市圈加强联动的战略,这体现了两省的共识,也符合长三角一体化规划中明确打造沪宁合发展轴的战略布局,有利于两个都市圈整合资源对接优势,在现代工业技术创新和先进制造业体系建设上形成区域集成优势。

　　在"双圈联动"上,不妨以备受关注的两个领域举例。其一,科技创新领域。"十四五"时期,两个都市圈的核心城市均着力打造科创中心城市:南京进一步建设具有全球影响力的创新名城,要在创建综合性国家科学中心上取得实质性进展,建成科技产业创新中心。合肥加强国家战略科技力量建设,完善机制增强企业创新能力,提质增效完善创新生态体系,打造具有国际影响力的创新高地。在以加强加快国家现代经济体系急需的核心技术、关键技术和"卡脖子技术"创新的具体领域,两市的科技创新有着大量的交集,特别是在构造全创新链上存在链环相接关系,因此,加密科技创新合作乃是客观要求和广阔空间。其二,产业发展领域。面临世界产业深度调整动荡环境,在中国

"双循环"新发展格局下,战略性新兴产业成为中国现代产业体系的引擎,当下进行的战略布局,合肥、南京都市圈产业也是如此。仍从合肥、南京两个核心城市看,两市战略性新兴产业已在更大空间布局,包括资源要素整合、技术产业转移辐射、布局空间优化等,特别是着眼于产业链安全,两市的战略性新兴产业都在着力强链、补链、接链,跨地配置、跨地建链加速展开,由此引致两市产业联动合作的内在需求和深广机遇。由此可见,合肥、南京都市圈"双圈联动"发展既有规律性机理,也极具现实必要性。

促进合肥、南京都市圈"双圈联动"发展的思量

事实上,合肥、南京都市圈"双圈联动"在南京都市圈规划发布之前就早已展开。近年来,安徽省规划了"顶山—汊河""浦口—南谯""江宁—博望"和"六县一地"等省际毗邻地区的合作园区,均在南京都市圈的空间内,更得到南京市县(区)方面的认可与协同,已然形成合肥、南京都市圈"双圈联动"进而融合的初步态势。南京都市圈规划发布对于进一步深广推展合肥、南京、都市圈"双圈联动"发展是一个契机,我们应以一体化思维和开放合作胸怀给予促进。简要地说,从有为政府与有效市场两个维度考量,推进合肥、南京都市圈"双圈联动"发展之初需要抓住两个关键点。

一是推进合肥、南京都市圈"双圈联动"发展的顶层设计。南京都市圈规划实施和合肥、南京都市圈"双圈联动"发展在扎实推进长三角

一体化进程中可谓大事,不仅需要安徽、江苏两省共建,而且对整个长三角区域一体化格局和进程都必将产生重大影响。因此,推进合肥、南京都市圈"双圈联动"发展的顶层设计是必要的。目前合肥都市圈与南京都市圈的省际毗邻合作还处于市县(区)层面,这显然是不够的,应上升到合肥、南京两大都市圈整体层面,加持安徽、江苏两省及合肥、南京两都市圈战略合作的顶层设计。两省及两圈决策部门要深化沟通与共识,推动建立"双圈联动"发展的顶层设计与协调机制,实施更高层次的全面战略合作,加快两大都市圈基础设施、产业布局和城市功能的对接与整合。两省及两圈应以现有的省际毗邻合作园区为双圈融合发展的先行区,在取得进展积累经验的基础上,进一步拓展非毗邻区域更大空间的双圈多形式合作。此外,"双圈联动"发展影响外溢到整个长三角区域,因此还应列入长三角一市三省党政主要负责人座谈会的议题。

二是抓住跨省都市圈合作的制度创新突破口。跨省都市圈联动发展是一个新生事物,其特征和难度不同于省内都市圈,其中关键在于跨省合作相关体制机制创新。推进合肥、南京都市圈"双圈联动"发展,要以现有的两圈省际毗邻合作园区的体制机制建构为突破口,在发现问题、积累经验基础上,建构有效市场与有为政府结合的运行机制和治理制度,这也是合肥、南京"双圈融合"发展的最重要创新点与现实切入点。这些大都需要在省级层面和都市圈层面协调合作。因此,安徽、江苏两省及合肥、南京两圈需要加强在制度性创新上的对接协同,在用地、投资、企业新建重组、技术转移、产权保护、税费政策、利益分配、营商环境等一系列制度安排上通力改革创新,组织专门研究谋划。鼓励各先行区探索,及时总结经验,共推"双圈联动"发展的制度一体化。有了合理的制度环境和保障,市场主体才能放开手脚,市场机制才能施展其效,合肥、南京都市圈"双圈联动"乃至长三角一体化发展也才能步步挺进。

虹桥"雁阵"起航，对一体化意味着什么

曾　刚　易臻真　吴林芳*

为贯彻落实《长江三角洲区域一体化发展规划纲要》，高水平规划建设虹桥国际开放枢纽，促进长三角地区深化改革、协同开放，2021 年 2 月 18 日，国家发改委印发了国务院批复的《虹桥国际开放枢纽建设总体方案》(以下简称《总体方案》)。虹桥国际开放枢纽范围从初始 86 平方公里，到 151 平方公里，扩展到现在的 7 100 平方公里，预示着长三角区域一体化国家战略实现新突破，驱动长三角区域一体化发展的"双轮"虹桥国际开放枢纽(交融合作经济"虹桥协同经济圈")、长三角生态绿色一体化发展示范区(蓝绿生态底色鲜明的"江南水乡客厅")总体布局完成。

长三角"雁阵"起航

随着长三角区域一体化战略的实施，虹桥国际开放枢纽建设步入

* 曾刚，教育部人文社科重点研究基地中国现代城市研究中心主任，华东师范大学城市发展研究院院长、终身教授；易臻真，华东师范大学城市发展研究院副教授；吴林芳，华东师范大学城市发展研究院科研助理。

快车道。《总体方案》提出,到 2035 年,虹桥国际开放枢纽将全面建成,形成"雁阵"(一核两带)功能布局(图 1)。

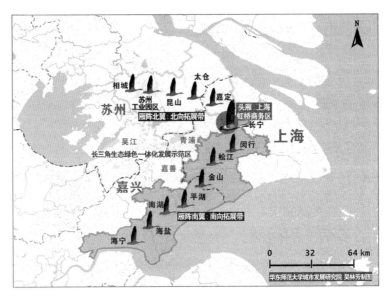

图 1　2021 年长三角虹桥国际开放枢纽"雁阵"(一核两带)布局

资料来源:作者绘制。

"一核两带"造就了长三角高质量腾飞的"雁阵"。"一核"(头雁)为上海虹桥商务区,"两带"(雁队两翼)为以虹桥商务区为起点延伸的北向拓展带和南向拓展带。"头雁"主要发挥国际化中央商务区、国际贸易中心新平台和综合交通枢纽等功能;"雁队北翼"由虹桥—长宁—嘉定—昆山—太仓—相城—苏州工业园区组成,发挥中央商务协作区、国际贸易协同发展区、综合交通枢纽功能拓展区作用;"雁队南翼"由虹桥—闵行—松江—金山—平湖—南湖—海盐—海宁组成,主要发挥具有文化特色和旅游功能的国际商务区、数字贸易创新发展区、江海河空铁联运新平台作用。生物学家研究表明，编队飞行的大雁因其集体飞行所产生的气流作用，比"单飞"的效率增加了 70％。同时，通过调整队形，实现团队利益最大化。通过团结协作，高效完成长途迁徙。"雁阵"正是如此实现了"1＋1＞2"。

虹桥"雁阵"有能力也有实力承载起这一切，并将成为长三角地区强劲增长的动力源。不仅仅是因为"头雁"虹桥商务区多年来积累的综合交通枢纽的联通水平及能力，也不仅仅是因为进博会溢出带动效应所搭建的国际贸易中心新平台，更重要的是其多年来构筑的具有国际竞争力的总部经济及多年来的产业集聚及其能级提升的显著成效。尤其是在健康医药、人工智能、北斗导航等特色产业领域的布局，源源不断培育着新的经济增长点。在系统顶层设计下，长三角"雁阵"蓄势待发，在提升虹桥显示度的同时，借力其强劲的资源配置能力及巨大的辐射能量，势必带动并激发示范区乃至整个长三角地区的社会经济活力，引领长三角地区更高水平协同开放、更高质量一体化发展，真正成为中国绿色发展的典范。

长三角缔造区域协同发展新模式

《总体方案》指出，虹桥国际开放枢纽包括上海虹桥商务区、上海长宁、嘉定、闵行、松江、金山，江苏苏州、昆山、太仓、相城、苏州工业园区，浙江嘉兴南湖区、平湖、海盐、海宁。从表面看，虹桥国际开放枢纽地域范围未及安徽，但国务院却将《总体方案》批复给了包括安徽在内的三省一市,要求上海市、江苏省、浙江省、安徽省人民政府要切实加强组织领导,完善工作机制,制定配套政策,落实主体责任,确保《总体方案》确定的目标任务如期实现。

批复与范围之间似乎存在矛盾之处。实际上,安徽直接参与了虹桥国际开放枢纽规划与建设,只不过是通过建设飞地的形式来实现而已。2020年9月,通过"政府引导、企业主体、市场化运作"的模式,安徽省投资集团与上海松江区联合建设了位于松江区洞泾镇的"G60松江·安徽科创园",占地规模170亩。科创园计划以"人工智能和机器人科创"为核心,建设皖企在沪的总部集聚基地、初创企业在沪孵化的加速基地、安徽招引全球创新资源的创新飞地和G60科创走廊安徽成员单位的联络基地。据报道,2021年1月,科大智能机器人技术有限公司将其持有的全资子公司上海泾申、上海泗卓各80%股权转让给了安徽省投资集团全资子公司裕安投资。转让资产是位于上海松江区的土地以及地上建筑物,进一步扩展了"G60松江·安徽科创园",使其总面积超过300亩。这为安徽全面、深入、具体参与长三角一体化进程提供了重要的空间载体,在一定程度上弥补了长三角生态绿色一体化示范区安徽缺位的遗憾。

在虹桥"雁阵"中,"头雁"虹桥商务区来自苏浙皖沪三省一市的商业地产、功能建筑群随处可见。以人工智能、北斗导航为核心,将这里打造为苏浙皖沪相关企业的总部集聚基地、初创企业孵化的加速基地、招引全球创新资源的创新飞地和联络基地。同时,注重政府调控行为与市场机制的相互交融,通过互动和带动,不让任何一只"大雁"掉队,相互扶持和激励,真正实现"同在一个屋檐下的协同发展",让虹桥国际开放枢纽成为既是中国对外高水平开放的枢纽，更是长三角一体化高质量发展的重要枢纽和引擎。

长三角要素融合步入"实操"阶段

中共中央、国务院于 2019 年 12 月印发实施的《长江三角洲区域一体化发展规划纲要》指出，要确保一体化体制机制更加有效，就要建立起资源要素有序自由流动，统一开放的市场体系。在百年未有之大变局的当下，作为中国经济发展最活跃、开放程度最高、创新能力最强的区域之一，在构建以国内大循环为主体、国内国际双循环相互促进的新发展格局中，长三角肩负着打造国内大循环中心节点、国内国际双循环战略链接的历史使命，必须大力推动跨行政区划的要素流动，营造市场统一开放、规则标准互认、要素自由流动的发展环境。为此，《总体方案》特别指出，虹桥国际开放枢纽将以空铁复合、海陆通达的综合交通枢纽为联动纽带，建设以创新型、服务型、开放型、总部型、流量型"五型经济"为特征的产业体系，发挥对内吸引集聚、对外辐射带动并举的双重作用。

"五型经济"各自型特征不完全相同，但均服务于高质量发展的总体目标。创新型经济看中的是科技创新策源和高端产业引领功能，追求的是指数级增长潜力；服务型经济要的是更大的辐射区域和更高的附加值；开放型经济强调要素较自由地跨界流动，从而实现最优的资源配置和最高经济效率；总部型经济关注集聚效应，注重产业功能链条的辐射叠加值;流量型经济则更看重要素资源的高频流动、高效配置、高效增值以及线上线下融合联动。

据此,虹桥国际开放枢纽将持续打造代表未来都市经济发展方向的新业态结构,越发呈现出融合发展的态势,行业边界将被逐步打破并重构。唯有此,才能激发虹桥乃至整个长三角不断释放人才红利、开放红利、新经济红利、制度红利。在充分发挥中国国际进口博览会和虹桥国际经济论坛平台作用的同时,将虹桥打造成为联动长三角、服务全国、辐射亚太的要素出入境集散地,促进要素自主有序流动,在这里汇聚全球商务流、人才流、资金流、技术流、信息流,全面建设成为全球高端要素和优质资源集聚配置的新高地。

第二章

产业新动能：科创策源与"双碳"驱动

长三角建设世界级产业集群建设的
瓶颈与破解之道[*]

王　振[**]

世界级产业集群这一概念，最初是由欧盟委员会在 2010 年的一份白皮书中提出的，通常是指能够在世界级水平上促进企业创新、区域发展和提升国际竞争力的一种生态系统，国际竞争力主要指产业集群在全球市场上提供产品和服务的能力。

在中国，国家战略层面最早提出打造世界级产业集群，是在 2014 年启动实施长江经济带建设战略时，国务院发布的《关于依托黄金水道推动长江经济带发展的指导意见》中提出，以沿江国家级、省级开发区为载体，以大型企业为骨干，打造电子信息、高端装备、汽车、家电、纺织服装等世界级制造业集群。2016 年正式发布的《长江经济带发展规划纲要》，对在五大制造业领域打造世界级产业集群作出了更多部署。

党的十九大报告特别强调，"促进我国产业迈向全球价值链中高端，培育若干世界级先进制造业集群"。

---

　　* 节选自作者发表于《安徽大学学报》2020 年第 3 期上的《长三角地区共建世界级产业集群的推进路径研究》一文。

　　** 王振，上海社科院副院长。

　　我们可以深刻认识到,培育若干世界级产业集群已全面上升到国家战略层面,成为中国实现高质量发展和建设现代化经济体系的重要抓手。同时,对世界级产业集群的理论内涵认识也得到进一步深化。对标美国硅谷信息产业集群、英国伦敦生命科学产业集群、德国斯图加特汽车产业集群、日本爱知丰田汽车产业集群等国际公认的标志性世界级产业集群,可以归纳出这些集群的七个共性特征:深度参与全球分工、具有全球影响力、拥有全球性龙头企业、占据全球价值链中高端地位、活跃的区域创新网络、具备全球创新策源力、国际领先的营商环境等。

　　经过改革开放 40 年的发展,长三角地区在电子信息、汽车、生物医药、高端装备、新材料、纺织服装等领域,已经形成相当大的产能规模,而且这些产业都具有很高的对外开放度和产业链集聚度,可以说已具备世界级的产能优势。但与真正意义上的世界级产业集群对比,差距或者短板仍很明显。我们可从三个维度归纳短板所在。

　　一是行业龙头企业的全球影响力仍有差距。多数本土龙头企业与全球最强的龙头企业比,在规模、产业链布局、关键核心技术拥有及行业规则权威性上,存在不少差距。比如汽车产业,长三角地区拥有全国生产规模最大的上汽集团,但目前上汽集团还谈不上全球影响力,与日本丰田、德国大众、美国通用比,差距还比较大。跨国公司在长三角地区实施的产业链布局,生产技术和规模全球领先,但关键核心技术研发并没有转移过来。

　　二是关键核心技术的创新策源力仍很不足。这是在较多产业领域普遍存在的短板问题,特别是在电子信息、生物医药、高端装备、新材料、航空航天等引领性产业中,核心零部件、关键材料、关键生产设备等仍然高度依赖进口。比如长三角各地最近几年纷纷上马集成电路生产线,但其中最关键的光刻机设备,多数要从荷兰进口,"卡脖子"程度很高。我们的大学和科研院所受制于科研导向和体制现状,在关键核心技术攻关上发挥的作用仍然比较有限,投入的资源也比较有限。而且各地相互抢跑道,力量有所分散。

三是产业链比较成本竞争力有所弱化。近些年房地产价格飞涨、人员薪酬上涨很快,导致一些成本敏感的项目不断向长江中上游地区或东南亚地区转移。这一情况在各中心城市更加突出,而且为留住项目不惜采取更大力度的税费优惠和补贴政策,没有很好发挥长三角腹地其他城市的区域成本优势。

加快解决上述三大短板,着力提升"三个力",正是长三角地区建设世界级产业集群的三条推进路径。但我们也看到,如果没有三省一市的合理分工、通力合作,就很难突破短板、强壮"三个力"。面对国际国内产业集群竞争,长三角地区只有摒弃传统的行政区竞争模式,消除各自为政、行政壁垒,推进强强联合、资源整合,才能加快建成世界级产业集群。既要充分发挥区域分工的效能,各地各扬所长,聚力最具优势的产业领域和企业群体,提高创新资源配置的专业集聚度,培养造就一批行业龙头企业、行业配套企业和专业化集群,并通过积极有效的区域分工体系,形成长三角地区的整体合力和全球影响力;又要充分发挥区域合作的作用,在市场机制作用下,建立健全基于区域有效分工的产业链强大合作体系,在各地政府一体化行动下,建立健全基于共享资源优势,无行政区分割的大载体、大通道、大网络。这样的区域分工和合作,正是长三角地区实现更高质量一体化发展的最重要命题之一。要解答好这道重要命题,必须着力解决体制机制方面存在的四个瓶颈问题。

一是区域分工统筹政策指引工具缺失。对于区域产业分工,国家层面的规划纲要也没有明确的指引,这是由于我们目前并没有有效的政策工具可以落实规划提出的区域分工空间部署。所谓政策指引工具缺失,首先是主体功能区划分不细。比如长三角大部分地区属于重点开发区或优化开发区,但对于各个地区重点开发什么、优化什么,并没有形成细化的功能划分和政策单元。其次是区域性产业规划滞后。相对于都市圈规划、生态环境规划、基础设施规划,长三角地区的区域性产业规划迟迟没有进展。因为这个规划编制难度最大,各地政府仍以地方竞争性状态抓产业发展,从这些年各地编制的战略性新兴产业规划就可看出,规划更多体现的是众人抢跑道、抢机遇。再次是跨行政区的产业协调机制缺失。在环保、交通、安全等领域已经建立三省一市间的协调机制,但产业领域仍然滞后。各地行业协会基本局限在各自行政区内,跨区一体化发展受到限制,至于一些松散的产业联盟,作用非常有限。

二是要素自由流动遭遇行政区壁垒。决定产业空间分工的,是市场机制。发挥好市场决定性作用的前提是要素可以自由流动。以往苏南模式、温州模式之所以能够取得巨大成功,正是因为让劳动力可以从农业流动到非农产业,让技术、资金可以从上海流动到周边地区。这个阶段的要素自由流动,为长三角地区加快完成工业化、城市化进程作出了很大贡献。但在世界级城市群和世界级产业集群建设的新标尺下,要素自由流动不充分的问题更加显现,而且严重阻碍地区之间的有效分工与合作。这一问题的背后,是行政区经济模式延伸出来的行政区壁垒,阻碍了要素的自由流动。在市场准入、行业监管、资质认定、信用评价、税费减免、财政补贴,还有社会保障等方面,在具体的实施标准、规则上,三省一市之间都有所不同,甚至省内各市之间也有所不同,这样就形成了一道道行政壁垒,我们也可以称其为"断头路"。特别是,现在的各个中心城市在强烈的做大做强思维影响下,仍然习惯于运用特殊优惠政策,特殊的补贴、特殊的减免、特殊的服务等,对要素自由流动、区域有效分工形成了新障碍。

三是共享创新资源面临中心城市地方保护。产业链向各地扩散化,创新链则在中心城市集聚化,是现阶段长三角经济发展中的一个区域性特征。如何推进产业链与创新链在不同空间的深度融合,是建设世界级产业集群需要研究的重要课题。创新资源,尤其是高端创新资源向中心城市集聚,是一个客观规律。但我们现在面临的问题是,各个中心城市,特别是上海、南京、杭州、合肥,有更强的行政区经济意识,为了增强城市竞争力和影响力,一方面在集聚创新资源,培育新兴产业方面力度都很大,相互之间有竞争;另一方面在创新转化、招商引资方面与周边地区有竞争,甚至为减少产业项目的向外转移和创新资源的向外溢出,会采取更大力度的优惠政策如补贴、低地价等。中心城市的这些地方保护行为,容易扭曲资源配置,而且容易带来两败俱伤的结局,地方保护导致中心城市自身补贴负担加重,分享不到分工的利益,同时也引致其他城市参与政策优惠竞争,成本比较优势得不到充分发挥。

四是共建共享产业公共服务大平台缺乏机制保障。虽然最近几年，长三角地区在大型科研仪器设备共享网、G60科创走廊、"一网通办"、技术市场联盟等大平台建设上取得了较大进展，但仍未真正建立起共建共享的有效机制。共享的前提是共建，共建包括建设资金的共筹与运营成本的共担，其中涉及两大机制，一个是各地共建的机制，另一个是平台本身运营的机制。如果没有积极有效的机制保障，即使建立了所谓的大平台大载体，也很有可能成为"空架子"。

共建机制，要解决各共享方承担多少资金、如何参与投资、得到什么服务的实际运作和权责问题。这也正是现阶段共建公共服务大平台中的难点，如果仅仅让承建大平台的中心城市如上海多投资、多贡献，这样的共建共享显然是走不远的。运营机制，要解决大平台本身的运营效率问题。我们现在大多数的公共服务平台属于公益性的事业单位，在内部运营管理上存在先天性不足，而要引入更具活力的基金会、公司化模式来承载跨行政区合作平台的运营管理和公共服务，目前还没有现成的成功案例可供借鉴。

长三角科技创新模式变革

宋　宏[*]

2020 年 8 月 22 日,习近平总书记在合肥主持召开的扎实推进长三角一体化发展座谈会上强调,长三角区域要勇当中国科技和产业创新的开路先锋;长三角区域不仅要提供优质产品,更要提供高水平科技供给,支撑全国高质量发展。这是对长三角科技产业创新一体化的宏伟擘画,更是对长三角科技产业创新的重托和要求。

拓展长三角科技创新一体化新局,需要高度关注和大力推进科技创新范式变革,深化长三角区域科技创新,特别是一些重点领域和关键环节科技创新的协同合作。

长三角区域科技创新处于战略攻关期

当今世界正经历百年未有之大变局。一方面,国际经济、科技、文化、安全、政治等格局都在发生深刻调整,世界进入动荡变革期;另一

---

　* 宋宏,安徽大学创新发展研究院副院长、研究员。

方面，国内发展环境也经历着深刻变化，中国已进入高质量发展阶段，亟须以科技创新催生新发展动能。

进入高质量发展阶段，中央根据中国发展阶段、环境、条件变化，提出要推动形成以国内大循环为主体、国内国际双循环相互促进的新发展格局。这是重塑中国国际合作和竞争新优势的战略抉择。以国内大循环为主体，简要说来，就是基于新科技、开发新产业、适应满足新消费的全过程循环，其中科技创新是这一大循环的前端和基石。同时，新一轮科技革命和产业变革加速演变，国际科技竞争乃至科技战愈演愈烈，更加凸显了加快提高中国科技创新能力的紧迫性。

从长三角区域各地科技创新的规划、行动方案观察，长三角区域科技创新显示了创新的前沿、高端的走向，而且创新重点有大面积交集，呈现出创新系统化互补互动结构、创新链上下游及衍生关系密切的特点。但是我们也要看到，在一些领域和环节，创新主动权还不掌握在自己手中，仍受人掣肘。尤其是在长三角区域主攻且关系国内大循环体系的重大战略性新兴产业成长的集成电路、生物医药、人工智能等科技产业创新重点领域，虽然拥有良好基础和发展能力，但一些核心技术关键技术尚待突破与掌控。

习近平总书记明确指出，长三角区域要加大科技攻关力度，三省一市要集合科技力量，聚焦集成电路、生物医药、人工智能等重点领域和关键环节，尽早取得突破。打好关键核心技术攻坚战，创造有利于新技术快速大规模应用和迭代升级的独特优势，加速科技成果向现实生产力转化，提升产业链水平。突破关键核心技术，关系到中国发展全局，是形成以国内大循环为主体的关键，同时又是难度极大的"硬骨头"。由此应当认识到，长三角区域科技创新正处于战略攻关期，而"十四五"时期是战略攻关的关键时段。

把握范式变革趋势，拓展长三角科技创新协同合作

长三角一体化发展上升为国家战略以来，长三角区域科技创新协同合作不断拓展深化，区域科技创新共同体建设取得扎实进展。笔者参与咨询的由三省一市科技信息情报院共同编撰的《2020 长三角区域协同创新指数》报告显示，以提升长三角区域协同创新策源力为目标，以资源共享、创新合作、成果共用、产业联动、环境支撑等指标为测度，长三角区域协同创新总指数从基期 2011 年的 100.00 分增长至 2019 年的 204.16分，较 2011 年翻一番。其中，资源共享指标上升至 2019 年的 219.41 分，创新合作水平指标提高至 2019 年的 217.51 分，成果共用指标 2019 年达214.83 分，2019 年产业联动指标和环境支撑指标分别为 180.18 分和188.90 分，彰显了长三角区域科技创新协同合作攻关的勃兴态势。

从世界新的科技革命和产业变革呈现的新趋势考量，在新阶段推进长三角区域科技创新攻关，需要把握科技创新范式变革的新特征、新要求。至少包括：其一，从"线性科研模式"转变为"发现—发明循环模式"。即改变把基础研究—应用研究—产品开发按时序先后、主体分离、过程区隔的线性模式，转向坚持问题导向、需求导向、效益导向，打通基础与应用的通道，使技术发明与知识发现深入融汇，消除分隔。用当下耳熟能详的语言来说，也就是围绕产业链部署创新链，创新链

与产业链交互融合。

其二,从单一线性结构转变为系统集成架构。这是因为当代科学技术表现为越来越庞大的复杂体系,各领域科技已然高度关联、互相交叉、跨界集合、系统集成,客观性质具有综合性、整体性和融合性,在知识产权上则表现为一个大专利套着数十成百个小专利的系统构成。新一轮科技革命和产业变革周期具有"技术群"特征,科技创新和产业创新都不是单一技术的发生与支撑,而是多项技术簇群的融合与集成。科技创新链并不是单一线性形式,而是多元多层子系统汇聚的系统化结构。

其三,由科技创新系统化特征决定。科技创新协同合作方式也从单一主体或中心为主展开转变为多主体多中心合作开展,未来在区块链条件下还将可能呈现为去中心合作展开。

其四,创新活动集聚空间也发生变化。在现代高速交通条件下从地理空间集聚转向关系密度式集聚,在互联网发达条件下从物理空间转变为在网络空间中的平台集聚方式。上述科技创新范式变革,不仅是科技创新运行管理体制的变革,而且在微观层面上是科技创新组织的范式变革,更是区域科技创新协同合作模式与路径的范式变革。这种变革,可以为长三角区域科技创新一体化开辟出更加深广的合作机遇和更加有效的展拓进路。

加强规划统合,推深做实长三角科技创新战略攻关

"十四五"时期,中国将进入新发展阶段,长三角各省市都在研究

编制并实施"十四五"发展规划。共同推进长三角区域科技创新一体化进程,合力打好区域科技创新攻坚战,既是各地规划的应有之义,也需要长三角区域统合性规划引导。目前长三角各省市的创新活动,本身具有创新链、产业链的内在逻辑和系统结构,必然越来越多地产生共同行动、共性问题和共同利益,为此,要以编制并实施"十四五"规划为契机,加强长三角区域科技创新规划和制度统合,建立规范协调这些共同行动、共性问题和共同利益的目标引导与规则体系,目标引导靠一体化规划,规则体系即区域共同政策。

在规划引导上,需要考虑和关注:一是加大作为创新源头活水的基础研究投入。加快建设上海张江和合肥综合性国家科学中心,支持南京、杭州基础研究创新中心和基地建设,尤其需要安排四大创新中心城市在基础研究创新领域的横向协同合作项目、行动、载体,鼓励长期坚持和大胆探索,为建设科技强国夯实基础。

二是聚焦长三角区域科技创新战略攻关的重点领域和关键技术。着重在集成电路、生物医药、人工智能等方面,精细梳理科技创新链与产业链的系统结构和链网关系,引导资源的整合配置和两链的强链补链。

三是依托中国超大规模市场和完备产业体系,发挥长三角区域综合优势。着重加强科技创新成果转化环节改革建设,创造有利于新技术快速大规模应用和迭代升级的独特优势,加速科技成果向现实生产力转化,提升产业链水平,维护产业链安全。

四是充分发挥企业,特别是在科技产业创新链中的"链主型"企业在技术创新中的主体作用。支持培育一批具有开发关键技术和带动性强新产品能力的"链主型"企业,使之成为区域创新要素集成、科技成果转化的生力军。

五是共建区域科技创新生态,深化创新要素市场化改革。保障创新要素顺畅流动,打造科技、教育、产业、金融紧密融合的区域创新体系。

在完善共同政策上,应考虑和关注:一是在长三角区域创新共同体建设现有基础上,进一步聚焦重点领域和关键技术的创新共同体或联盟组织机制、知识产权交易与保护制度、科技要素流动与激励政策、科技产业合作平台与运管机制、创新投入与产出利益分配政策等方面的制度体系,调节和规范资源有效集成,高效开展创新。

二是建立长三角创新共同体基金。共同政策是事权和财权的结合配套,为保障共同政策的落实,需要加强财力支持与调节。应加快由"国家＋省市＋社会"合力建立的长三角创新共同基金及其重点领域和关键技术专项基金,在长三角统合配套使用。

三是深化科技体制机制改革。加快院所高校科研单位改革,大力建设新型研发机构,着力培养和引进国际一流人才和科研团队,改革完善有效激励机制最大限度调动科研人员的积极性,提高科技产出效率。

四是开拓对外循环的新路径新机制。发挥长三角科研设施、创新水准、应用场景、转化空间等良好"黏性",加强多层次多形式的国际科技交流合作。

长三角创新主体互动对产业升级的影响[*]

苏　灿　曾　刚[**]

作为中国区域一体化程度最高的区域之一,长三角地区经济总量约占全国的四分之一,产业种类相对完备,在经历了较长的历史发展阶段后城市间交通网络密布,各城市在经济、社会等方面联系十分紧密。创新是新产业形成的重要驱动力,随着旧产业逐渐衰落和新产业发展壮大,逐渐发展的多样化产业结构在促进区域经济持续发展,以及保持长期竞争力中发挥重要作用。

城市间创新主体的互动能够带来知识与学习过程在地理空间上的转移,城市间合作创新是城市获取外部知识的重要途径之一。与其他跨区域联系方式相比,合作创新是一种正式且稳定的关系,能够有效传递缄默知识并保证与区域外一定程度的互动学习。因此,笔者基于国家知识产权局的发明专利数据对长三角地区城市间合作创新与产业多样化进行了刻画,同时尝试探究两者之间的关系。

---

　* 改写自作者发表于《长江流域资源与环境》(2021)的论文《长三角地区跨区域合作创新对区域多样化的影响研究》。

　** 苏灿,上海社会科学院港澳研究中心助理研究员;曾刚,华东师范大学城市发展研究院院长、终身教授。

长三角地区城市内与城市间合作创新的特征

合作申请专利是创新主体联系及知识交流的重要方式,笔者搜集了 2000—2017 年以来,以长三角 41 个城市为申请地址的具有两个及其以上申请人的合作专利申请,共计 125 187 项,以追踪长三角地区城市内部与城市间知识流动的过程。长三角地区发明专利申请量从 2000 年 11 232 项增加至 2017 年 429 633 项,呈现逐年递增态势,其中,合作发明专利总量从 2000 年的 1 050 项增长至 2017 年的 19 009 项,发明创新与科学研究方面合作日益重要。对比长三角城市内部与城市间的合作创新情况,可以看出随着时间推移,长三角地区城市内部合作所占比重明显下降,而城市间合作比重从 2000 年的 46% 上升至 2017 年的 69%(图 1),城市间合作成为主要的合作创新方式。其

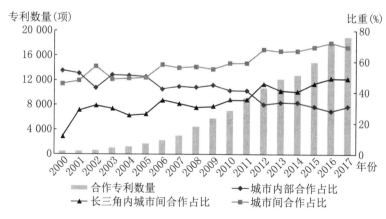

图 1　2000—2017 年长三角地区合作创新的变化情况

资料来源:根据国家知识产权局发明专利数据绘制。

中长三角内的城市间合作趋于紧密,所占比重呈明显上升趋势,由2000 年的 11％增长至 2017 年的约 50％,这意味着长三角一体化态势明显,知识流动更加顺畅。

从城市间合作申请专利数量和比例上来看,长三角地区各城市差别较大。上海、南京、杭州等城市合作申请专利数量占总专利申请量的比重始终较高且相对较稳定,而其他城市合作申请专利所占比重较低且年度变化幅度较大。

2017 年,上海、南京、杭州、合肥、苏州这五个城市的城市内部合作与跨城市间合作的次数均高于 1 000 次,其中以上海的合作次数最多,其城市内部合作次数达到 3 430 次,与上海以外的城市合作次数达到8 279 次。对比 2017 年长三角各城市合作专利中合作者的地理来源比例分布情况(图 2),城市外的合作者占据主要地位,其城市外合作者

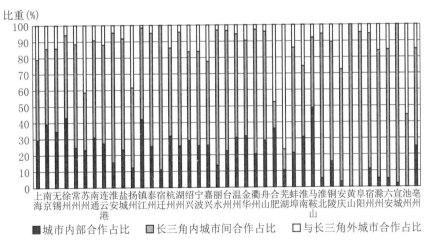

图 2　2017 年长三角各城市合作专利中合作者的不同地理空间来源比例

资料来源:根据国家知识产权局发明专利数据绘制。

又主要位于长三角地区的其他城市,而与长三角地区以外的城市合作占比仍较小。对比三省一市,上海与江苏合作创新主体的地理来源在长三角地区内外的比例相对均衡,而浙江与安徽的城市外部合作创新主体主要位于长三角地区,安徽省大部分城市与其他城市的合作占比超过90%。

长三角地区产业相关与不相关多样化的演变特征

总体来看,长三角地区各城市产业相关与不相关多样化水平呈现逐渐提高并趋于稳定的变化趋势(图3)。在本文观察期的早期阶段,长三角地区各城市不相关多样化水平的变化幅度较大,而相关多样化相对稳定。2000年左右,长三角地区大部分城市不相关多样化水平高于相关多样化水平,产业间关联程度较弱;而省会城市与其他经济发展水平较高的城市相关多样化水平高于不相关多样化水平,产业间的关联性程度较高。后期不相关多样化水平变化幅度较小,稳定性高于相关多样化,而相关多样化变化幅度较大,更多地吸引或分散到技术上与城市当前产业相近的行业。2004—2008年,相关多样化水平高于不相关多样化的城市数量增多。2009—2017年,长三角地区所有城市的相关多样化水平均高于不相关多样化,各城市的产业间关联性明显提高,目前,相关多样化是长三角地区各城市产业多样化的主要特点。

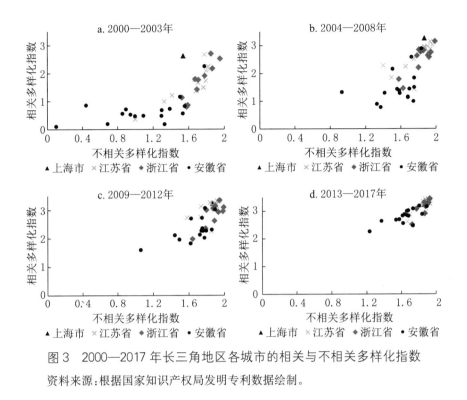

图 3 2000—2017 年长三角地区各城市的相关与不相关多样化指数
资料来源:根据国家知识产权局发明专利数据绘制。

从地理空间上看,上海作为长三角地区的龙头城市与其他经济发展水平较高的城市如省会城市南京、杭州、合肥以及苏州、宁波等城市的相关与不相关多样化水平较高,并且保持相对稳定。对比三个省份,安徽的相关与不相关多样化水平在 2000—2003 年除合肥外其他城市均较低,随后在 2004—2008 年,不相关多样化水平明显提升,2009 年后,相关多样化水平逐渐提高,向长三角地区其他省份靠拢。浙江与江苏各城市的相关与不相关多样化水平大致相当,相对来说,浙江总体不相关多样化水平略高于江苏,而江苏相关多样化水平略高于浙江省。

长三角地区合作创新对产业相关与不相关多样化的影响

为了探究城市内与城市间合作创新与产业多样化的关系，笔者构建固定效应回归模型研究合作创新强度、城市间合作占比、团队创新主体规模对城市产业相关与不相关多样化的影响，同时，将相关的影响因素包括城市规模、发展阶段与工业化水平作为控制变量纳入模型中。

研究发现，长三角地区合作创新所带来的知识溢出往往发生在具有技术关联性的产业间，利于城市原有产业基础通过分支的形式向相关多样化发展。认知距离较远的产业之间知识流动与知识重组的难度较大，以基于科学发现、激进的新技术或创新的全新产业或商业模式为主的颠覆式创新发展并不经常出现，突破性创新与区域原有的基础越不相关，越难以利用区域原有的能力和基础，并且激进的新技术成长为新产业的过程受到制度适应或构建、资源整合、技术标准的重新制定等因素环境的影响，因此，合作创新强度的增加难以对长三角产业不相关多样化产生稳定影响。

从城市内部与城市间角度来看，与城市外合作创新的比例越高，越有利于城市产业多样化发展，即非本地知识来源活动的创新能够促进城市产业相关与不相关多样化，城市间合作创新构成了知识流动的重要渠道。企业在本区域内部找到合作伙伴，短期会使其获益，但从长远来看，丰富的本地知识基础和本地集群组织间过于紧密的关系容易削弱吸收新鲜和新思想的能力,从而引发负面区域锁定,限制区域发展不相关多样化的潜力,减缓区域产业结构的调整,导致企业以及区域容易受到外部冲击。通过访问区域外部的知识能够在一定程度上克服路径锁定,从而促进多样化。本文实证检验了以合作创新为途径的城市间知识流动对于产业相关与不相关多样化的促进作用。因此,产业多样化的发展政策不应只依赖内生资源和动力,而应注重吸引外生资源。

长三角一体化战略的实施有助于各城市间信息互通互联、资源共享与人员的跨区域流动,这对于长三角各城市相关与不相关多样化具有积极影响。但对不同类型的区域来说,其获取外部知识的能力和需求存在较大差异,外部资源在区域新路径发展中所发挥的作用不同,因此,还需要针对特定区域的能力和基础,选择合适的产业发展模式,对不同性质产业的发展规划区别对待,避免一刀切。一方面,注意强化城市内合作,尤其是科技人员之间的正式与非正式交流,借助产业技术关联实现知识溢出,从而促进相关产业发展。另一方面,充分发挥各级政府的积极性和能动性,借助外部力量引导区域产业发展脱离原有生产能力,打破区域产业发展的路径依赖,实现路径突破,发展不相关多样化。如果缺乏政府的牵线搭桥,外部力量难以发挥作用,需要政府为跨区域合作创新提供资金支持,搭建信息传播与合作的平台,促进科技协同创新,进一步融入全球创新网络中。

长三角创新飞地新模式与发展建议[*]

曹　贤　曾　刚^{**}

　　创新飞地是指两个相互独立的行政地区打破区划限制,通过跨区域的行政管理和经济开发,实现两地资源互补、经济协调发展,通常也被称为"人才飞地""科创飞地""双创飞地"等。2019年12月1日,中共中央、国务院印发的《长江三角洲区域一体化发展规划纲要》明确指出,探索共建合作园区等合作模式,共同拓展发展空间,有序推动产业跨区域转移和生产要素双向流动。在长三角区域高质量一体化背景下,飞地经济呈现出从产业飞地向创新飞地转变的趋势,创新飞地建设已成为长三角区际合作的重要方式。

　　2020年7—8月,课题组通过对浙江省在沪创新飞地的调研后,形成了如下认识。

区域创新合作模式新变化

　　长三角区域创新合作呈现出从产业飞地向创新飞地模式的演变

　　* 本文系上海市科委2020年度软科学重点项目(20692107500)的阶段性成果。

　　** 曹贤忠,华东师范大学城市发展研究院副教授;曾刚,教育部人文社科重点研究基地中国现代城市研究中心主任,华东师范大学城市发展研究院院长、终身教授。

的新变化。许多欠发达区域主动在发达区域通过设立研发中心、孵化机构以及创新服务中心等方式实现自身区域的创新升级发展，取得了显著成效。

根据课题组网络数据搜集整理发现，截至 2020 年 10 月，长三角区域内其他城市在上海设立创新飞地共 24 家，其中浙江为 20 家，占84％，2019 年设立了 16 家，占 67％。如 2019 年浙江嘉善在上海建立嘉善国际创新中心，引导嘉善高科技企业到上海设立研发中心，造就了"前台在上海、后台在嘉善"的沪善协同创新模式，并吸引上海或海外优质创业项目入驻孵化，成熟后转移到嘉善进行产业化发展，实现"孵化在上海、产业化在嘉善"的产业协同创新模式，目前已有上海大学复合材料研究中心、涂鸦智能、数澜科技、以色列 Startup East China 公司签约落户嘉善。此外，浙江衢州、慈溪、湖州、淳安也纷纷在上海、杭州等地建立了创新飞地。

创新飞地建设也促进了长三角地区城市之间经济技术合作。截至 2018 年 12 月，上海漕河泾开发区产业转移中心基地累计促成产业转移落地项目 111 个，总金额高达 960 亿元，园区建立了覆盖全国 200 余家开发区的数据共享云平台，成了助推东西部地区社会经济合作互动的强有力纽带。

长三角创新飞地发展特征

根据实地调研，分析发现长三角创新飞地主要呈现出以下特征：

第一,县市级政府主导作用明显。市县级政府在创新飞地设立与运营中发挥主导作用。100%的创新飞地由政府主导,运营公司参与管理,其中镇级政府占比4.2%,县级政府占比70.8%,市级政府占比25%。

第二,创新飞地产业定位集中于智能制造、集成电路、高端装备制造、生物医药、新能源、新材料产业。对24家创新飞地主导产业词频分析发现,高端、智能、新能源、装备制造、电子信息、生物医药、新材料等均出现10次及以上,是其他城市对接上海产业创新发展的重点领域。

第三,创新飞地邻近交通枢纽和创新源,主要分布在浦东新区(张江高科技园区)、闵行区(虹桥商务区)和嘉定区(安亭汽车工业区)。如慈溪、上海创新飞地选择虹桥商务区的理由包括:所在区块总体环境优,发展潜力大;楼宇相对独立,且整体形象较好;周边综合配套丰富,交通便利;业主方整体实力较强,邻近还有一定的未来发展预留空间。温州(嘉定)科技创新园选择嘉定工业区理由包括:温州产业发展定位与嘉定高度相似,经济规模相当,市场化过程中,嘉定安亭汽车与温州有着深度的合作基础。南浔(上海)科创中心选择松江漕河泾开发区理由包括:交通便利、产业定位相似、人才资源丰富。

长三角创新飞地发展模式

根据实地调研,课题组认为长三角区域创新飞地主要呈现出以下

三类模式:

第一,政府主导—政府运营模式。以乐清市·南翔镇科创合作基地为典型,该飞地采用轻资产运作模式,由国资公司运营管理,但市场化程度不高,市场开拓、企业入驻效果不理想。

第二,政府主导—企业化运营模式。以慈溪(上海)飞地服务中心为典型,主要采用轻资产运作模式,由浙大网新上海团队运营(浙江飞地科技产业发展有限公司)专业化运营管理,发展成效显著,已入驻30多家企业。

第三,政府主导—基金引导—企业化运营模式。以南浔(上海)科创中心为典型,主要采用重资产运作模式,通过产业基金对项目进行研判、分析与投资,在科创中心经过孵化加速后,把规模产业化的项目导入南浔,最终形成"基金+产业+园区"的产业生态闭环。由湖州浔英沪融科创有限公司运营,南浔产业引领股权投资基金负责产业投资,引进了上海绿联软件和上海影科数码的研发中心入驻。

促进长三角创新飞地发展对策建议

长三角创新飞地发展过程中主要受到管理体制、人才流动、研发基金、生活配套和创新体系五个方面因素的影响:

(1)管理体制。当前以市县在上海设立创新飞地为主,行政权力不对等导致许多问题难以解决,需要省级政府层面统一协商部署。

(2)人才流动。人才资质在不同区域内难以互认,导致人才流失严重。

（3）研发基金。创新飞地基金遴选项目的必要条件为项目产业化后回飞出地，影响了诸多项目难以进驻。

（4）生活配套。现有创新飞地的住房、教育、医疗等生活配套普遍较为缺乏，制约了创新飞地进一步发展。

（5）创新体系。现有创新飞地创新体系建设不健全，与上海本地优质创新资源有待于深入对接。

基于长三角高质量一体化发展目标，长三角创新飞地未来应着力于以下三点：

第一，管理体制机制创新。借鉴日本政府产业集群工程、德国商会成功经验，充分发挥长三角开发区协同发展联盟的组织优势，在中央以及省市政府授权下，肩负起长三角创新飞地统一规划、统一管理、统一督查以及指导的职责，率先制定长三角创新飞地营商环境建设标准，建立全面协调可持续的长三角创新飞地产业创新协同发展和空间治理体系。

第二，设立创新飞地发展基金。建议遵循政府引导、社会主导、企业运营的思路，从长三角三省一市政府科技专项经费中出资，政府占比不超过40%、企业与社会融资不低于60%的比例，设立初期资金规模不低于500亿元，远期资金规模不低于2 000亿元的长三角创新发展基金，由专业的基金团队进行市场化的运营管理，政府负责监管。并由三省一市政府按照约定分成比例，对创新飞地产业化项目的利益进行共享。

第三，创新飞地回归创新功能。创新飞地主要涉及创新孵化、市场开拓、招商引资,而当前大多创新飞地将招商引资作为第一功能,违背了联合设立创新飞地的初衷,建议回归创新飞地创新功能,着力于孵化企业和培育新技术,助力飞出地产业技术升级,实现飞入—飞出地共赢。

长三角建设国家碳中和技术创新策源地路径探索

朱加乐 [*]

碳达峰、碳中和是复杂的系统工程，影响因素有很多，其中技术创新是关键因素与核心动力。长三角地区拥有碳中和领域从基础研究到技术创新，再到产业应用的全链条创新资源，将成为中国重要的碳中和技术创新策源地。

碳中和技术的总体发展趋势

碳中和技术分为零碳技术、减碳技术和负碳技术。零碳技术是指能源替代，包括光伏、风电、核电、氢能等新能源及相关的储能技术。减碳技术是指节能减排，主要涉及发电、石化、化工、建材、钢铁、有色金属、造纸和国内民用航空等八个高排放行业所应用的减排技术。负碳技术是指吸收转化二氧化碳，包括农林碳汇，碳捕集、利用与封存应用（CCUS）等相关领域的技术。本文重点介绍光伏、氢能、储能、

* 朱加乐，上海中创产业创新研究院未来能源与零碳经济实验室研究员。

CCUS 等技术发展趋势。

光伏:未来钙钛矿电池有望取代硅晶电池。

光伏是推动世界能源变革的重要引擎,也是中国为数不多具有国际竞争优势的产业之一。光伏电池主要包括晶硅电池和钙钛矿电池,目前单晶硅电池应用最广泛,采用 PERC 技术的 P 型单晶硅电池平均转换效率最高为 22.8%,晶硅电池的理论转化效率极限是 29.4%。但钙钛矿电池转化效率更高,理论转化效率最高可达 50% 左右,近期转化效率有望达到 30%。《能源新思考》(*Rethink Energy*)预测,2030 年钙钛矿电池全球市场占比将超过 29%,未来有望取代硅晶电池的地位(图 1)。

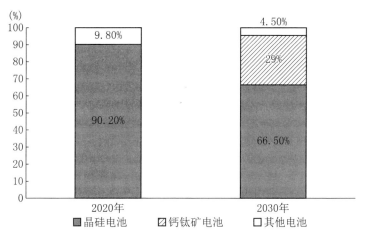

图 1　2020—2030 年不同各类型光伏电池市场占比

资料来源:根据公开网络资料整理。

氢能:可再生能源制氢和固态储氢是重要方向。

氢能是百分百的清洁能源,制约氢能应用的技术瓶颈主要在制氢和储氢两大环节。制氢技术包括化石能源制氢、工业副产氢、电解水制氢、光解水和生物制氢等,目前主要以化石能源制氢和工业副产氢为主,占比97%,随着光伏、风能、核能等可再生能源技术成熟及成本下降,未来可再生能源电解水制氢将成为主流趋势,预计到2030年占比提升至23%,到2050年将达到70%(图2)。储氢技术分为高压气态储氢、低温液体储氢、固态储氢和有机物液体储氢等,其中,固态储氢技术能量密度高、安全性好,是氢能燃料电池理想的发展方向,但固态储氢的碳基材料、金属有机框架物(MOFs)、多孔聚合物等材料还在实验室研究阶段。

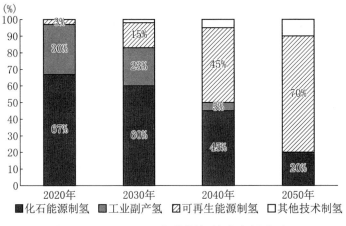

图2　2020—2050各类制氢技术市场占比

资料来源:新时代证券。

储能:技术呈多元化趋势、电化学储能潜力大。

根据能量存储方式不同,分为机械储能、电磁储能、电化学储能、热储能和化学储能等五类(表1)。目前抽水蓄能占比最高,超过90%,但受地形制约较大,难以大面积推广。相比之下,锂离子电池为代表的电化学储能受地理条件影响较小,建设周期短,应用范围广、发展潜力大,预计 2040 年占比达到 40% 左右。综合考虑技术成熟度与场景适用性,储能技术将呈现多元化发展趋势,压缩空气储能、超导储能、超级电容储能、飞轮储能等新型储能技术将在越来越多的场景实现示范应用,但目前多处于研发阶段。

表 1 储能技术分类

储能类型	储能类型	应用场景
机械储能	抽水储能	日负荷调节,频率控制与系统备用
	压缩空气储能	调峰,系统备用
	飞轮储能	调峰、评率控制、UPS 和电能质量
电化学储能	锂离子电池	电能质量、备用电源、UPS
	液流电池	电能质量、备用电源、调峰填谷、能像管理、可再生储能
	纳碳电池	电能质量、备用电源、调峰填谷、能像管理、可再生储能
电磁储能	超导储能	电能质量、输配电、UPS
	超级电容储能	

CCUS:从长远看,CCUS 有望成为应对全球气候变化的关键技术之一。

CCUS 是将生产过程中排放的二氧化碳提纯,继续投入到后续生产过程中,实现对碳的循环再利用的技术。碳捕捉技术分为燃烧前、燃烧后和富氧燃烧捕捉等,碳封存技术分为陆上封存、海洋封存、化工封存等。目前许多 CCUS 技术普遍还在实验室阶段,由于投资成本高及各国政策支持力度差异,CCUS 在全球的发展进程比较缓慢,2020 年全球碳捕获能力仅为 4 000 万吨,但长远看,随着 CCUS 技术的不断进步,到2040年全球碳捕获能力有望超过10亿吨每年,CCUS将成为人类应对全球气候变化的关键技术之一。目前中国已开展了华能集团上海石洞口碳捕捉示范项目、神华集团鄂尔多斯CCS项目和中石化胜利油田CCUS项目等系列工业技术示范,但总体来说起步较晚,与欧美发达国家在技术与应用方面还有较大差距。

中国碳中和技术创新主体资源丰富

碳中和事关全球人类命运,全社会各个群体均在行动,中国高校、科研院所、科技企业等各类创新主体均在加快碳中和技术研发步伐。

"双一流"高校加强碳中和基础学科建设。

碳中和技术涉及环境、能源、物理、化学、机械、电子等多个专业的交叉融合,高校作为科技创新的前沿阵地,在碳中和技术领域也不遑多让。全国42所"一流大学"建设高校均设置有与碳中和技术相关的院系,其中以清华大学、中国科技大学、上海交通大学、浙江大学等工科强校优势明显,在碳中和技术领域积累颇深。

中科院系统深耕碳中和前沿技术研究。

笔者通过梳理发现,中科院高能所、大气物理研究所、上海技术物理研究所、中科院深圳先进技术研究院、中科院广州能源研究所等19个研究所正在积极开展碳中和技术研究,涉及光伏、风电、核电、氢能、储能、CCUS等多个碳中和技术方向。其中中科院大气物理研究所于2020年底,正式在北京成立中科院大气物理研究所碳中和研究中心,是全国首家从事碳中和基础研究的机构。

科技企业前瞻布局碳中和技术创新。

中国在光伏、氢能、储能和CCUS领域涌现出一批具有重大影响力的龙头企业,光伏领域有全球最大的单晶硅光伏产品制造商的隆基股份、全球光伏组件市场排名前两位的晶科能源和晶澳科技等;氢能源领域有京城股份、富瑞特装、安泰科技等;储能领域有全球动力电池老大宁德时代、新能源汽车龙头比亚迪等;CCUS技术领域有华能集团、中国石化、中国神华、大唐集团等(图3)。

光 伏		氢能源	
隆基股份	通威股份	京城股份	富瑞特装
中环股份	晶澳科技	厦门钨业	科力远
阳光电源	固德威	安泰科技	杭州聚力氢能
锦浪科技	福莱特	大洋电机	
正泰电器	晶科能源	储 能	
CCUS		宁德时代	比亚迪
华能集团	中国石化	国轩高科	亿伟锂能
中国神华	中电投	上海电气	力 神
大唐集团	中海油	阳光电源	

图3 碳中和科技龙头企业图谱

资料来源:作者根据公开资料整理。

长三角地区碳中和创新资源丰富、产业优势明显

"华东八校"引领碳中和基础研究。

长三角地区有 25 所"双一流"高校设置了碳中和相关专业,复旦大学、上海交通大学、同济大学、浙江大学、南京大学、中国科技大学、东南大学、华东师范大学等"华东八校"更是走在前列,成立了一批专业研究院所,从事光伏、氢能、储能、CCUS 等领域前沿技术创新研究,如复旦大学的新能源研究院、上海交通大学的能源研究院和氢科学中心、浙江大学的可持续能源研究院、东南大学的长三角碳中和战略研究院等。在碳中和前沿技术创新突破方面也屡有斩获,如复旦大学詹义强团队破解了钙钛矿稳定性难题,南京大学朱嘉团队打破了钙钛矿串联电池当时的转换效率世界纪录,上海交通大学邹建新和邬剑波团队在镁基固态储氢领域取得重大进展等。此外"华东八校"于 2021 年 4 月共同发起组建"长三角可持续发展大学联盟",发布了《促进碳达峰碳中和高校行动倡议》。

科研院所深耕碳中和技术创新。

以中国科学院系统为例,中国科学院在全国设有 114 家研究单位,长三角有 28 家,占到 24.6%。其中,中国科学院上海光学精密器械研究所、上海高等研究院、上海应用物理研究所、上海技术物理研究所和宁波材料技术与工程研究所等多家研究所在低碳技术领域长期耕耘,积累了深厚的创新优势。同时,以江苏省产业技术研究院为代表的新型研发机构,也在积极布局碳中和技术创新(图 4)。

科技企业奠定碳中和产业优势。

长三角地区建立了光伏、氢能、储能等碳中和相关领域的完整产业链,产业规模和技术水平均处于全国领先地位,拥有天合光能、中天科技、上海电气、协鑫集成、东方日升、阳光能源等一批行业龙头,20 多

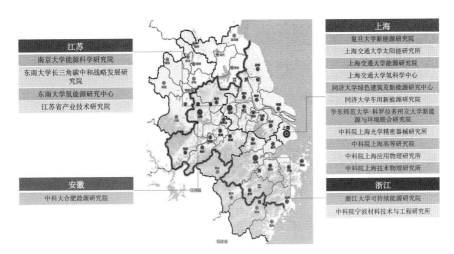

图 4 长三角地区碳中和技术部分重点高校院所

资料来源:作者根据公开资料整理。

家行业相关企业获批国家级企业技术中心(图 5)。协鑫集成旗下苏州协鑫纳米科技有限公司率先建成大面积钙钛矿组件中试生产线;纤纳光电总规划 5GW 衢州基地钙钛矿电池生产线投产;上海氢枫如皋"固

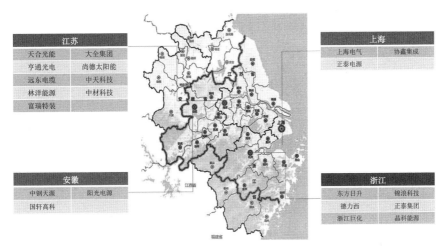

图 5 长三角碳中和领域国家企业技术中心

资料来源:作者根据公开资料整理。

态金属储氢项目"建成投运,首座镁基固态储氢示范站落成;中盐金坛联合华能集团、清华大学共建盐穴压缩空气储能国家试验示范项目于2021年并网发电。

长三角打造世界级碳中和技术创新高地的思路建议

瞄准"策源地、集聚区、试验场"三大目标。

一是打造碳中和全球创新策源地。围绕碳中和相关领域的科学新发现、技术新发明进行前沿科学研究布局,支持高校、科研院所加大基础研究和应用基础研究力度,争取国家重大科技基础设施布局,引进碳中和技术领域的全球顶尖科研人才和创新团队。

二是打造碳中和高端产业集聚区。围绕光伏、氢能、储能以及CCUS等领域,支持龙头企业引领构建产业链与创新链,重点培育一批掌握关键核心技术、具有全球竞争力的龙头企业,加快构建世界级碳中和产业集群。

三是打造碳中和前沿技术试验场。统筹碳中和应用场景规划布局,打通长三角区域碳中和应用市场,为各类技术创新成果率先应用以及规模化发展创造最佳的市场环境,吸引全国乃至全球碳中和先进技术在长三角交易和转化。

提升长三角碳中和技术创新策源力的若干关键抓手。

一是培育碳中和领域世界级学科和研究机构。支持"长三角可持续发展大学联盟",围绕碳中和技术领域,优化学科结构和专业布局,发挥各自优势学科带动作用，加强合作创新，培养碳中和科技人才，打造世界一流学科。鼓励开展针对碳中和技术领域基础研究的自由探索，注重学科间的交叉融合，鼓励自由探索和"十年磨一剑"的长期科研探索。支持以中科院为首的科研院所、以江苏省产业技术研究院为引领的新型研发机构，加大碳中和前沿技术领域布局，打造一批世界级碳中和研究机构。

二是加强碳中和领域科技重大基础设施布局。聚焦碳中和关键技术领域，积极组建全球碳中和顶尖科学家委员会，征求专家组意见，加快推动相关重大基础设施布局。依托重大科学基础设施，发起碳中和技术领域国际大科学计划，全面加强与国际国内高水平研究机构和研究团队的交流合作。支持有能力、有意愿的高校科研院所牵头申报组建碳中和国家实验室，建立符合科学规律的实验室运行管理机制，聚焦碳中和技术前沿领域，全力推动关键技术攻关。

三是支持企业牵头开展应用为导向的产学研合作。围绕钙钛矿、固态储氢、电化学储能和 CCUS 等关键核心碳中和技术领域，积极促进长三角地区企业、高校、科研院所加强科研合作和技术攻关，搭建以企业为核心的产学研平台体系，支持行业领军企业牵头建立产学研战略联盟，培育碳中和产业科技人才。建立碳中和重大技术研发需求发布平台，支持行业领军企业面向长三角乃至全国全球的研究机构发布技术研发需求。

四是建立长三角碳中和技术联盟。聚焦碳中和相关产业领域，支持行业龙头企业发起建立长三角乃至全国性的产业技术联盟，依托产业联盟积极申报国家级重大创新平台。积极推动碳中和领域知识产权联盟建设,支持龙头企业引领建设专利池,深化产业专利协同应用,促进知识产权与产业发展深度融合,加快碳中和技术领域创新,争取引领碳中和相关行业技术标准。

五是营造利于创新的生态系统。强化碳中和技术资金支持,建议三省一市政府设立碳中和技术重大科技专项,加大相关研发资金投入,探索设立长三角碳中和政府引导基金,引导社会资本参与,做好碳中和技术培育孵化。完善科技成果转化服务,定期举办科技成果交易展示会,打造"线上线下"融合的科技成果展示交易集市,促进各方创新资源的精准对接,鼓励全球碳中和科技创新成果在长三角转移转化。大力支持碳中和创新成果应用服务,建议三省一市开放公共应用场景,鼓励企业积极开展碳中和创新成果应用示范。

长三角碳中和产业发展的优势与策略

李光辉[*]

对于国内经济最发达区域之一的长三角而言,本身具有碳中和多元的应用场景,也具备较好的产业发展基础,将率先迎来"碳达峰、碳中和",在迎接挑战的同时也要积极把握机遇,高质量打造具有竞争力的碳中和产业集群,率先探索"碳中和"背景下产业深度转型和产业治理的路径,为全国做出标杆示范。

碳中和产业将呈现"三个层次"的具体内涵

碳中和产业是一个集合而非一个具体行业,涉及人类生产生活的所有相关产业。由"碳中和"概念延伸,碳中和产业是以实现产业"零碳"排放为目标,通过碳替代、碳减排、碳封存、碳循环等技术手段,减少碳源、增加碳汇的相关产业。

根据零碳能源供给、传输、存储及零碳消费的关联度,碳中和产业

* 李光辉,上海中创产业创新研究院产业部副总监。

关联产业	核心产业	衍生产业
• 新能源汽车 • 动力电池 • 储能电池 • 特高压 • 高端服务业 • 绿色建材	• 太阳能 • 风电 • 水能 • 氢能 • 核能 • 生物能	• 综合能源服务 • 节能环保服务 • 碳监测碳封存 • 碳转化 • 碳金融 • 碳中和集成服务

图 1　碳中和产业重点领域图谱

大致可分为三大类：

第一，核心产业主要是在与碳排放、减碳直接相关，或者说关系最为紧密的领域，主要是能源生产端实现"零碳"排放的清洁能源产业，包括太阳能光伏、风能、氢能等新能源产业。电力生产清洁化将成为"碳中和"的重要领域，光伏、风电以及核能将成为电力清洁生产的主要方向，氢能将成为新的动力能源，其商业化应用有望加速。

第二，关联产业是与核心产业或者说是能源各环节相关联的产业领域，主要包括新能源汽车、锂电池、特高压等关系"零碳"能源传输、存储、应用等相关领域，也包括高端服务业、新型都市工业等本身碳排放较少的行业领域。以高端服务业为代表的产业领域本身就具有"零碳""低碳"属性，知识密集型服务业将成为"碳中和"时代经济发展的重点方向，也将成为各地争抢的"香饽饽"。

第三，衍生产业主要指在"碳中和"背景下，有中生新、无中生有的新兴领域，包括合同能源管理、碳金融（交易）、碳监测、碳补给、碳技术集成服务等碳排放后端服务相关领域。

长三角碳中和产业发展基础如何、优势何在?

从长三角发展基础来看,以上三类碳中和产业的分类都有所布局,都有相应的发展基础,分析长三角在碳中和产业的发展基础和竞争格局,将为下一步长三角碳中和产业发展提供启示和借鉴。

太阳能光伏:江苏位居全国第一。

长三角是中国光伏制造产业链最完整、产量最大、企业和从业人员最集聚的区域,尤其江苏省几乎占据中国光伏制造业半壁江山,素有"世界光伏看中国,中国光伏看江苏"之称。根据工信部发布的符合《光伏制造行业规范条件》企业名单(图 2),共 186 家企业上榜,长三角区域拥有 103 家,占比 55.4%,其中江苏省已形成从硅料提取、硅锭制备、电池生产到系统应用于一体的完整产业链,集中了全国一半以上

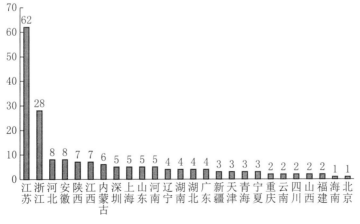

图 2　各省市符合《光伏制造行业规范条件》的公告企业数量

的重点光伏制造企业,多晶硅、硅片、电池片、组件等产量占全国比重均超过40%。2020全球组件出货前10位,长三角占据8席,天合光能、协鑫能源等大多数企业已经成为制造、服务于一体的智慧能源集成服务商(图3)。

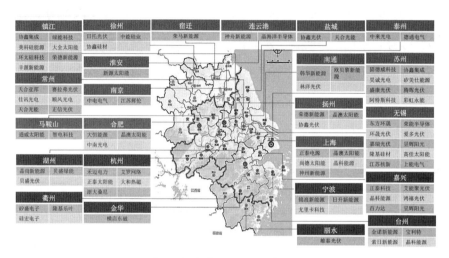

图3 长三角光伏行业重点企业分布图

风电设备:三大龙头位列全球风机制造商前15位。

根据全球风能理事会(GWEC)《全球风电市场—供应侧报告》,全球风机制造商前15强中,有8家中国公司,其中长三角占3家,分别为远景能源、运达风电、上海电气,市场份额合计占全球份额13.1%。长三角集聚了恒润重工、振江股份、日月股份、泰胜风能等一批上市企业,是全国风电制造领域上市企业数量最为集聚的区域(图4)。此外,全球第三大风机制造商新疆金风科技在无锡、盐城亦有布局。同时,长三角作为东部沿海地区,近海风能资源极为丰富,风电装机容量、风电利用小时数等指标在全国处于领先水平,上海电气海上风电市场占有率位居全国第一。可以看出，无论从风机制造领域还是风电利用领域在全国都具有较强竞争力。此外，龙头企业已经积极推动风电与信息技术融合发展，远景能源以风电为基础，积极拓展智慧储能、分布式光伏运营管理业务，打造阿波罗光伏资产管理平台，定义为新能源智能物联科技公司；运达风电也开发了风电大数据平台，提供风力发电机组的整体解决方案供应服务。

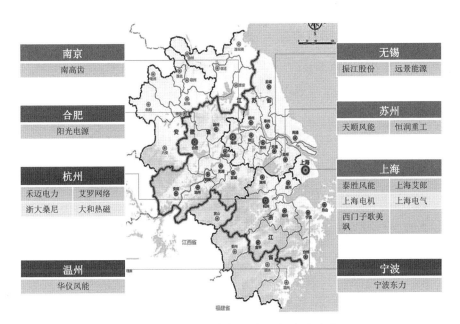

图4　长三角风电装备制造重点企业分布图

核电装备：上海核电"国之光荣"。

以上海为主的长三角区域奠定了中国核电事业的发展基础，中国大陆第一座30万千瓦核电站——杭州秦山核电站于1991年发电，由上海承担主要设计，全部设备70%都是国产，主要设备一半来自上海。"华龙一号"是中国研发设计的具有完全自主知识产权的、世界领先的三代压水堆核电技术,上海电气、上海核工院等长三角机构是重点研发参与单位,"百年老店"上海电气也是国内唯一覆盖所有技术路线,拥有核岛和常规岛主设备、辅助设备、核电大锻件等完整产业链的核电装备制造集团,在核岛主设备的市场份额一直保持领先地位。此外,长三角还集聚了上海自动化仪表、应流股份、江苏神通、久立特材、纽威股份等细分领域龙头企业,中核集团上海总部及众多子公司亦落户上海(图5)。而被称为"人造太阳"的可控核聚变相关研发,长三角也走在了前沿,超导核聚变国家大科学装置落户合肥,中国科学院合肥物质科学研究院等离子体物理研究所是国际热核聚变实验堆计划(ITER)中国工作组重要单位之一。

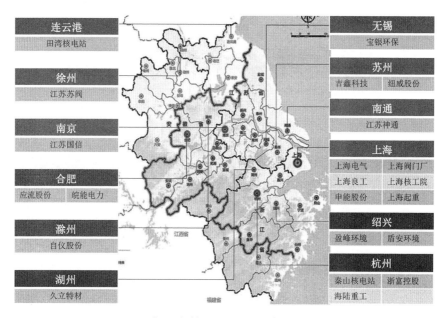

图 5　长三角核电产业重点企业分布图

新能源汽车:占据核心引领地位。

长三角是中国六大汽车产业集群区之一,聚集了 100 多个年工业产值超过 100 亿元的产业园区,有国内最大的汽车制造集团上汽集团,有国际新能源汽车龙头特斯拉,有本土新能源汽车龙头蔚来汽车,有国内民营造车的领头企业吉利汽车(图 6)。而依托于传统汽车的完整产业链,新能源汽车成为各地发展热点,据统计,长三角集群的 30 个城市中,有超过 14 个城市拥有新能源汽车项目,新能源汽车销量占全国销量的半壁江山。在新能源汽车"三电"系统方面,集聚了国轩高科、中航锂电、上海电驱动、巨一自动化、联合汽车电子、苏州汇川等知名企业。此外,在氢燃料电池汽车方面,上海应用推广效果最好,氢能源汽车上海应用示范的数量全国第一,江苏和上海氢燃料电池相关企业数量位居全国第一、第二位,长三角企业数量合计占全国比重高达

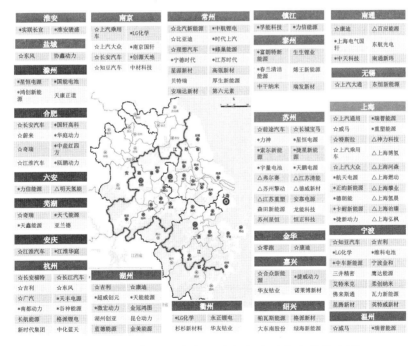

图 6 长三角新能源汽车及动力电池重点企业分布图

注:☆为新能源整车企业;*为锂电池动力企业;△为氢燃料电池动力企业;其他未电池材料企业。

46％,上汽集团、上海神力、重塑能源科技、江苏氢能等知名企业已经纷纷布局。

特高压:核心装备领域具有较强竞争力。

特高压被誉为"电力高速公路",也是智能电网的核心基础,在碳中和能源战略转型和产业调整中发挥着至关重要的作用。长三角在特高压核心装备领域具有较强竞争力,其中,国电南瑞在核心设备换流阀市场份额超过50％;思源电气作为民营企业,深耕电容器行业,其产品技术水平具有极强的市场竞争力(图7)。

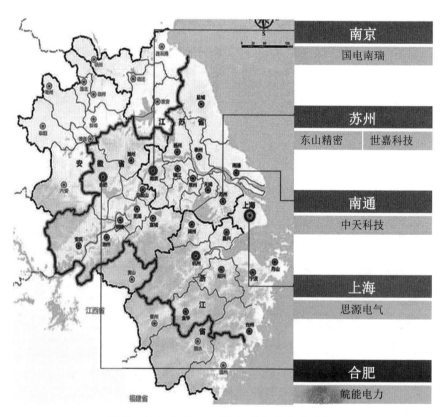

图7 长三角特高压装备重点企业分布图

碳中和技术服务业,萌芽发展正起步。

在"碳中和"背景下,碳金融、综合能源服务以及碳捕集、碳封存等碳中和技术服务业尚处于萌芽发展阶段,未来有望成为全新的"蓝海"市场。长三角现代服务业发达、人才优势明显,为碳中和相关技术服务业发展提供了良好条件。在碳金融领域,上海是国内首批 7 个碳排放权交易试点地区之一,配额质押、碳基金、碳信托,以及借碳业务、碳远期产品等碳金融产品创新为全国提供了经验借鉴,同时上海还承建了全国碳排放交易系统。此外,衢州和湖州作为国家绿色金融改革

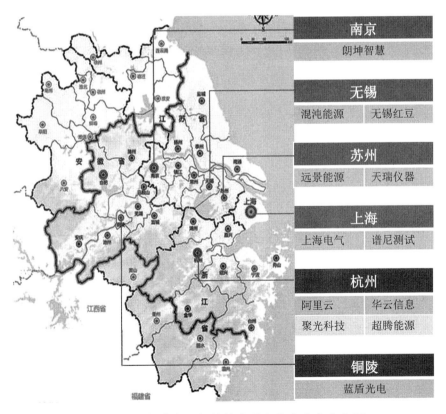

图8 长三角碳中和相关技术服务代表企业分布图

创新试验区,绿色金融发展水平在全国处于领先地位。综合能源服务领域,协鑫、远景等新能源企业凭借光伏、风电等领域优势已经深耕多年,阿里云、无锡混沌能源、浙江华云信息、朗坤智慧等互联网、软件纷纷进入综合能源管理平台市场,安徽苏滁现代产业园综合能源服务试点园区、江苏无锡红豆工业园综合能源服务项目、浙江滨海新区综合能源服务示范园等一批试点园区相继成立。碳监测领域,全国布局企业不多,长三角铜陵蓝盾光电、杭州聚光科技、上海谱尼测试、苏州天瑞仪器等企业已经提前布局(图8)。

长三角碳中和产业如何布局、率先发力?

把握"碳中和"要求与机遇,对于长三角未来的产业发展至关重要。然而在大的趋势变革面前,也需要厘清理念与发展思路,顺应"碳中和"规律、产业发展规律、区域内在发展逻辑规律来思考和谋划区域产业发展。总体来讲,可以从两个大的方面来把握:

首先,需要把握的"几个关键"。

一是提升长三角碳中和核心产业竞争力,打造世界级碳中和产业集群。提升光伏、风能、核能等碳中和核心领域技术实力,支持企业加大研发投入力度,鼓励企业积极拥抱能源互联网,延伸拓展业务范围,推动制造与服务融合发展、推动新能源技术与新一代信息技术、新材料技术融合发展,打造一批具有世界竞争力的新能源集成服务供应商。

二是把握发展机遇，前瞻布局新增长点。针对氢能等产业化尚未爆发的领域，加大力度进行重点扶持。推动传统汽车企业向新能源汽车转型，针对智能驾驶等关联领域，加强应用示范推广，以应用带动技术创新，进一步提升产业竞争力。发挥现代服务业优势，着力培育具有国际竞争优势的碳捕集和碳封存等低碳技术衍生产业，大力发展碳金融产业，培育发展新的产业增长点，提前占据行业制高点。针对可控核聚变等高能量密集度的能源产业，保障研发资金投入力度，保持全球技术领先地位，争取早日产业化应用。

三是强化协同联动，共建碳中和生态圈。"碳中和"不是一城一地的封闭循环，长三角在推动碳中和的进程中，应当坚持共建、共享、共治的理念，围绕科技、产业、标准等领域加强协同，营造开放创新的碳中和生态圈。在科技协同方面，可以依托高校、科研院所和龙头企业，在碳中和相关的基础研究和核心技术等方面进行联合攻关；在产业协同方面，可以联合编制长三角碳中和产业规划、产业地图等，引导产业链上下游合理布局，打通研发—转化—制造—应用等环节；在标准协同方面，可以积极推动建立三省一市碳中和领域产业联盟和行业协会等，联手制定相关行业标准和规范，为碳中和产业发展保驾护航。

四是争取试点示范，当好全国推广试验田。一方面，依托长三角在碳中和方面的科技创新和产业资源优势，积极推动相关技术创新成果在长三角率先试点应用，形成一批碳中和的先导区域、示范园区和标杆企业；另一方面，针对中国碳中和领域立法、规划、标准、统计等方面的空白点，积极争取国家支持在长三角开展先行先试探索，同时对标国际先进水平，鼓励相关研究机构和企业参与低碳领域的标准化组织,进一步增强中国在碳中和国际规则制定中的话语权。

其次,需要避免的几个现象。

一是避免"一哄而上抢风口"。前有光伏寒冬,后有新能源汽车、集成电路等"烂尾"项目,令人印象深刻。在"碳中和"背景下,光伏、风机、新能源汽车、锂电池等新能源领域再次站在了投资的"风口浪尖"。长三角打造碳中和产业集群尤其要警惕"千军万马一哄而上",政府要管住"有形的手",实施差异化发展,避免过热投资和产业布局,需要结合自身优势选择适宜的领域。

二是避免"一刀切"采取强约束紧措施。各地在落实碳中和发展要求的过程中,要避免不分行业、不分园区载体类型、不分企业规模,简单用单一的减排标准、指标或上设备对中小企业施加压力,要设定减排窗口期,加强减排政策资金扶持,大力推进碳中和共性技术的普及和应用,协助中小企业逐步实现零碳排放。政府联合推进碳捕集、碳封存领域共性技术研发,降低技术研发及应用成本。

三是避免单一片面思维、割裂封闭发展。在碳中和产业发展过程中,要极力改变传统能源体系中煤电油气核等各类能源相互割裂、各自发展的格局,推动单一能源走向多种能源的集成和融合,提供集成解决方案。同时,要打破行业之间、部门之间、企业之间、区域之间的壁垒,实现"碳中和"及其相关产业链的协同融合发展。

长三角碳中和园区建设的战略与路径

张舒恺[*]

中国力争于 2030 年前实现二氧化碳排放达到峰值,2060 年前实现碳中和。这无疑将是一场硬仗。碳达峰、碳中和时间的紧迫性、任务的艰巨性,要求中国必须牢牢抓住产业园区这一工业绿色发展和能源低碳化转型的重要载体,通过优化产业结构、完善循环体系、重塑园区形态,在实现碳中和进程中发挥主力军作用。长三角产业园区数量多、规模大,集中度高,理应成为中国"碳中和"产业园区建设的排头兵和先行者,为其他地区"碳中和"园区建设提供示范标杆。

碳中和园区的基本内涵、特征及框架

目前,学术界并没有对碳中和园区这一概念进行明晰界定。事实上,碳中和园区是随着中国对碳排放工作不断认识深化后,既具传承又具创新的概念。结合绿色园区、低碳园区等概念定义(表 1),本文认

* 张舒恺,上海中创产业创新研究院未来能源与零碳经济实验室研究员。

为,碳中和园区是指在园区规划建设管理等方面系统性融入碳中和理念,综合利用节能、减排、固碳、碳汇等多种手段,通过产业绿色化转型、设施集聚化共享、资源循环化利用,在园区内部基本实现碳排放与吸收自我平衡,生产生态生活深度融合的新型产业园区。

表1 国内外低碳、生态、绿色园区的基本内涵

概 念	内涵侧重点	主要政策
循环经济园区	过程导向,侧重能源资源的节约集约利用	《关于推进园区循环化改造的意见》(2012 年)
低碳园区	过程导向,侧重于产业低碳化、低碳基础设施建设	《国家低碳产业园区试点工作方案》(2013 年)
生态园区	过程导向,减少污染物的产生和排放	《国家生态工业示范园区标准》(2015 年)
绿色园区	过程导向,侧重于绿色产业培育、基础设施绿色化、环境影响最小化	《绿色园区评价指标体系》(2016 年)
碳中和园区	结果导向,强调园区整体实现碳排谢与吸收的动态平衡	

当下,已经有一些地方开始率先探索碳中和园区建设。例如,北京的金风科技亦庄智慧园区提出,要打造集可再生能源、智能微网、智慧水务、绿色农业和运动健康等功能于一体的可感知、可思考、可执行的绿色园区生态系统。河南信阳的上天梯新材料(碳中和)产业园与住建部科技与产业化发展中心签订合作协议,提出要在建筑节能与绿色建筑、装配式建筑、低碳城市、产业转型升级等方面深化合作,打造超低能耗建筑产业集群。

这些园区聚焦专业领域积极开展试点,对于中国碳中和园区建设将起到积极的促进作用。但从更普遍意义上来看,本文认为,碳中和园区与以往低碳、生态、绿色园区相比,应当更加注重把握四大特征:

第一,注重碳中和园区建设的系统性。碳中和园区是一个整体性的概念,要想实现园区碳中和的建设目标,必须对园区规划、空间布局、基础设施、生态环境、运行管理等进行系统性考虑,从园区开发建设之初就需要考虑嵌入碳中和技术和相关配套设施,同时围绕产业链设计、能源利用和资源利用,系统性统筹考虑企业生产、楼宇建筑、园区交通等各个方面的直接或间接碳排放。

第二,强调碳中和园区建设的双循环。园区是城市系统重要组成部分,碳中和园区建设不仅要注重园区内部的"小循环经济",更要看到园区之间的"大循环经济"。从碳中和园区自身建设来看,要积极构建内部能源和资源利用的闭环设计,最大限度地实现内循环和自平衡;但与此同时,园区不可避免地要与外界产生货物、能源、排放等方面的联系,碳中和园区建设必须放在城市乃至区域的视角,充分挖掘园区间合作的共生潜力,加强与周边区域的统筹协调,通过碳交易、生态补偿等方式实现更广阔时空中的"大平衡"。

第三,突出碳中和园区建设的"硬约束"。一直以来,中国对于低碳园区、生态园区、绿色园区建设,考虑到发展阶段和成本等因素,是以引导和鼓励为主要推动方式的。而中国碳达峰、碳中和时间表的确定毫无疑问给园区带上"紧箍咒",碳中和将从"软约束"变成"硬约束",各类与碳排放相关的监测指标或将成产业园区的约束性指标。

第四,重视碳中和园区建设的智能化。传统园区的低碳绿色化改造往往侧重于单个企业的节能技术应用或者减排设施配置,园区作为管理运营主体,无论在技术手段上还是在管理手段上,都很难全面及时掌握园区的能源使用和排放情况。即便是能源、环保部门,目前监测企业碳排放情况也还以定期、不定期的上门抽查、检查作为主要方式。随着碳排放量的动态实时监测成为碳中和产业园区的关键基础工作,以大数据、云计算、工业互联网、智能传感器等代表的新型基础设施和智慧能源管理系统将会在"碳中和"园区中大规模推广和普及。

综上,本文认为,碳中和园区作为低碳、生态、绿色园区的"升级版",未来可以围绕"四大体系"来进行整体性框架设计:一是形成低碳绿色产业体系,包括战略性新兴产业集聚、企业低碳改造、低碳技术创新供给、碳中和金融等;二是形成清洁能源利用体系,包括可再生能源、清洁能源、常规能源等的协同互济;三是形成固废资源循环体系,包括企业固废物交换利用、工业废水重复利用、再生资源回收利用、生活垃圾资源化处理、污染物集中处置等;四是形成智慧园区管理体系,包括能源动态管理、能源申报管理平台、碳排放监测交易平台、新型基础设施等(图1)。

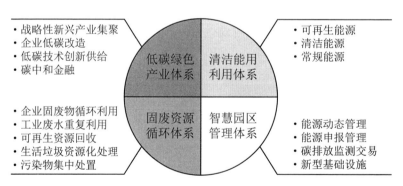

图1　碳中和园区建设的基本框架

其中,低碳绿色产业发展是碳中和园区建设的重要突破口,牵一发而动全身;清洁能源利用体系和固废资源循环体系是碳中和园区打通上下游链条的重要支撑;智慧园区管理体系是碳中和园区实现事前、事中、事后监管的关键基础平台。

当前碳中和园区建设面临的瓶颈

虽然前期中国各地在低碳园区、生态园区、绿色园区建设方面已经形成一定基础、积累了一定经验,但碳中和园区作为产业园区开发建设和转型升级的新概念、新形态,整体上仍处于探索阶段,有四方面问题亟待进一步深化研究和加以解决。

其一,碳中和园区的整体战略框架尚不清晰。目前,从国家到地方都在积极制定落实"碳中和"的行动方案,随着相关方案的研究深化和逐渐清晰,未来对于产业园区如何实现"碳中和"应该会有指导性意见。但在现阶段,各地对碳中和园区的认识仍大多停留在概念层面,对于整体框架、工作重点、实施步骤等把握并不清晰,一些地方将碳中和园区作为招商宣传的口号,仍然侧重于新能源企业和项目的招引,或者从碎片化、分割式的场景去推动局部环境改善,而难以真正从系统性、整体性考虑推动园区的转型升级,同时不可避免还将造成园区的重复建设和低效建设。

其二,碳中和园区的建设标准规范相对滞后。目前,标准规范的制定不仅是中国推动"碳中和"的重要抓手,同时也有可能成为未来国际能源变革和技术创新话语权的争夺焦点。虽然,中国已经陆续出台《行业类生态工业园区标准(试行)》《国家生态工业示范园区标准》《园区低碳工业园试点工作方案》，但是一方面，标准的强制性仍然不强。不同政策侧重点有所不同，如工信部制定的《国家低碳工业园区试点工作方案》侧重于工业发展，环保部牵头制定的《国家生态工业示范园区管理办法》侧重于环境治理与保护，由于现有分类管理体制的因素，政出多门现象明显，园区落实标准规范也缺少强制性的监测和考评手段。另一方面，围绕"碳中和"的相关技术标准、应用规范等仍处于理论研究阶段，从制定标准到推广应用还需要一个较长的过程。

其三，碳排放核算交易等相关法律法规缺失。碳排放的确权和核算直接关系到碳中和园区的建设效果评价。目前中国现行的法律法规尚未对碳排放权利进行明确界定，使得地方碳排放交易缺乏法律依据。同时，虽然中国已经根据国际 ISO 标准建立 24 个行业企业碳排放核算方法体系，但园区在国家统计体系中不是独立统计个体，因此导致以园区为主体的碳排放核算范围不一致、核算结果没有可比性。此外，在企业碳排放过程中，对于直接排放和间接排放的核算也存在难点，能否利用穿透式、可追溯技术手段，实现企业能源使用和碳排放的应统尽统也是未来需要关注的方向。

其四，低碳技术研发和应用的整体水平有待提升。基于碳中和问题的复杂性和紧迫性，迫切需要以低碳技术创新突破作为引领，加快形成全面支撑我国实现碳达峰及碳中和目标的技术体系。但从目前情况来看，一方面，中国低碳技术水平与碳中和园区高标准建设的需求还不匹配。针对脱碳、零碳、负排放技术供给不足的现状，仍需要在国家层面设立跨领域综合交叉的碳中和重大科技专项，提前做好技术研发供给侧结构调整，进一步明确碳中和技术需求，优化应对气候变化技术研发布局。另一方面，新技术的推广和应用往往需要巨大的前期投入，特别是对于碳中和而言，从企业角度看，低碳技术应用的成本与企业生产效益的提升可能并不成正比，仅从环境保护和社会责任角度去推动该项工作难度又相对较大，如何建立产学研一体化的成果转化机制、建立约束与激励相结合的应用推广机制，都需要进一步统筹谋划。

推动长三角碳中和园区建设的战略路径

长三角地区园区数量多、种类广泛、集中度高、发展相对成熟，有能力率先在全国探索碳中和园区建设，为其他地区碳中和园区建设提供示范标杆。本文认为，长三角推动碳中和园区建设要牢牢抓住"园区碳排放与吸收总量最大平衡"这一根本目标，实施"五新、五化、三全"的战略路径，系统性、全局性实现园区碳中和。

以"五新"为导向，加强碳中和园区整体统筹。

一是践行新发展理念。产业园区不再仅仅是城市产业集聚发展、贡献经济增长的主阵地，同时也是践行节能减排、优化生态环境的主战场。碳中和园区的开发建设一定要摒弃先粗放发展再腾笼换鸟、先污染再治理的传统路径，把绿色发展理念贯穿于园区发展全过程。

二是制定新发展规划。传统产业园区规划侧重于产业领域的选择、功能布局的设置、招商政策的创新，对于资源环境的考虑往往仅限

表 2 长三角不同类型园区的碳中和建设重点

园区类型	碳中和工作的分类重点	长三角代表园区
石化园区	• 提高生产能源利用率 • 炼化一体化、CCUS 等低碳技术示范推广 • 固体废物的综合循环利用 • 重大先进装备的示范运用 • 危险化学品的集中安置	上海化学工业园区、宁波石化开发区
现代服务业园区	• 改造和新建绿色建筑 • 楼宇能源智慧化管理系统 • 生活垃圾的分类回收利用 • 分布式能源的运用	陆家嘴金融产业园、杭州未来科技城、南京新城科技园
战略性新兴产业园区	• 建设和改造绿色工厂，集约利用厂区 • 提高工厂清洁和可再生能源使用比例 • 水资源和工业废物资源循环利用 • 建立绿色生态产业链供应链	苏州工业园、上海漕河泾开发区、临港松江科技城、张江药谷
现代物流园区	• 无轨双源电动货车、新能源车辆和船舶的推广建设 • 公铁水空多式联运的集中建设 • LNG 加注站、充电桩等基础设施的建设布局 • 绿色仓储建设	嘉兴现代物流园、外高桥保税物流园区、浙江（安吉）现代物流园

于通过环评报告，在实际操作中更是流于形式。未来的碳中和园区规划应当是兼顾绿色与发展、兼顾生产和生态的全面规划，要从规划阶段就为园区实现碳中和做好整体设计。

三是建立新管理机制。传统意义上的园区管理和运营主体，其职责主要是做好园区开发、提供企业服务、保障园区安全，与碳相关的事情要么是监管部门的事，要么是企业主体的事，似乎与园区没有强关联。但是在碳中和时代，园区在原有职责基础上，必须承担起完善低碳基础设施、加强排放监测、合理确定园区碳排放阈值、创新碳排放激励机制、开展碳排放交易等责任。

四是建立新考核指标。目前各城市对园区的考核评价，虽然也设置了节能减排指标，但从"指挥棒"导向上来看仍然是经济导向大于生态导向。随着碳中和逐渐成为约束性目标，园区的考核评价指标体系也必须相应重构，园区生产生活的直接或间接的碳排放都将被纳入考核和评估范畴。

五是构建新产业生态。碳中和园区在建设初期充分考虑产业结构比例和产业上下游关系，发展以新一代信息技术为代表的新兴产业，实行绿色招商和产业链招商。对于园区已有重化工业企业要加快调整产业发展方式，大力推广无碳、减碳、去碳等低碳技术，从生产源头减少碳排放。

以"五化"为路径，推动碳中和园区迭代升级。

一是推动"产业链接循环化"。按照"横向耦合、纵向延伸、循环链接"的原则，合理延伸园区相关产业链，实现项目间、企业间、产业间物料闭路循环，促进原料投入和废物排放的减量化、资源化、无害化。

二是推动"清洁能源增量化"。鼓励企业将可再生能源从能源电力消费的增量补充变为增量主体，推广新能源与传统能源相结合、小型分散与集中利用相结合的新型用能方式。

三是推动"物流系统清洁化"。形成以节能为核心的公共交通结构，提高园区交通的通达度，重视园区各板块间公共交通的便捷度。同时，要大力发展以网络货运、多式联运为代表的绿色物流。

四是推动"园区建筑节能化"。大力发展园区绿色建筑，对既有厂房、楼宇等存量建筑进行绿色化改造，新建建筑100%执行绿色建筑标准，积极探索光伏建筑一体化建设。

五是推动"园区环境绿色化"。在深入了解园区生态本底的基础上,对园区内生态要素进行调整、优化、改造。注重屋顶绿化建设,尽可能扩大园区碳汇绿化面积,增强园区碳汇能力。

以"三全"为支撑,提升碳中和园区管理水平。

长三角推动碳中和园区建设,要以建立完善全领域、全流程、全时段的碳排放动态管理体系为抓手,为率先实现碳中和提供关键手段和基础保障。长三角产业园区要抓住国家开展新型基础设施建设的契机,加大智能传感器、数据中心、云计算等新基建在园区工厂、建筑、停车场等全域布局,全流程、全时段监测园区碳排放量。同时,加强能源智能化应用和可视化管理平台、园区综合监控平台等管理型公共平台建设,从而整体实现园区碳中和的精细化管理、智慧化服务。

此外,无论是长三角还是全国的产业园区,都存在发展阶段、发展类型等方面的差异,推动碳中和园区建设切记要避免"一刀切"。一方面,开发建设不能过度超前。碳中和从理念到技术再到实践是一个复杂而漫长的过程,政府可以引导,但归根结底还是要发挥好市场和企业的力量,如果盲目推动碳中和园区建设,不仅可能大大增加企业和园区的成本,同时也有可能造成新一轮的重复建设和资源浪费。而应当将园区按照主导产业、经济规模、基础设施等标准进行分类分级,明确不同类型、不同等级的园区"碳中和"工作的行动重点。另一方面,倒逼手段不能操之过急。"碳中和"是整个城市的系统性问题,而园区只是这一复杂体系的一个方面、一个环节,我们要避免把"碳中和"整体性目标异化为层层分解、层层加压的微观性指标,要避免将全部压力都集中在园区上而导致其发展处处受限,毕竟兼顾生态和发展、兼顾约束与公平也是"碳中和"的应有之义。

长三角国际碳金融交易中心建设的思路与建议

刘梦琳 *

碳金融交易,是以温室气体排放权为标的的交易以及与其相关的各类金融活动的统称,因二氧化碳在所有温室气体中占比最高而得名。碳金融交易市场主要包括以碳排放配额为标的资产的碳排放交易市场,也可称为碳排放市场、碳交易市场或碳排放权市场。碳金融交易最早起源于 1992 年的《联合国气候变化框架公约》简称《框架公约》和 1997 年的《京都协议书》。为了应对全球气候变暖,超过 150 个国家签署《框架公约》,确定了"2050 年全球温室气体排放减少 50%"的目标,又通过《京都协议书》规定了三种补充性的市场机制来降低各国实现减排目标的成本,分别是联合实施机制(Joint Implementation,JI)和国际排放权交易(International Emission Trading,IET),以及发达国家和发展中国家间交易的清洁发展机制(Clean Development Mechanism,CDM)。至此,温室气体排放权成为一种可以交易的无形商品,碳金融市场也逐渐发展起来。

* 刘梦琳,上海中创产业创新研究中心未来能源与零碳经济实验室研究员。

国际碳交易市场发展现状

据国际碳行动伙伴组织（ICAP）发布的报告显示，截至 2021 年 1 月 31 日，全球共有 24 个运行中的碳市场，主要包括欧盟、美国、中国、新西兰、瑞士等，另有 8 个碳市场正在计划实施，预计将在未来几年内启动运行。总体来看，国际碳交易市场发展呈现出以下两个特点：

首先，尚未在全球形成合力。

尽管碳金融交易活动已经出现了 20 多年，但从全球范围来看，各国在经济、产业、环境、技术等方面呈现出多元化发展特征，在绿色金融发展水平上也有较大的差异，在碳排放、零碳发展方面尚未形成有效的协同机制。

造成这一问题的原因有很多。一是市场分割明显。目前全球碳交易主要集中于国家或区域内部，如美国加州市场、欧盟市场、新西兰市场等，统一的国际市场尚未形成。这些市场在排放配额分配、覆盖行业范围、定价方式等方面均存在较大差异，导致各市场之间很难进行跨市场交易。二是政治影响较大。从政治角度来看，碳排放交易也会牵涉一系列国际话语体系建立的问题，各国围绕温室气体排放问题所形成的国际政治，也被称作"碳政治"，参与"碳政治"就意味着要参与国际话语游戏。因此碳交易市场的推进必然会受到国际局势变动的影响，如美国于 2011 年宣布退出《京都议定书》，导致多个发达国家效仿退出，减排力度大打折扣。三是交易成本过大。在具体交易执行过程中，道德风险仍十分普遍,项目注册和实际排放数据核算成本较高,对中介机构的监管尚不到位,这些因素都加大了交易成本,阻碍全球碳市场的发展。

其次,碳金融交易仍是全球减排降碳的主要市场化方式。

尽管国际碳交易市场发展仍存在一些问题,但不能否认,以碳排放权为主的碳金融交易活动,依然是所有减少碳排放的手段中最有效的市场化方式,也将是未来全球减排降碳的主要战略发展方向。

这一趋势体现在多个方面。一是未来全球碳交易体系可发展空间较大。国际碳行动伙伴组织发布的报告显示,目前全球碳排放交易体系配额总量约 48 亿吨,仅占全球温室气体排放量的 9%。随着中国碳交易市场的启动,全球碳市场所覆盖的温室气体排放量有望达全球总量的 14%,后续仍将有大量市场空间可以发掘。二是全球碳减排进程仍在提速。美国、欧盟、瑞士、韩国等均在近两年针对碳交易机制做出若干调整。中国于 2017 年底正式启动建设全国碳交易市场,于 2020 年提出"碳达峰""碳中和"等目标。美国于 2021 年重返《巴黎协定》,在应对气候变化方面迅速采取行动。

因此,建设碳交易市场、形成全球统一的交易机制,仍是全世界各国想做且应该要做的事情,中国及其他发展中国家或地区也应在这一重要历史使命中有所承担和贡献。

中国碳交易市场发展现状

自 2011 年启动地方碳交易试点工作以来,中国碳排放权交易市场建设已进行了将近十年,主要可分为两个阶段。

碳交易市场试点发展阶段(2011—2017 年)。2011 年 10 月,国家发改委下发《关于开展碳排放权交易试点工作的通知》,正式批准在北京、天津、上海、重庆、湖北、广东、深圳"两省五市"开展碳排放权交易试点,2014 年 6 月起,两省五市碳交易试点全部开始实际交易。2016 年,福建成为国内第 8 个碳排放市场交易试点。

全国碳市场筹备建立阶段(2018—2021 年)。2018 年 3 月,国务院机构改革,在原环境保护部的基础上组建生态环境部,原国家发改委主导的碳排放权交易职责也划入新的生态环境部。2021 年 1 月,生态环境部正式印发《碳排放权交易管理办法(试行)》,标志着全国碳市场首个履约周期正式启动,涉及 2 225 家发电行业的重点排放单位。3 月底,生态部发布《关于加强企业温室气体排放报告管理相关工作的通知》并公布碳排放工作时间表,4 月底,《碳排放权交易管理暂行条例(草案修改稿)》完成公开征求意见工作(图 1)。

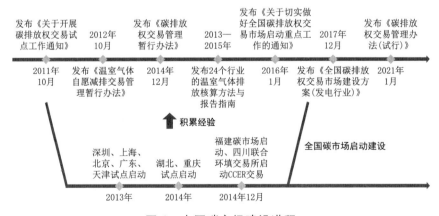

图 1　中国碳市场建设进程

资料来源:公开资料整理、华西证券。

回顾过去十年,部分试点地区对碳交易机制进行了深入探索,另一部分试点城市已形成了相对完善的交易体系。因此,基于目前各地碳交易市场建设进展情况,以及已经积累的经验总结,国家决定于2021年6月上线全国性的碳排放权交易市场,并将交易中心落在上海,目前首先纳入发电行业,"十四五"期间将逐步纳入石化、化工等八个高耗能行业。

全国碳交易中心落地上海将为长三角地区带来重要发展机遇

围绕碳交易中心建设,上海已做了大量准备工作。2021年4月,上海宣布成立能源工作领导小组,由常务副市长陈寅担任组长。未来,碳金融将会成为上海国际金融中心建设的重要组成部分,上海也必然会成为全国碳交易市场发展的主力军和主战场。从区域发展来看,交易中心落地上海,对于整个长三角地区来说更是有"近水楼台先得月"的意义与机遇。

有利于更多交易主体进入市场。目前全球碳市场主要以减排企业和政府主管部门为交易主体,碳排放权的交易集中在碳配额不足的企业与碳配额过剩的企业之间,市场范围较小。未来上海打造国际碳金融中心,则可以进一步扩大碳交易市场范围,除了企业之外,将会有更多的交易机构、金融机构、以及投资机构获得进入市场的机会。

有利于产业转型升级。碳交易市场与其他减排方式最主要的区别是,碳交易可以先行控制碳排放总量,根据一定原则为各个企业制定配额。这种机制设计使得企业有动力进行技术创新,减少自身碳排放量,通过碳配额交易这种市场化手段,获得更多融资,用于企业进一步发展。具体来看,电力行业被首批纳入全国碳交易体系,一方面将会抬升火力发电成本,另一方面光伏、风电等低碳发电方式将逐步成为发电主力。同时,风光发电行业也可以通过参与自愿减排机制获得更高利润空间。

有利于长三角区域协同发展。

在 2011—2017 年 8 省市试点阶段,长三角地区仅有上海一地入选试点名单,而在全国碳市场筹备建设阶段,江苏、浙江、安徽也都只是分别向国家上报重点排放单位名单,可以说整个长三角地区在减排降碳方面仍处于"各自为政"的阶段。而现在,上海可以作为长三角地区实现"碳达峰"和"碳中和"的领头羊,带领三省一市共同对外发声,打造零碳长三角。

长三角建设碳交易市场的思路建议

当下,中国碳交易市场正在冲刺"最后一公里",预计建成中国将成为全球最大碳市场。而长三角作为国内经济产业相对发达、城市化水平相对较高、碳排放总规模和集聚度也相对较大的地区,更应该积极融入全国碳市场建设、持续推进零碳发展。为此,本文提出以下几点方向建议:

第一,各方应积极参与全国碳市场建设。积极配合国家做好全国碳市场启动工作,各类企业应主动参与到碳交易、碳中和行动中来,支持金融机构在碳金融产品开发方面做出更多探索,逐步增加碳金融衍生品种,进一步丰富市场和提升市场的流动性,从而更好实现市场的价格发现功能。

第二,将低碳产业纳入长三角各地区发展。依托上海建设全国碳排放权交易中心,积极吸引更多低碳优势产业集群,出台配套政策鼓励相关交易。鼓励各地区、各产业园区重点发展绿色产业,为符合标准的企业提供政策倾斜和优惠。

第三,将推动绿色金融发展作为长三角一体化战略的重要抓手。率先在长三角地区探索碳排放权的二次分配机制,完善区域交易标准体系,推进标准协同,提高碳交易效率。支持金融机构在长三角区域内开展一站式服务,加快推进绿色金融等重点项目。鼓励打造绿色金融改革创新示范区,推动长三角绿色金融核心圈建设。

第三章

人口新结构:人口流动与素质提升

199座人口流出地州市发展路径 [*]

肖金成　洪　晗 [**]

　　中国是一个人口大国,人口流动是社会、经济生活的重要内容之一,也是推进中国城镇化进程的重要力量。改革开放以前,受制于户籍制度,人口流动的规模很小。随着中国城镇化的快速推进,对农民进城限制的逐渐放宽,加上体制机制改革和东部沿海地区的快速发展,大批农村人口开始涌入城市,流向相对发达的地区,其中,大城市是经济活动的主要集中地,所以人口流向发达地区和大城市是十分正常的,生产要素向大城市集聚也是历史发展的趋势。但很多地区人口流出不断增加,使区域经济不协调问题愈加凸显,为此,中共十九大报告提出"推进大中小城市和小城镇协调发展"。

　　本文重点分析人口流出地区的自然和经济特征,探讨通过促进区域中心城市的发展,减小人口流出的速度和数量,促进区域协调发展。

---

　　* 节选自作者发表于《开发研究》2020年第4期的《中国人口流出的地州市城市发展研究》一文。

　　** 肖金成,中国区域科学协会理事长、中国宏观经济研究院研究员;洪晗,中国社会科学院研究生院博士生。

人口流出地州市及其城市的分布特征

人口是反映一个城市经济繁荣度的晴雨表,城市是在人口和经济活动的不断集聚中逐渐发展壮大的。中国幅员辽阔,区域经济发展不平衡是导致人口流动的主要原因。人口流出可从多层次考察,以省为区域基本单元来看,全国省、自治区、直辖市中,河北、安徽、江西、山东、河南、湖北、湖南、广西、重庆、四川、贵州、陕西、甘肃属于人口流出地区,总流出人口 6 931.02 万人。但我们认为全国近 3 亿农业转移人口,一部分在本县县城和小城镇就业,一部分转向本省的省会和省内发达地市,还有一部分跨省转移至沿海发达地区,因此,以地级市、自治州、地区和盟进行人口流动考察更符合实际。

本文以包括地级市、自治州、盟、地区在内的 322 个地级行政区(以下简称地州市)为研究对象。除吉林、黑龙江、新疆的地州市数据为 2019 年度数据,其他数据均为 2018 年度数据,数据来源于各市的统计年鉴和统计公报、《中国人口与就业统计年鉴》、《中国城市建设统计年鉴》。

据测算,中国人口流出的地州市共有 199 个,占比为 61.8%。其中东部地区 46 个,中部地区 64 个,西部地区 77 个,东北地区 12 个,分别占比 23.12%、32.16%、38.69%、6.03%。人口流出地州市中,有 12 个为自治州,1 个盟,其余 186 个为地级市。流出人口共计 10 967.86 万人,其中东部地区 2 652.32 万人,中部地区 3 725 万人,西部地区 3 956.54 万人，东北地区 634 万人，分别占比 24.18%、33.96%、36.07%、5.78%。

通过分析，我们得出以下结论：（1）人口流出地州市中，以净流出人口低于 50 万的数量最多。（2）流出人口占所在地区总流出人口的比重低于 2% 的地州市数量最多。（3）人口流出地州市的城市规模普遍较小，以中小城市为主。（4）超过 80% 的人口流出地州市的中心城市常住人口占市域人口规模的比重低于 20%。总体来看，人口流出的地州市普遍以小规模流出为主，大多数地州市净流出人口数量和占比都不高；人口流出地州市的城市规模普遍较小，绝大多数城市的常住人口占市域总人口的比重低于 20%。由此看来，地州市的人口流出并非城市人口收缩，中国多数城市人口收缩的判断是错误的，把地州市看作城市是对公众的误导，是学术不严谨的表现。

经济规模小、城市经济发展滞后、缺少产业支撑、就业岗位少是导致人口流出的主要原因。人们为了更高的工资收入、更广阔的上升通道、更完善的基础设施和更优质的公共服务，而选择流向各方面条件更为优越的大城市，这是理性的选择。对于人口流出地州市来说，正确地认识人口流失，促进经济发展，找到提升城市人口集聚的根本途径，才是减少人口流失的关键。

人口流出地州市城市发展的困境

通过以上分析，我们知悉人口流出的地州市占半数以上，但流出人口数量并不太多,流出数量较多的地州市分布在中西部地区,即人口比较密集的中西部地区。人口流失的根本原因是城市吸引力太小,就业岗位不足,经济发展水平低。当然,大城市和东部发达地区的就业岗位多,收入高,吸引力大也是重要原因。人口流出的地州市的城市发育不良的原因是多方面的。

首先,传统产业动能减弱,新兴产业动力不足。

在经济发展方面,部分人口流出的地州市的城市发展依然依赖钢铁、水泥等传统的第二产业,产业链条短、产品附加值低、能源消耗大、环境污染严重,主要依靠廉价的劳动力以及产品价格来占领市场。随着这些传统行业的产能逐渐过剩,市场竞争压力越来越大,原有的产品价格优势不再持续。除此之外,各地区的用工成本差距逐渐缩小,导致廉价劳动力的优势不再突出。

随着经济的不断发展,传统的第二产业正在逐渐被以先进制造业、高新技术产业为代表的新型第二产业所取代,对于依然依赖传统第二产业的中小城市来说,势必面临着新旧动能转换的问题。而大多数人口流出地州市的城市规模都较小,经济体量不大,缺乏资金、政策支持,产业园区和配套设施建设落后,承接大城市产业转移、发展先进制造业的条件较差。且企业大多存在零散化分布,缺少龙头企业带动,自主创新能力不强,科学技术含量较高的品牌较少等问题,导致中小城市短时间内难以实现新旧产能转换,经济发展速度始终滞后,就业岗位少,发展前景差,城市对人口的吸引力较低。

其次,基础设施建设滞后,公共服务资源欠缺。

受限于财政因素,多数中小城市在基础设施建设上的投入有限。

体现在城市的交通、通信等方面发展缓慢等问题上,不仅降低了本地居民的居住意愿,也限制了外来人口的流入意愿,同时还增加了企业的运输成本,严重制约了生产要素在城市的集聚,部分城市的发展面临"进不来,出不去"的困境,经济发展逐渐被边缘化。除此之外,基础设施建设的滞后还体现在对垃圾、污水、废气等的处理上,由于中小城市的废弃物处理厂的建设和运行缺乏资金支持,使其对污染物的处理效率远低于大城市,环保措施不到位,废水、废气等排放超标,生态环境日益恶化,城市生活环境变差,人们定居意愿降低。

随着收入水平的提高,人们对城市所提供的政治、社会环境等都有更高的要求,而中小城市的医疗卫生、教育、社会保障、养老、文化娱乐等公共事业方面的发展也相对滞后,城市公共服务水平与大城市有较大差距,难以满足当地居民的需求,影响人们生活质量,这些是中小城市吸引力不强、竞争力弱的重要原因。

再者,省会城市和周边大城市的虹吸效应较强。

省会城市或大城市的"虹吸效应"是导致周边地区人口流出的主要因素。由于省会城市在就业机会、基础设施、公共服务等方面都具有明显的比较优势,吸引周边地区人口、资本不断向此集聚,使得极化趋势日益明显,形成省会城市对周边地区的"虹吸效应",再加上高速铁路等交通工具的快速发展,不仅改善了交通运输条件,也加大了人口的流动强度。人口持续向特大城市或省会城市流入,导致其周边地区的城市发展缺乏劳动力支撑,也难以吸引要素集聚,经济发展日益陷入困境。

大城市往往具有更多的先天优势,或拥有区位优势,交通便捷,或拥有包括自然资源或政治资源在内的资源优势等。与大城市相比，中小城市往往不具备比较优势，大部分西部地区的中小城市更是如此。部分中小城市地处偏远，既远离港口、交通枢纽，不具备区位优势，同时自身基础设施建设落后，交通不发达，基础设施建设水平低。除部分城市以外，多数中小城市资源禀赋并不是十分丰富，产业结构单一、产业基础薄弱，现有的产业结构难以支撑劳动力的就业需求。种种因素导致这些地州市的经济发展速度缓慢，人口和资本流失严重。

最后，体制机制影响地州市中心城市的发展。

与西方国家不同，大部分中国城市的资源分配受行政体制的制约，要经历从中央到地方、从上级到下级的层层分配。行政级别越高的城市拥有越多的政治资本，能够左右资源再分配的流向，在基础设施建设、人才吸引、投资激励等方面都更具优势。一般来讲，除四大直辖市之外，省会城市绝大多数都是大城市或特大城市，原因是其利用政治资源，促进要素聚集，而要素的聚集又会进一步推动省会城市的经济发展，从而产生"循环累积效应"。在"循环累积效应"的作用下，中小城市很难获得相应的资金支持和发展机会，导致大城市与中小城市在公共服务、基础设施建设、就业机会等方面相差悬殊。

除城市行政级别，地方政府选择性的短期行为也是影响中小城市发展的重要因素。有些地方政府官员出于自身利益的考量，或是选择"为官不为"，形式主义问题突出；或是选择"为所欲为"，由于地方官员的晋升机制主要由任职地 GDP 导向，而发展大城市取得成果的时间短、见效快，加上监督管理机制的相对弱化，导致部分地方官员为仕途不顾长期和全局利益，不惜代价发展大城市，忽略中小城市的经济发展需求。国务院批准的 19 个国家级新区,绝大多数在省会城市和直辖市,只有少部分在非省会城市,这进一步强化了"一市独大"。近年来,国家建设部不断推出所谓的"国家中心城市",进一步激发了做大做强省会城市的冲动,地州市的中心城市的发展受到抑制,空间格局愈加不合理。

人口流出地州市中小城市发展的路径与策略

作为连接大城市、小城镇和农村的重要纽带,中小城市在中国城镇化层级体系中有着"承上启下"的作用,在推进城镇化、疏解大城市功能、缓解"大城市病"等方面发挥重要的作用,对提高中国城镇化质量、加快城镇化的推进具有重要意义。《国家新型城镇化规划(2014—2020 年)》中也明确提出:"把加快发展中小城市作为优化城镇规模结构的主攻方向,鼓励引导产业项目在资源环境承载力强、发展潜力大的中小城市和县城布局。"合理引导人口和产业在中小城市集聚,提升人口流出地州市中小城市人口和产业吸纳能力,提高城市的吸引力和竞争力,是促进区域协调发展,也是推动中国城镇化道路高质量发展的重要途径。

第一,重视人口流出地州市区域性中心城市的发展。

全国 199 个人口流出的地州市中,城市有 374 个,每个地州市平均拥有城市数 1.87 个,城市常住人口超过 100 万人的只有 35 个(包括重庆),占比 9.4%,其余都是中小城市。假设一个地州市拥有一个区域性中心城市,其中心城市多数也是中小城市。

人口流出地州市的中心城市的经济发展水平普遍较低,对人口和产业吸引力不足,如何增强人口集聚能力,提升城市的竞争力和吸引力,是突破当前发展困境的根本。未来应通过体制机制创新,加大对城市基础设施建设的资金支持,深化公共服务体制机制改革,提升公共服务水平,建设产业发展平台,集聚产业,提升城市人口和要素的吸引力和竞争力,促进区域性中心城市加快发展。

与世界其他国家有所不同,中国郡县制实行的历史最长。县作为基层行政机构历史悠久,但县域面积和人口规模较小,县城很难纳入小城市的行列。随着中国改革开放的深入以及城镇化进程的加快,经济要素加速向大城市聚集,小城市和小城镇的发展受限,经济增速相对滞后。新中国成立后,在省与县之间,增加地区一级,但只是作为省政府的派出机构,没有多少财权,改革开放后,实行地市合并和地改市,地级市才真正成为省与县之间的行政机构。地级市的区域范围一般1万平方公里左右,人口500万人左右,区域半径50公里左右,中心城市如果超过区域人口的20%,人口可超过100万人。但由于体制并未完全理顺,地级市仍囿于城市圈中,而与下辖各县若即若离,并未真正实现一体化,尤其财政体制基本上是分割的,很多地级市的中心城市首位度不高,带动力不强。一些学者提出"撤销地级市""市县分治"或"省直管县",是开历史"倒车",与消除城乡分割、促进城乡融合的大势不合,也不利于产业和人口向中心城市集聚。要进一步明确,地级市不是城市,是包括中心城市与周边各县市的行政区。应在地州市范围内建立合理的城镇体系,区域性中心城市应是开放的、并应具有一定的首位度，应采取措施，消除行政分割和城乡分割，将区域性中心城市由中小城市发展为大城市。

第二，加强基础设施建设，提高公共服务水平。

城市的基础设施建设和公共服务水平是吸纳人口和产业集聚的硬实力和软实力，尽管为了吸引人才，各大城市纷纷发布人才落户、补贴购房等政策。但对于人口流出的地州市来说，解决人口流失不能只靠户籍制度改革，要从根本上提高经济发展能力，优化城市的基础设施建设和公共服务水平。要加快城市道路等基础设施的建设，并完善与周边各县的交通基础设施建设，实现城乡公共服务均等化，推进教育、医疗、文化、社会保障等公共服务体系的发展，解决农民工安置问题，建立住房的多元化供给体系，提高居民的归属感、幸福感，让人们在城市安居乐业。

值得注意的是，在现有的财税体制下，中小城市普遍面临事权、财权不对等的问题，地方政府财力有限，对基础设施和公共服务建设的资金投入也有限。要想破解这一难题，一方面要靠深化财税体制改革。加快研究和推进税收制度的改革，为城市政府创造更为稳定的收入来源，逐渐摆脱对"土地财政"的依赖。另一方面要鼓励民间资本积极参与城市建设，发挥市场在资源配置中的作用。推进公共事业的市场化运营，推进城市供水、供电、绿化建设等项目的公开招标，创新政府部门与民间企业的合作模式，让民间资本直接参与，特许经营；促进项目招投标的透明化、公平化，简化项目审批手续，给予参与企业相应的税收优惠。同时，要保证民企在公共事业建设与其他所有制企业的待遇公平化，对于那些投资回报较为稳定、投资规模较大、周期较长的项目,可先行试点,通过政企合作对其进行改造升级,最大程度地改善基础设施建设水平。有条件的城市还可以选择发行债券等金融工具进行融资,扩大融资渠道。

第三,发挥成本优势,承接产业转移。

目前,中小城市虽然与大城市间还存在较大的发展差距,但却拥有要素成本、自然资源等优势,随着城市群的形成以及大城市的功能不断升级,城市群内的大城市面临产业结构转型升级,一些大城市的城市功能会逐渐疏解出来,中小城市应当利用好这一历史机遇,主动承接产业转移,完善基础设施建设,提高公共服务水平,积极引导符合行业准入门槛、资源承载力强、环境污染小的产业在中小城市布局。对中小城市来说,发展先进服务业等的优势不大,由于区位劣势不断弱化和成本优势不断强化,承接大城市产业转移,形成以发展特色产业和先进制造业为主的产业结构是可行的。

除此之外,中小城市包括县城应当立足自身独特的文化底蕴、民俗风情、丰富的自然资源等优势,应集中精力发展特色产业、优势产业,对城市的特色资源不能做简单的原始开发,而要在加强品牌知名度、提升品牌质量等方面做文章,在国际、国内树立良好的品牌形象。

要发挥企业在打造特色产业中的主导作用,给予一定优惠政策支持,拓宽企业融资渠道。要强化地方政府的引领者、改革者和服务者的作用,改善营商环境,积极招商引资。积极推动行业协会的发展,加强企业之间、政企之间的沟通协作,通过政府有效引导、企业主导,社会其他主体积极参与,才可以共同推动特色产业的发展,加快中小城市的发展。

　　人口迁移的基本逻辑是人随产业走,人往高处走。产业的集聚必然会带来人口的集聚,只有形成了产业与人口的良性互动,才能为促进人口和产业向本地的城市流动,减少人口外流。

　　第四,打造产业发展平台,建设现代城市。

　　所谓产业发展平台,就是政府为吸引产业聚集而规划建设的产业集聚区,有的称为经济技术开发区,有的称为高新技术开发区,有的称为工业园区,还有的直接称为产业集聚区。不管叫什么名称,其本质都是产业发展平台。通过规划建设,完善基础设施,优化投资环境,并为企业提供完善的服务。

　　建立产业发展平台的目的:一是优化投资环境。既要改善投资的硬环境,又要改善投资的软环境。投资者的根本目的是取得收益,这是其发展壮大的根本保证,也是其生存的基本条件。在新时期,招商引资、聚集产业仍是一些区域、一些城市加快发展的主要手段,但仅靠口号和热情是远远不够的,要靠营商环境的改善。政府要加大投入,投入精干力量,加强服务。二是推动产城融合。通过开发区这一平台,让产业和城市有机地结合在一起。这里所谓的产业是第二产业,所谓的城市是商贸居住。开发区应依托城市,不能离城市太远,在发展工业的同时发展商贸居住。三是加快产业聚集。要走"集中发展、集群发展、集约发展"的新路子。开发区的主要功能是聚集产业,应通过开发区来吸引产业,开发区是聚集产业的平台,只要把产业聚集起来了,开发区的优势就能充分体现出来。

　　传统城市是政府和军队驻扎的地方,围绕政府和军队的需求服务业得以发展,所以级别越高,城市规模就越大,这就是省会城市比地级城市,地级城市比县城规模大的原因。现代城市是产业聚集形成的城市,产业聚集创造了就业岗位,人口聚集起来,形成越来越大的需求,服务业相应发展起来,规模便越来越大,小城市可发展成为中等城市,中等城市可发展成为大城市,不必依靠政府的级别就能够迅速发展起来。城市的发展要靠产业的发展,靠产业的聚集,现代化城市是随着产业发展起来的。

长三角城际人口流动的时空特征与调控之道 *

崔　璨　吴晓黎**

长三角一体化最早在 19 世纪 80 年代初提出,到 2018 年,长三角区域一体化发展正式上升为国家战略。长江三角洲已经成为中国经济发展最活跃、开放程度最高、创新能力最强的区域之一,在国家现代化建设大局中具有举足轻重的战略地位。长三角城市间的一体化迈向高质量发展的重要举措之一,则是通过构建高品质快速轨道交通网,使长三角城际出行更加便捷。人作为资金、技术、信息流的载体,体现了城市之间经济、社会等的联系,规模庞大、往来频繁的城际流动人口成为一体化的动态表征。

一方面,由于现代化轨道交通的建设,人们城际日常出行的成本降低,产生"时空压缩"效应,区域内各城市间的出行更为频繁、联系更加紧密。另一方面,互联网移动通信的全面覆盖也拉近了人们的心理距离,城市与城市的界限逐渐被淡化。当前,长三角地区以干线铁路、城际铁路、城际高速公路为主体的交通网络已基本建成。在"时空压

---

　* 改写自作者发表于 *Habitat International* 2020 年的论文"The Spatial-temporal Dynamics of Daily Intercity Mobility in the Yangtze River Delta：An Analysis Using Big Data"。

　** 崔璨,华东师范大学城市与区域科学学院研究员;吴晓黎,硕士研究生。

缩"效应下,长三角城际呈现高频的人口流动,其中包括了跨越两个城市作为工作地和居住地的跨城通勤出行模式,以休闲活动为目的的一日跨城往返出行模式,以商务差旅为目的在城市间流动的出行模式,让人们的活动空间由单个城市拓展至区域内的城市之间,以"工作—居住—休闲"为出行目的的跨城流动日渐增多,也体现了区域一体化的进一步发展。

然而,在不同的时段下,人们的城际出行目的不同,城际人口流动模式也呈现显著差异。为此,在长三角区域一体化日趋增强的背景下,笔者基于某互联网公司 2016 年 LBS(location based service,基于位置服务)大数据,着重关注城际流动的时间异质性,试图分析工作日、周末及节假日时段下长三角城际人口流动的时空动态,探究工作日、周末和节假日三个时段的城际人口流动规模、空间格局及网络结构特征,为进一步揭示长三角一体化程度及其背后动因提供参考依据。

不同城市人口流动规模的时序变化

经统计发现,长三角各城市在 2020 年劳动节前后(4 月 30 日—5月 2 日),人口净流入规模最大且波动幅度最大,而在周末期间,人口流动规模较小且波动幅度减小,在工作日期间,城际人口流动规模最小且数量稳定。分城市来看,劳动节开始和结束之时,上海、南京、合肥、苏州和杭州这 5 个城市的人口流出和流入规模都明显大于其他城市,体现了其作为区域中心城市的地位。而劳动节期间,六安、南通、安庆、台州、盐城等城市的人口流入规模则达到了峰值,反映出区域内的中小城市在节假日期间的人口吸引力。这些城市是长三角地区的劳动力输出地,节假日从大城市流向小城市的人群极可能为"返乡流"。同时发现,周末时段长三角区域城际人口流动也存在与节假日期间相似的流动模式。

工作日、周末、节假日时段城际人口流动规模对比

我们的研究显示,节假日期间,城际流动规模及联系数量都显著大于工作日和周末期间,上海、杭州、南京和合肥作为长三角的中心城市,其人口流动规模最大,与网络中其他城市的连接数量也最大,呈现出多核形态。而工作日和周末的人口流动模式比较接近,大规模城际人口流动多见于长三角最为发达地带,即苏南、上海和杭州。另外,人口流动规模随地理距离衰减的规律也较为明显。

工作日、周末、节假日时段的社区

从基于工作日、周末和节假日城际人口流动社区聚类①的地域差

---

① 社区,来自网络分析中的社区探测方法,community detection approach。

异看，同省城市间的联系比跨省城市间更加紧密，更容易形成同一社区。此外，社区的数量及社区组合在工作日、周末和节假日三个时段也存在差异。节假日期间城市形成的社区数量更少，上海和江苏省的城市融入同一个社区，而在工作日和周末期间，上海则与江苏部分城市形成了一个独立社区。江苏盐城和泰州在工作日期间与上海属于同一个社区，到了周末，却与南京并入同一个社区，体现了城市间联系的时间异质性，也反映了不同城市间联系的性质差异。

城际人口流动的影响因素

为了探究城际人口流动的驱动力，笔者构建了长三角 41 个城市的城际人口流动矩阵，分析城市属性特征对人口流量的影响。以日常通勤、商务出行、休闲活动作为三种主要的城际出行目的，假设日常通勤和商务出行是工作日时段城际流动的主要类型，商务出行和休闲活动是周末城际流动的主要类型，休闲活动则是节假日人们城际流动的主要动因，搭建分析框架（图 1）。此外，距离、地形、行政区划和方言等也会影响城际间的联系，因此作为控制变量放入模型。

模型结果显示，工作日人口流动规模主要受到通勤和商务出行相关因素影响，城市平均工资和工业企业数量差距是工作日城际人口流动的主要驱动力，高房价抑制了工作日期间人口流入。商务旅行和休闲活动相关的因素（固定资产投资、星级酒店、第三产业从业人员）对周末城际人口流动有显著影响。节假日期间，与预期不同，休闲旅游相关因素影响不显著,呈现的流动模式为从大城市返回小城市,这与流动人口监测平台的劳动力迁移空间模式相反,印证了节假日期间城市之间更多为劳动力返乡流动。

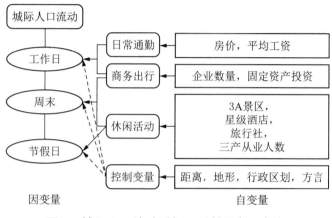

图 1 城际人口流动时间异质性的解释框架

综合以上研究发现,长三角城市的城际人口流动在工作日、周末和节假日三个时段下呈现的流动模式存在诸多相似与差异。三个时段下,长三角区域的城际人口流动网络中心城市基本一致,距离和行政区划等都有显著影响。节假日期间城际人口联系最为频繁,且呈现从大城市返回小城市的大规模流动模式,体现了城市间紧密的劳动力流动联系。工作日时段人口流动受到房价影响,间接印证了"居住—工作"功能联系的城际流动。然而,本研究也存在不足之处,对于城际出行目的的假设及其影响因素的对应缺乏有力的说明,尤其是周末期间城际人口流动出行目的复杂,难以简单划分,因此,不同时段下城际流动格局差异背后的动因探究有待进一步的研究跟进。

疫情冲击下的长三角地区就业市场新特征
及应对措施

宋艳姣[*]

2020年7月31日,国务院办公厅发布《关于支持多渠道灵活就业的意见》,以应对新冠肺炎疫情对就业市场带来的冲击。中国国家统计局公布的数据显示,2020年7月份全国城镇调查失业率为5.7%,其中25—59岁人口调查失业率为5.0%,下降0.2个百分点;但青年人口调查失业率有所上升。2020年1—7月份全国城镇新增就业671万人,与上年同期相比少增196万人。

这说明,尽管国内疫情得到有效控制,经济运行呈现复苏加快、回升向好态势,但随着新冠肺炎疫情在全球范围的蔓延,疫情对中国就业市场的冲击周期还将会进一步拉长。长三角地区作为吸纳劳动力的重要阵地,疫情对该区域的就业冲击也十分明显。就业是民生之本,社会之基,如何在疫情全球化和长期化局势下,提前做好预防失业应对措施,对稳定地区经济社会的健康发展至关重要。

---

* 宋艳姣,华东师范大学城市发展研究院助理研究员。

新冠肺炎疫情对长三角就业市场的冲击

　　短期内劳动力市场需求减少,周期性失业明显。经济发展对就业率的影响最为直接。根据经典的奥肯定律,地区 GDP 每下降 2％,失业率会提高约 1％,反之亦然。

　　从国家统计局公布的 2020 年上半年经济数据来看,新冠肺炎疫情对长三角地区经济运行仍存在一定的冲击。以上海为例,1—6 月份地区生产总值为 17 356.80 亿元,比上年同期下降 2.6％。江苏、浙江和安徽上半年经济回暖势头明显,三省份均实现了正增长,增长幅度分别为 0.9％、0.5％和 0.7％,但相比上年同期,仍有很大的发展空间。就业水平取决于生产总值,经济发展的放缓直接反映在劳动力市场需求的相应减少。

　　从 2020 年二季度亏损企业总数等统计数据来看(详见表 1),因外部冲击造成的经济疲软,长三角地区各省份的平均用工人数均有大幅下降。其中,上海的就业市场受疫情冲击最为显著,第二季度用工人数下降幅度均明显高于长三角其他地区。此外,第二季度长三角各省份的企业利润总额虽有所改善,但 4—6 月份仍处于负增长。综合宏观经济指标,无论是现有的用工需求,还是未来的企业投资需求,长三角各地区均处于就业需求不足状态。这需要地方政府继续采取积极的劳动力市场政策,扩大经济总需求,以应对周期性失业的严峻挑战。

表1 2020年第二季度长三角地区主要经济指标

省份/直辖市	亏损企业总数			亏损企业同期增加（%）			利润总额累计增长（%）			平均用工人数累计增长（%）		
	4月	5月	6月	4月	5月	6月	4月	5月	6月	4月	5月	6月
上海	3 610	3 230	3 064	27.8	22.0	18.7	−48.8	−30.2	−18.2	−7.8	−6.8	−6.9
江苏	15 063	13 467	13 051	29.6	25.9	24.7	−23.7	−13.7	−5.0	−4.6	−4.3	−3.9
浙江	15 173	13 588	13 363	42.7	42.4	44.7	−20.7	−11.0	−5.3	−3.6	−3.2	−2.8
安徽	3 534	3 198	3 132	28.4	22.5	19.3	−20.8	−13.8	−7.2	−2.1	−2.3	−1.9

资料来源：根据国家统计局官网数据综合整理而得。

就业市场面临摩擦性失业和结构性失业的双重压力。一方面，为了有效控制疫情反复，全国各城市实行人员流动合理引导与管制，劳动力跨区域供给和需求信息之间不能及时匹配，导致摩擦性失业在短期内存在；另一方面，疫情对经济的冲击会直接反映在产业就业结构上。各地区产业结构不同，对劳动力就业吸纳能力亦存在差异。疫情通过影响地区产业结构变化，对劳动力市场中的结构性失业产生影响。由于中国流动人口规模庞大，就业稳定性低，受疫情影响最为直接，因此，笔者重点对长三角城市群27个核心城市流动人口群体的就业产业分布特征进行了归纳分析（详见表2）。

表2 2020年1—6月长三角地区产业结构与流动人口就业结构分布

省份/直辖市	第一产业			第二产业			第三产业			总产值	
	产业比重	增幅（%）	就业比重	产业比重	增幅（%）	就业比重	产业比重	增幅（%）	就业比重	地区生产总值（亿元）	增幅（%）
上海	0.19	−16.9	1.64	24.53	−8.2	47.72	75.28	−0.6	50.64	17 356.80	−2.6
江苏	3.11	0.1	1.55	43.08	−0.2	53.15	53.81	1.8	45.3	46 722.92	0.9
浙江	3.14	1.3	0.51	39.95	−2	59.37	56.91	2.5	40.07	29 086.63	0.5
安徽	6.57	1.2	0.77	40.60	0.8	34.68	52.83	0.4	64.54	17 551.13	0.7

资料来源：根据国家卫计委公布的全国流动人口动态监测数据和省统计局官网数据整理。

　　根据国家卫计委全国流动人口动态监测数据（CMDS）公布的年度数据，江苏和浙江第二产业对流动人口的就业吸纳能力最强。江苏在制造业方面具有传统优势，使第二产业成为吸纳流动人口最主要的产业。浙江由于民营经济发达，在电子高新产业、服装饰品轻工业等方面为流动人口创造了更多的劳动岗位。而上海和安徽流动人口就业比重最高的为第三产业，其中安徽省第三产业就业比重尤为突出，达到64.54％。安徽近年来第三产业市场主体规模不断扩大，成为吸纳就业人员的主要力量。此次疫情对长三角各地区第二产业和第三产业的就业市场均产生显著的冲击，其中上海第二产业的劳动力就业压力尤为严峻。以上海为例，2020年1—6月份第二产业增加值下降幅度尤其明显，约为8.2％。而从事第二产业的流动人口比重高达47.72％，这意味着流动人口中将有相当比重的就业群体受到疫情的直接冲击。而对于江苏和浙江，疫情对第二产业的综合影响较小，两省份二产增加值降幅分别为0.2％和2％。

　　此外，疫情对就业的影响还存在行业差异。根据上海市统计局公布的2020年上半年经济运行数据，就业受疫情影响比较严重的行业包括住宿和餐饮业（同期增长－31.3％），交通运输、仓储和邮政业（同期增长－14％），租赁和商务服务业（同期增长－11.6％），批发和零售业（同期增长－9.4％），制造业（同期增长－8.4％）等，而这些行业都是外来流动人口就业比重较高的领域（详见表3）。

表3 长三角地区流动人口各行业的就业比重分布情况

地区	主要行业分布	就业比重(%)
上海	1. 批发零售业	13.42
	2. 其他制造业	9.27
	3. 居民服务、修理和其他服务业	8.15
	4. 建筑业	7.89
	5. 住宿餐饮业	6.84
	6. 交通运输、仓储和邮政业	5.53
	7. 计算机及通讯电子设备制造业	5.31
	8. 电器机械及制造业	5.2
	9. 纺织服装业	4.19
	10. 交通运输设备制造业	3.39
江苏	1. 批发零售	13.8
	2. 其他制造业	12.8
	3. 住宿餐饮业	9.97
	4. 建筑业	8.68
	5. 居民服务、修理和其他服务业	8.42
	6. 纺织服装业	8.4
	7. 计算机及通讯电子设备制造业	5.77
	8. 电器机械及制造业	4.67
	9. 交通运输、仓储和邮政业	3.69
	10. 食品加工业	2.96
浙江	1. 其他制造业	19.73
	2. 纺织服装	14.13
	3. 批发零售	13.03
	4. 住宿餐饮	10.63
	5. 建筑	7.08
	6. 居民服务、修理和其他服务业	7
	7. 电器机械及制造	5.49
	8. 交通运输、仓储和邮政	2.99
	9. 木材家具	2.26
	10. 专业设备制造	2.05

地区	主要行业分布	就业比重（%）
安徽	1. 批发零售业	20.87
	2. 住宿餐饮业	12.61
	3. 居民服务、修理和其他服务业	10.32
	4. 建筑业	9.04
	5. 房地产行业	5.01
	6. 交通运输、仓储和邮政业	4.64
	7. 其他制造业	4.3
	8. 电器机械及制造业	3.9
	9. 交通运输设备制造业	2.92
	10. 纺织服装业	2.66

资料来源：根据国家卫计委公布的全国流动人口动态监测数据（2017）整理。

根据 2019 年上海市国民经济和社会发展统计公报，上海外来常住人口 977.71 万人。笔者依据上述数据、该年度 4.3% 的登记失业率，以及结合各行业经济增长率和流动人口行业就业比重进行估算得出，制造业、住宿和餐饮业的就业人数受疫情冲击最为严重，两大行业在吸纳流动人口就业总量上分别减少约 20.61 万人和 20.03 万人；其次为批发零售业，约 11.80 万流动人口的就业受到直接冲击。受疫情冲击比较明显的行业还有交通运输业、建筑业等行业。

除这些受冲击行业外，以信息传输、软件和信息技术服务业为代表的行业，在疫情期反而被催生出更多线上经济的就业需求，如上海 2020 年上半年该行业同期增长比例约为 13.5%。随着国内复工复产的有序推进，国内制造业产能和生活服务业逐渐恢复，结构性失业将会逐渐缓解。但与此同时，制造业出口及相关产业链条也吸纳了大量流动人口就业。全球疫情蔓延和疫情的常态化，使很多长三角外贸制造业企业直接受到海外市场需求萎缩的影响。由于流动人口群体总量规模大、流动范围广泛,如何有效引导该群体合理就业,直接关系到长三角各城市的健康稳定和有序发展。

促进长三角地区稳定就业的对策建议

针对疫情对就业市场的冲击,笔者认为,未来长三角地区在稳就业方面可以采取以下措施:

一是积极搭建长三角地区就业信息动态反馈机制,减少摩擦性失业问题。解决就业问题需要发挥就业信息渠道的主体作用,长三角各省市可以统筹建立劳动力市场就业信息收集处理和反馈跟踪机制,以全面了解掌握长三角地区流动人口的就业状态,确保为其提供精准就业服务。当地政府可以充分利用微信公众号等新媒体方式,完善就业信息网,为长三角地区流动人口搭建好就业公布信息平台;同时要不断优化线上就业指导服务,对就业困难群体提供有针对性的就业咨询服务。随着长三角各省份疫情防控措施的统筹实施,疏通用人单位和劳动个体之间就业信息沟通渠道,会不断减少摩擦性失业,从而提高劳动力的就业率。

二是加强流动人口职业技能培训,提高劳动者的就业能力。稳就业,要辩证看待此次疫情对劳动力市场的冲击。虽然中国短期内面临劳动力市场需求减少的就业压力,但疫情期间,以互联网经济、云服务新业态的发展,给就业市场带来了新的机遇。当然,新用工模式对劳动者岗位技能的要求也在发生变化，江苏、浙江等地可以以此次疫情为契机，加大流动人口在职培训和技能培训力度，加快提升劳动者技能素养，以全面促进产业就业结构高度化和合理化。以杭州为例，流入地政府可以针对有当地特色电商产业的需求，鼓励流动人口参与线上职业技能培训，如开发"宅经济"岗位、开展对流动人口的电子商务培训和在线服务专业化线上培训。通过有序引导流动人口由线下生产端适当转移到线上物流配送端，以应对疫情后期的替代性就业需求，缓解结构性失业问题。

三是积极探讨加强就业困难群体的托底保障体系。长三角作为吸纳流动人口的主要区域，对因疫情返贫、致贫的失业群体要及时采取帮扶措施。各省份可以考虑运用失业保险基金向失业的农民工发放失业补助金，以帮助贫困劳动力尽快返岗就业。此外，针对疫情期间不少中小微企业采用的"共享用工"新用工模式的探索，长三角各地要高度重视由此带来的相关劳动争议问题，如劳务关系的认定、工伤医疗事故的处理等。这需要政府及时出台针对新用工模式的相关劳动保障制度法规，确保劳动者权益，提高就业困难群体的抗风险能力。

上海制造业高技能人才培养问题及对策建议

林　兰*

随着中国经济社会发展进入新常态时期,经济与科技发展需求的改变必将产生技能型人才的结构性变革,增强高技能人才有效供给能力成为中国制造业发展与转型升级不可回避的问题。

自 2014 年开始,中国就加大了技能型人才的培养力度。2019 年,国家多部委联合制定《国家产教融合建设试点实施方案》,推进了技能型人才资源的供给侧结构性改革;国务院办公厅印发《职业技能提升行动方案(2019—2021 年)》,提出到 2021 年底,技能劳动者占就业人员总量的比例达到 25%以上,高技能人才占技能劳动者的比例达到 30%以上。

虽然上海与改造提升传统优势制造业相适应的技能型人才队伍正在壮大,也依托职业教育培养基地广泛开展了技能型人才的社会培训工作,但总体而言,重点产业高技能人才仍然十分短缺。特别是在一些关键制造环节上,人才缺口显著;应对未来智能化生产环节的技能型人才的比重还有待提高。

---

* 林兰,上海社会科学院城市与人口发展研究所研究员。

上海高技能人才发展存在的主要问题

比重偏低、增长缓慢。截至 2019 年 8 月，上海全市高技能人才占技能劳动者比例为 33.0％，距离 2010 年《上海市中长期人才发展规划纲要（2010—2020 年）》定下的至 2020 年高技能人才占技能劳动者46.0％的发展目标相去甚远。从增长情况看，近年来，上海高技能人才的增速放缓，2016—2019 年，年增长率不足 1％。这导致了高技能人才的市场供需矛盾突出，造成了外贸接单种类限制与图纸产品化困难。

发展波动显著。高技能人才由于专业度高、就业应用领域较窄，受行业景气度波动影响较大。2019 年，受汽车、船舶、装备等重型制造行业不景气、产品价格走低、成本压力增大的影响，叠加 2020 年全球新冠肺炎疫情的因素，精密制造类行业高技能人才的流失率偏高。以船舶行业为例，平均流失率达 15％，高于传统制造业 5％的流失率。

薪资待遇偏低。2018 年，上海技能人才的工资略高于当年全市职工平均工资的 15％；高技能人才的工资约高于全市职工平均工资的50％。但低位数工资仍大幅低于全市职工平均工资。主要表现为基本工资低，奖金与津贴、补贴少。这造成了两个结果：一是在一些关键岗位上难以留住技能型人才；二是行业内高技能人才的后备力量规模受限。

学科培养体系不完善。首先，双师型教师比例偏低，以学历评价为导向的教师招聘制度导致教师缺乏企业工作经验，实训教师则缺乏教育教学理论研究。这直接导致产教融合效果差,校企合作无法深入开展。其次,生源质量参差不齐,学生普遍理论知识的理解能力较差,学习积极性不高,不仅教与学的矛盾较为突出,实训教学质量也无法得到保障。再次,课程体系照搬本科教育的学科体系,理论课程重原理轻应用;专业理论科目与实训项目分开进行教授与考核,实训获得与行业实际要求之间差距过大。

与制造业转型衔接不够。随着传统制造业面临从手动、半自动到自动化和智能的全面转型升级,智能化生产对高技能人才的数量与质量提出了更高的要求。目前,上海高技能人才队伍的专业结构与产业结构尚不匹配,人才继续培养方案滞后于产业发展现状,高技能人才的职业能力与企业新工种、新岗位需求出现脱节,形成行业发展困难和企业招工困难两难境地。

政策亟待完善。一是高技术人才发展的职业资格获取、激励与评价、社会地位提升、经费投入、院企合作的政策缺乏整合。例如,积分落户政策与对部分高技能人才落户的教育背景、职业资格、社会保障缴纳"硬性条件"限制。二是过多重视工资待遇,忽视家庭地位、社会尊重程度等隐性待遇。三是忽视市域范围内不同新城、产业园区的制造功能定位,在引进高技术人才时采取了大一统的全市统一政策等。

对策建议

建立产教融合现代职业教育体系。推进"产业链—创新链—教育链—人才链"的"四链贯通"，深化高等教育供给侧改革，发挥大学在科技和产技术进步的策源作用。形成从中职到专业学位研究生各学段的衔接体系，促进地方本科院校转型为应用技术大学，营造跨部门联动和深度融合的制度环境。在政策配给上，对于国家"双一流"部属高校，采取 1∶1 配套支持；对于普通国家公办高校，安排资金重点建设；对于地方公办高校，建设高水平产教融合大学和学科试点；对于市属公办应用技术型本科院校，进行高水平应用技术型高校建设试点。

建立多重标准高技能人才认定体系。打破当前高技能人才认定的"职级原则"和"证书认定办法"，建立多重认定标准体系，以适应科学技术快速进步、产业结构深刻调整、新兴行业不断涌现的发展需求。主要做法是降低门槛和放宽条件；例如，将不具有高等级职业技能证书、但收入水平高于全市职工收入平均水平一定比例的技能型人才，认定为高技能人才；扩大高技能人才在经济适用房、廉租房等保障性房屋租赁、购买方面的权益。

打通高技能人才就业管道。就业率和就业待遇是高技能人才发展的检验棒。一是结合"双创"要求，规划重大公共投资，进行技能型人才培训、使用的生态系统建设，拓宽技能型职业的就业通道，避免过大的机会差距与行业待遇不平等。二是加大对转型产业技能型员工的密集、新兴职业导向的技术培训，以帮助其在新的制造领域找到工作。三是通过校企伙伴关系网络，开发职业技能青年就业计划，增加技术学徒的带薪实习机会。

推进职业技能培训立法。制定上海职业技能培训地方性法规，将职业技能教育、职业技能培训、终身学习贯穿始终，构建终身职业培训体系。建立企业职工培训刚性约束制度,实行技能培训与考核评价、工资待遇相结合的激励机制。加强职业技能培训市场化、社会化、多元化改革的制度性规范,打通上至高等学校、下至义务教育的职校教育发展通道。

完善技能人才培养体系建设。在师资队伍上,打造跨校企的双师型专业教学团队。重点引进具有企业背景及工作业绩的教师资源,鼓励企业技术专家兼职教学,在企业内部设立"技能大师工作室";实施专职—兼职教师教育培养培训工程,加强教师的企业研修锻炼。在课程设置上,打破传统学科性课程结构。将操作方法、设备、工艺等相关基本知识和技能在企业典型的生产项目和培训项目中实现。由易到难构建项目引领、能力递进的课程体系。

建立多元化技能人才评价方式。实行"一企一策""一岗一策"评价模式,打破身份、学历、资历限制,创新技能人才评价方式,扩大企业评价自主权,为企业量身定制技能人才。引导和支持行业和社会组织开展职业技能自主评价,加快建立以职业能力为基础、以工作业绩为导向、注重职业道德和职业知识水平、行业自主评价与社会认可相结合的技能人才评价体系。改革企业人事管理和工人劳动管理相区分的双轨管理体制,实行统一的人力资源管理制度。打通国家职业资格等级或职业技能等级与专业技术职务之间界限,实现有效衔接。

鼓励龙头制造企业自办职校。鉴于学校培养技能型人才(更重教育的全面性与公平性)与企业培养技能型人才(以企业中短期盈利为要务)在出发点上存在较大差异,"校中有企"比"企中有校"门槛更高,应避免以传统的教育模式来办职业教育。建议恢复具有雄厚资金、人才、技术能力的龙头型制造企业的职业教育办学权,将"师徒教学"制度化,以保证人才培养的高效化和企业利润的最大化。

提高制造业高技能人才待遇。提高技能型人才收入水平。推进企业工资集体协商制度,定期发布企业技能人才市场工资价位;鼓励企业建立技能人才特点的工资分配制度、补助性津贴制度和技能人才工资正常增长机制;鼓励企业实行高技能领军人才年薪制和股权激励、设立高技能人才特聘岗位津贴、带徒津贴等。在非收入待遇方面,鼓励政府部门、行业协会、企业共同探索人才公寓购(租)房补贴模式。采取积分制和加分制解决高技能人才的落户和住房问题;在外来高技能人才的子女接受义务教育方面予以政策倾斜。对经济结构调整中出现困难的企业,应保障高技能人才稳定就业。

下 篇

新城镇：

协同、共享、振兴

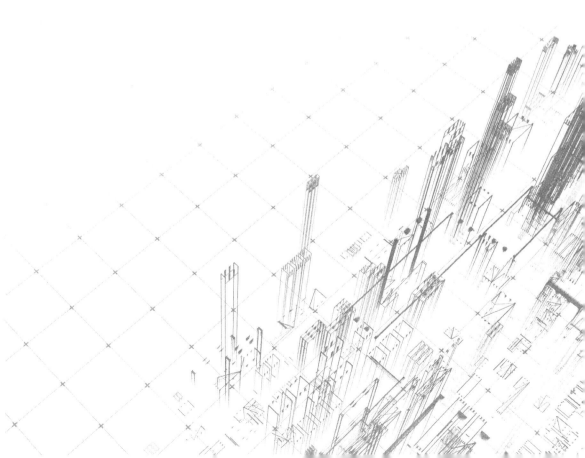

导　言

2014 年 3 月,《国家新型城镇化规划(2014—2020 年)》发布,这是国家层面首提新型城镇化。同年年底,国家新型城镇化综合试点名单正式公布。五年后,2019 年的政府工作报告提出,促进区域协调发展,提高新型城镇化质量。同年 4 月,国家发改委发布《2019 年新型城镇化建设重点任务》,文件指出:"加快实施以促进人的城镇化为核心、提高质量为导向的新型城镇化战略。"

那么,什么是新型城镇化? 怎样的城镇化才是新型的? 学界有很多研究从经济学、中外比较、空间规划等角度对其进行了分析和探讨。复旦大学经济学院高帆教授认为,新型城镇化的内涵包括三个方面:以城乡融合发展、协同互促为指导的城镇化;以居民共同富裕、成果分享为目标的城镇化;以统筹经济社会生态、具有可持续发展特征的城镇化。吉林大学马克思主义学院宋连胜教授则认为,新型城镇化的内涵包含生活方式城镇化、就业方式城镇化、公共服务城镇化、居住区域城镇化、社会治理城镇化,以及人居环境城镇化六个方面。

无论是哪一位教授提出的新型城镇化内涵,有一点是相同的:新型城镇化是以人为核心。

党的十九大报告指出,中国特色社会主义新时代下,我国的社会矛盾已经转化为人民日益增长的美好生活需要和不平衡不充分的发展之间的矛盾。根据第七次人口普查数据,截至 2020 年底,中国的城镇化率突破 60％。2021 年,中国已全面建成小康社会,开启全面建设社会主义现代化强国的新征程。在以国内大循环为主体、国内国际双循环相互促进的新发展格局下,提速发力新型城镇化是构建国内循环的重要基石。

在当前特殊的历史时期,新型城镇化建设已经进入到一个新阶段:加速发展新型城镇化,协调乡村振兴战略,缩小城乡差距,实现城乡平衡、融合发展、共同富裕。

那么,边远地区怎么发展? 都市圈外围地区如何"融圈"? 大都市"灯下黑"城郊接合部如何发展? 它们不是新问题,是急需解决,但又不能操之过急的现实问题。

在本篇中,几位作者通过长期的观察、实地走访,提出了自己的思考与对策建议。本篇固然不能穷尽新型城镇化进程中的问题,也无法针对现有问题逐一给出方案。

我们呈现这些文章,是想告诉读者,新型城镇化是当下中国社会经济发展的重要内容,特别是一些欠发达地区,它们的发展,对于乡村振兴战略的实施及成效、共同富裕目标的实现,将产生重大,甚至是决定性的影响。

另外,我们还想告诉读者,在新型城镇化的进程中,那些在读者"刻板印象"中的大都市,如上海,也同样在进行着缩小城乡差距的探索与实践。

上海"五个新城"(嘉定新城、松江新城、奉贤新城、青浦新城和南汇新城）的建设，是上海缩小城乡差距，加速城郊融合，并提升郊区独立性的重大举措。为此，上海在"十四五"规划中用了较多的笔墨陈述了五个新城的愿景。此外，上海还公布了每个新城的具体规划方案，2021年已有数十个大型项目在五个新城启动。

长三角一体化发展在2018年正式上升为国家战略，《长三角一体化发展规划纲要》不仅强调区域整体经济效率，还着眼于解决区域发展的平衡问题，提出推动城乡区域融合发展。而在长三角一体化发展示范区2 300平方公里中的660平方公里涉及苏浙沪五个镇的先行启动区，这正是最先的实践者和试验者。在2020年秋天，我们采访了五镇（上海市青浦区金泽镇、朱家角镇，嘉兴市嘉善县西塘镇、姚庄镇，以及江苏省苏州市吴江区黎里镇）的镇长，了解了一线基层管理者的困惑、困难与期待。

新型城镇化，在全中国，甚至是世界范围内，都是一个正在进行时的大课题。根据规划，2035年中国将基本实现新型城镇化。新型城镇化，归根结底是为了实现人民更好的发展、为了让人民拥有更好的生活。正如习近平总书记指出的："城镇化不仅仅是物的城镇化，更重要的是人的城镇化，城镇的发展终究要依靠人、为了人，以人为核心才是城市建设与发展的本质。"

第四章

求解共同富裕：
欠发达地区的融入与突围

欠发达地区招商引资模式创新与策略选择

宋　宏[*]

虽然长三角区域总体上是中国经济最活跃、最发达区域之一，但还存在发展不平衡状态，区域内部目前仍有部分相对欠发达地区。

近日颁布的《长三角一体化发展规划"十四五"实施方案》提出加快建立长三角中心区与苏北、浙西南、皖北等相对欠发达地区合作机制。苏浙皖"十四五"规划都把欠发达地区着力招商引资作为重大战略举措，安徽更是突出了全面深入开展"双招双引"，即招商引资、招才引智。可以预料，招商引资将是"十四五"时期长三角区域一体化发展机体中极其活泼的一支脉动。处在新发展阶段和新发展格局，招商引资形势发生着新变化，招商引资的具体模式也在不断丰富创新，这正是提高招商引资效率所需要深入体认和灵活运用的。

深入体认招商引资形势新变化

招商引资本质上是要素流动和分布。当不同时期给出不同条件

＊　宋宏，安徽大学创新发展研究院副院长、研究员。

的约束时,要素流动和分布的走向与趋势必然发生变化。就当前观察,招商引资形势的新变化至少呈现以下特征。

其一,国内超大规模市场是现阶段招商引资的主体空间。在当前时期,一方面,世界经济进入动荡变革期,后危机时代的复苏仍然十分艰难,新冠肺炎疫情加深了世界经济的不确定性,各国经济在原先全球布局的总体上趋于收缩。另一方面,中国成为世界第二大经济体后,国内超大规模市场不断发展,其容量、层次持续扩展和提升,内需消费对 GDP 贡献率从 2012 年开始连年超过投资,使国民经济朝以国内循环为主体、国际国内双循环相互促进的新格局发展。这种超大规模经济体积累释放与超大规模市场消纳的供需新格局,使国内要素流动和分布拥有巨大空间和回旋余地,从而带来了欠发达地区招商引资的战略机遇。

其二,现阶段要素流动和分布不再是简单的梯度转移,而是在国内外产业深刻调整和产业链重构大背景下产业和资本重新布局。其特征大体有四:一是贴近市场,表现为聚焦消费升级市场、贴近消费中心的投向偏好;二是靠近创新策源,为的是更加便捷地获取新技术开发新产品;三是区域化板块布局,以求得细分行业专业化规模经济效应和空间集聚的各种"红利";四是注重全产业链安全可控,表现为讲求上下游配套稳固和产业链系统相对完整。这些特征在战略性新兴产业投资领域彰显十分明显,传统产业投资在其引领下也呈现出相同趋势。

其三,综合成本成为推动产业和资本迁移的主要动因。综合成本不仅包括土地、人力资源等要素成本,还包括"双碳"约束下的能耗环保成本，并包括以营商环境为标志的制度成本等。综合成本有复杂结构和总体结果的涵义，即并非所有成本都要最低，如创新型产业的人力资源成本可能很高，而其他因素成本的降低可以对冲且覆盖人力资源成本，总体结果是总成本降低，由此形成综合成本"洼地"。因此，在成本上的单项比拼意义弱化，而综合成本上的统筹整合则更为重要。

其四，欠发达地区"融圈"式招商引资已成趋势。在现阶段，区域经济发展增长极已经不再是传统的散点分布，而是集聚度、中心化的分布趋势。这种趋势在空间形态上就是城市群、都市圈。都市圈成为区域经济增长的引擎和区域经济一体化的引擎。处于都市圈中心城市外围的欠发达地区，必须坚持"融圈"发展，参与一个都市圈的产业分工协作体系，招商引资也必须讲求"融圈"，重在体系中招商引资。

结合实际创新招商引资模式

近年来，在招商引资与被招商引资双方互动探索下，招商引资模式日益创新丰富，可选余地大为扩展，主要的新模式有以下几种。

基金招商模式。新阶段的招商引资的技术含量和资本含量大幅提高，现代市场经济以金融为核心的逻辑显示出增强效应。目前，国内已有很多产业地产商和产业园区日益注重充分利用资本的催化和杠杆作用，运用产融结合的基金招商模式。欠发达地区的政府产业政策着重运用产业基金工具，以资本来招商和扶商；社会资本投资也偏好运用基金方式，便于集聚资金和管理基金。欠发达地区现在着力建立本地基金并引进外部基金公司,形成基金支撑体系,已几乎成为招商引资的标配,可能预示着招商引资现代化的未来走向。

"众创孵化＋产业园区"模式。欠发达地区为增强创新能力,在招商引资中注重建设众创孵化平台,引入创新团队,但如果没有与产业园区结合,科技产业生态系统则不完整,众创孵化空间成长起来的企业不能在当地落地发展就会流失到外部。为此,与"众创孵化＋产业园区"模式对接,形成科技产业生态闭环,是招商引资和招才引智的可行之道。

互联网招商模式。信息不对称是招商引资的严重障碍之一。互联网的普及和运用,已使双方能够快速、全面、准确地掌握相关信息,提高效率并降低风险。欠发达地区要着力建设招商信息平台并与外界联通,突破"信息孤岛"瓶颈,善于运用互联网招商"运筹于帷幄之中,决胜于千里之处"。

联合招商模式。以往有依靠龙头企业"以商招商"的模式,但存在势孤力单的缺陷。基于此的创新是地方政府与产业龙头企业再加基金等运营商联合招商,形成多方集成的招商合力。这就要求多方的统一整合、协同配合,因而涉及招商引资的组织架构与运作机制的创新。

产业新城整体招商模式。中新苏州工业园招商建设的成功经验,推广成为产业新城整体招商模式。长三角区域活跃着一批产业新城开发投资运营机构,主要锚定欠发达地区与发达地区共建合作园区,以产城融合为指向,开发新区地产并招引产业和资本。当然,这需要巨大的投资量和极强的运营实力,因此一般必须分期分片推进。此外,还有一些传统模式在改进后也仍然具有适用性。如基础设施建设

PPP模式，这种模式是政府与社会资本合作，政府把基础建设项目以外包、特许经营等方式交由社会资本主体承担，确定运营期限，界定双方权益。这种模式适用于投资和收益时限较长且稳定的领域，以往在基础设施建设领域、生态环境修复领域运用较多，目前在各地的新基建领域也有显著的应用价值。

亲情招商模式。多年来欠发达地区有众多外出打工创业者，其中许多创业成功人士怀有回报故乡、造福桑梓的情怀。长三角欠发达地区在发达地区中心城市普遍建立了商会，集聚了大批企业家，这是极好的招商渠道和招商对象。善于以亲情感召乡亲回来建功立业，是富含人文情愫的招商引资模式。

上述仅为可供选择招商引资模式举例，现实中，模式创新仍在继续演进、不断丰富，欠发达地区在实践中犹有必要再探索开拓。

招商引资策略必须关注三个逻辑

要素流动和分布具有内在的市场逻辑、空间逻辑和产业逻辑，因此欠发达地区谋划招商引资策略应有宽阔的视野，把握内在的逻辑。

其一，在空间逻辑上，充分运用点、廊、园等载体实现"融圈"和嵌入。要素流动和分布总是在一定的空间内进行，这就决定了招商引资需要注意空间载体。欠发达地区融入长三角中心城市的科技创新，既有引进创新资源在本地合作建立创新中心或机构，也有被称为"离岸创新"即欠发达地区在都市圈中心城市合作建立创新中心或机构，比如安徽界首与上海交通大学、东华大学等合作，在杨浦区建立离岸创新中心，这可以视为"点"型的"融圈"招商引资、招才引智形式。"走廊经济"，即通过经济走廊把中心城市与外围欠发达地区连接起来，沿交通干线进行创新、产业、园区布局，使沿线地区更便宜地整合资源、配置要素，增强互补协同，提高融合发展效率。比如安徽宣城借助 G60 科创走廊，引进上海松江资源建设松江宣城产业园。园区载体，即欠发达地区与发达地区共建合作园区，包括各地纷纷建立的"飞地园区"。比如浙江推进"山海协作"，浙江丽水、衢州等地与杭州、宁波等中心城市协同建立山海协作产业园，2020 年 9 个省级园区投资 200 亿元，当年实现工业总产值达 300 亿元。欠发达地区要结合自己的区位条件，主动融入周边都市圈分工体系，嵌入都市圈产业系统，接轨都市圈要素流动市场，这应该作为谋划招商引资策略的立足点。

其二，在市场逻辑上，着重建立对标战略合作。招商引资在一定意义上就是开拓市场联系合作，建立欠发达地区与发达地区共生共赢关系。这种关系如果只是偶发或间歇的，就不可能长久和稳固，因此必须着眼于长期、稳定和战略合作。欠发达地区追赶发达地区和面向发达地区招商引资，通常都选择"对标"，即以发达地区为标杆，但是如果"对标"仅仅是参照系，欠发达地区仍然沿袭独自发展，招商引资也只是"一次性交易"，那么与发达地区仍然是"两张皮"。融圈发展的"对标"应该是目标合作伙伴，与目标伙伴对接融合。欠发达地区应注重与发达地区都市圈及其具有互补性的城市建立战略合作，对标战略合作不能是偶发式或间歇式，而必须是全面、持续、深度的，为此在新阶段招商引资中从政府层面到微观主体层面都需要建立契约化的战略合作机制。

其三，在产业逻辑上，围绕"链主企业"开展精准招商。新阶段推进产业基础现代化和产业链现代化，关注点和聚焦点是产业链的连线与结网，其中具有关键地位和作用是"链主企业"。招商引资过去讲求"产业对接"，但常常忽视对产业链构造的深入了解和把握。现在则要进一步细化明晰某个行业全产业链连线和结网的构成，了解该产业链上"链主企业"和"头部企业"的战略布局，围绕行业的顶层战略布局再选择欠发达地区自己的产业链定位和环节，在此定位和环节领域开展精准招商。比如，安徽蒙城原有一定的汽车零部件产业基础，对标合肥江淮、蔚来和大众等新能源智能汽车"头部企业"，引入新技术新标准新工艺，建设新能源智能汽车产业的零部件配套供应基地。欠发达地区并非要强求独立建成大高强的产业集群，而应更注重在某个或若干行业的产业链中争取嵌入重要环节、建设重要基地，培育本地的"链主"企业，应该说这是可行的策略。

招商引资是一个常说常新的实践话题。随着长三角一体化发展的深入推进，特别是要素市场一体化扎实发展，欠发达地区与发达地区合作共生关系日益密切，招商引资必将更趋活跃，模式创新迭出，更加有力有效地促进欠发达地区发展，在加快形成长三角区域协调发展格局进程中显示更大功用。

探索脱贫成果巩固与"双碳"互动新途径

曾 刚 曹贤忠 杨 阳 陈 波[*]

在百年党庆、百年未有之大变局应对的重要时刻,探索老少边穷地区脱贫攻坚成果巩固与当前"双碳"(碳达峰、碳中和)绿色发展互动的新途径,是实现中华民族伟大复兴必须重视的问题。福建省龙岩市是中国客家族集聚区、原中央苏区核心区,为中国革命成功作出了巨大牺牲,立下了汗马功劳。2015 年,龙岩经济技术开发区经国务院批准升级为国家高新技术开发区。

2021 年 1 月,科技部印发的《国家高新区绿色发展专项行动实施方案》明确指出,国家高新区作为高质量发展先行区,理应在绿色发展方面走在前列,作出表率。为了探索革命老区脱贫攻坚成果巩固与"双碳"绿色发展互动的新方式、探索龙岩与上海绿色互动发展新途径、制定龙岩国家级高新区"十四五"绿色行动方案,近日,笔者实地走访了龙岩高新区 10 家企业、3 个政府管理部门、8 位居民代表,调研发现龙岩高新区绿色发展机遇与挑战、条件与困难并存,科学谋划未来

* 曾刚,教育部人文社科重点研究基地中国现代城市研究中心主任,华东师范大学城市发展研究院院长、终身教授;曹贤忠,华东师范大学城市发展研究院副教授;杨阳,华东师范大学博士生;陈波,华东师范大学硕士生。

发展势在必行。

龙岩高新区绿色发展的有利条件

龙岩高新技术产业开发区规划面积 132.9 平方公里。2020 年，园区实现全口径生产总值 244 亿元，占龙岩全市 GDP 的 8.5%。龙岩高新区现已形成以机械装备为主导产业，新材料、新一代信息技术、生物医药等新兴产业加速发展，现代服务业规模迅速扩张的产业体系。

第一，碳汇资源丰富。森林是重要的碳汇资源，龙岩是国家园林城市和国家森林城市，其森林覆盖率高达 79.3%，大气、水质以及生态质量位居福建省各地市前列，碳汇潜力巨大，为吸引人才提供了清洁的生态环境。福建强纶新材料股份有限公司董事长黄朝强告诉笔者，龙岩优良的生态环境吸引了他及其同仁返乡创业，实现个人生活与事业发展的"双丰收"。

第二，环保产业基础扎实。龙岩高新区不仅拥有福建龙净环保股份有限公司、福龙马环卫装备等环保龙头企业，而且拥有龙工机械、九龙水泵等重视绿色发展的工业企业。笔者在调研中了解到，龙工机械、新龙马汽车等企业优化了生产流程，改善产品工艺，提高能源利用效率，通过了福建省绿色工厂的认证，成效显著。从总体上看，环保绿色产品占企业销售收入的比重不断提高，如福龙马环卫企业、龙净环保的主营业务逐渐变成今日的纯电动绿色环卫车和废气治理装备。

第三，继承了光荣革命传统。龙岩是全国著名革命老区、原中央苏区核心区、红军故乡、红军长征重要出发地。在实地调研过程中，深深体会到龙岩人继承和发扬古田会议精神，不忘初心，牢记使命，时刻以国家利益、民族利益为重的优良传统和作风。可以预料，随着《国务院关于新时代支持革命老区振兴发展的意见》（国发〔2021〕3 号）文件精神的落实，龙岩高新区相较于其他高新区具有更多的政策叠加优势，在"双碳"绿色发展等诸多方面，一定能得到上级和兄弟城市更多的支持与帮助，一定能取得更加辉煌的成绩。

龙岩高新区绿色发展的制约因素

龙岩高新区绿色转型发展也面临诸多制约因素，主要体现在以下三个方面。

第一，对外开放程度不高。调研发现，龙岩高新区内绝大多数企业老板、骨干、员工为龙岩当地人，通过招商引资来龙岩创业或将企业搬迁至龙岩的外地商人凤毛麟角，外地员工很少，企业对外合作、交流相对较少，在一定程度上限制了龙岩企业对外资本、信息、技术、人才的吸收利用能力和市场开拓能力，进而让龙岩企业在第四次产业革命浪潮中处于不利地位。

第二，科创资源匮乏。调研发现，龙岩高新区自身创新能力不足，缺少一流大学以及国家级研究机构。龙岩科创资源不住主要体现在如下两个方面：一是科教机构数量少，龙岩仅拥有 1 家高等学校（龙岩学院）和 6 家科研机构，数量位居福建省各地级市之末；二是科研与开发(R&D)经费投入少。2019年，龙岩科研机构和高校R&D经费为8 949万元，仅占全市R&D总额的1.7%，明显低于全省平均水平，科创能力明显不足。

第三，环境监测体系不够完善。调研发现，龙岩高新区缺乏完整的环境监测体系，只有少数企业设立了环保部门或拥有环境监测手段。实现双碳目标下的高新区绿色发展，首先必须精准掌握高新区企业生产经营活动的碳排放情况，然后才能发现问题并寻求解决路径，环境监测体系必不可少。

龙岩高新区绿色"双碳"发展途径

基于双碳绿色发展目标，龙岩高新区绿色行动计划应该包括以下三个方面的内容。

第一，构建跨界政产学研用一体化对外合作网络。应该抓住落实2021年2月发布的《国务院关于新时代支持革命老区振兴发展的意见》带来的契机，充分发挥长三角区域一体化国家战略对新时期全国高质量发展的引领带动作用，构建龙岩与长三角地区核心城市，特别是科教资源丰富的上海之间的合作关系，推动上海重点高校、国家级研究院所与龙岩高等学校、科研院所的对口支援与合作，启动中央政府支持参与的沪龙两市专项创新合作基金项目，建设共性技术平台和产业创新联盟。鼓励龙岩在上海设立"创新飞地"，畅通上海科技成果、高端人才与龙岩产业技术升级、绿色发展需求对接渠道，实现上海科创资源与龙岩绿色资源的交流融合,进一步拓展长三角一体化、高质量发展的战略空间。

第二,建立并完善龙岩绿色发展监测体系。根据 2021 年 1 月科技部印发的《国家高新区绿色发展专项行动实施方案》文件要求,全方位、全地域、全过程开展龙岩生态文明建设,通过政府购买服务方式,委托独立权威第三方,建设天(天空)地(地面)一体、包含水体、土壤、大气、生产、生活、生态多领域、多要素的龙岩高新区绿色发展监测系统,发布可测、可查、可信的重点污染物排放量清单,分步骤、有选择地公布龙岩绿色发展进展报告,为统筹龙岩山水林田湖草产城系统治理、制定龙岩绿色发展行动方案提供可靠依据,为动员全社会广泛参与龙岩生态文明建设提供信息支撑。

第三,建立绿色发展的奖惩机制。建立中央、省市、企业、社会多方共同参与的龙岩绿色发展基金,加大政府支持绿色发展力度,鼓励龙岩高新区企业开发绿色产品、建设绿色工厂、打造绿色厂区、完善绿色供应链。同时,根据龙岩资源环境承载力、碳排放总量限制以及相关政策法规,逐步建立碳排放交易市场、碳排放权收费制度,完善企业违规排污处罚制度。建立龙岩绿色发展政绩考评体系,探索干部自然资产离任审计制,完善生态环境事件责任人追溯制度,为龙岩高新区绿色发展提供可靠的体制机制保障。

通过龙岩的调研考察,笔者建议革命老区和老少边穷地区,应充分利用并发挥其红色基因和生态资源禀赋优势巩固脱贫成果,寻求可持续发展。不盲从,积极挖掘自身资源禀赋;有效精准对接国家发展战略;注重科技创新;为人才创造宜居、宜业的环境;积极与发达地区的协作交流。

长三角科创对口支援与城市结对联动路径

滕堂伟[*]

技术交易市场是创新要素流动和科技资源优化配置的重要载体，是提供高水平科技供给、支撑长三角更高质量一体化发展的重要途径，也是从科技创新与技术交易领域畅通国内国际双循环主动脉的重要抓手。目前，长三角虽然已经成为全国技术交易最活跃的区域之一，但苏浙皖沪三省一市发展差异化明显，需要采取针对性措施开创长三角技术交易市场新格局。

长三角已经成为全国技术交易最活跃的区域之一

科技部火炬中心公布的《2019 年全国技术合同登记情况表》显示，2019 年长三角地区技术合同成交额 4 624.95 亿元，占全国的比重由 2015 年的 17.50% 提高到 20.65%。2015—2019 年均增长 28.63%，比全国高出 5.62 个百分点，尤其是 2018 年、2019 年分别实现 45.31%、

---

* 滕堂伟，华东师范大学城市与区域科学学院副院长、教授。

35.73%的高速增长,分别高出全国 13.48、9.17 个百分点。

2018 年,长三角地区技术交易合同数量首次超过 10 万件(共计 100 886 件),约占全国的 1/4(24.49%),略高于京津冀地区。2019 年,长三角地区技术交易合同数量同比增长 23.63%,达到 124 729 件,是 2015 年的 1.57 倍,占全国的比重为 25.77%,与 2015 年所占比重基本持平。合同均额从 2015 年的 217.20 万元提高到 370.80 万元。与全国整体水平相比,2015 年、2019 年长三角地区分别低 103.04 万元、49.90 万元。

长三角地区是国内技术输出的主力军,为全国各地提供了高质量的科技供给。2019 年,长三角地区输出技术 4 231.49 亿元,是 2015 年的 2.77 倍,占全国的 18.89%,比 2015 年提高了 3.38 个百分点。

长三角地区也为各地科技创新提供了强劲的需求牵引,是技术交易的重要而稳定的吸纳地。2019 年,长三角地区吸纳技术 4 373.25 亿元,是 2015 年的 2.30 倍,占全国的 19.52%,比 2015 年相比略有提高,保持了高位稳定状态。除了上海实现 541.66 亿元的净输出外,江苏、浙江、安徽分别净吸纳技术 295.85 亿元、227.15 亿元和 160.40 亿元。

长三角地区技术交易的经济贡献稳步提升,对经济社会发展驱动力日益增强。2018 年,长三角地区技术交易合同金额相当于该地区 GDP 比重达到 1.60%,较 2009 年(0.84%)翻了一番。到 2019 年,该比重进一步提高到 1.95%。但与全国相比尚存在着一定差距,比全国整体水平相差 0.31 个百分点。

长三角地区内部差异显著，上海在技术交易市场中的龙头作用持续强化

从长三角地区三省一市各自情况来看，上海技术合同成交额在 2016 年、2017 年、2018 年稳居区域内头名；江苏于 2015 年、2019 年位居区域内头名，比上海分别高 15.52 亿元、153.38 亿元。虽然 2019 年江苏技术合同成交额超过上海位居长三角第一位，但其自身表现出高度的省会城市中心化趋势，南京分别占江苏输出技术成交额、吸纳技术成交额的 39.99％、32.64％。

2019 年江苏、上海分别占长三角地区技术交易合同总额的 7.48％、6.80％。2019 年上海全市技术合同交易数 36 324 项，成交金额 1 522.21 亿元，分别同比增长 67.9％、16.8％。

《2019 年上海科技成果转化白皮书》显示，在电子信息、先进制造、生物医药和医疗器械三大领域，2019 年上海的输出合同数量和合同金额均位居全国首位，占自身合同总金额的 76％。从 2019 年上海技术合同流向来看，上海流向长三角的技术合同数量多，共计 26 445 项，占比高达 73％，成交金额 639.05 亿元，占总量的 42％，流向粤港澳地区的合同金额高。

此外，上海流向国外的成交金额达到 382.45 亿元，约占自身输出总量的 25％。一方面这反映出上海自身高质量科技供给能力，另一方面在技术转移服务方面的改善也发挥出明显的促进作用。2019 年，上

海技术合同登记审批事项办理时限由 20 个工作日缩短至 7 个工作日,实现全程网上办理。2019 年全年上海从事技术转移服务的市场化机构 117 家,同比增长 46％,这些机构促成技术转移 1 851 项,交易总额 24.14 亿元,同比分别增长 56％、85％。

浙江技术合同成交额年均增长速度最快,2015—2019 年实现了年均 77.87％的高速增长;在全国的位次从 2015 年的第 16 位快速上升到 2019 年的第 9 位。杭州、宁波成为浙江技术合同交易的主导城市,两市分别占浙江输出技术成交总额的 30.12％、9.89％,分别占浙江吸纳技术成交总额的 32.93％、15.39％。

安徽在 2017 年之前技术合同成交额方面平缓增长,从 2017 年开始,增长态势显现,技术输出快速增长。但在全国的位次由 2015 年的第 11 位下滑到 2019 年的第 14 位。

促进长三角地区技术交易市场发展的对策建议

在今后一段时间内,需要从高质量科技供给和真实有效需求两个方面入手,着力促进长三角地区技术交易市场发展,为自身和全国高质量发展提供强劲创新驱动力。

一是正确处理创新的中心化与去中心化、高校院所与企业的关系,强化科创策源能力。在相当长的时期内,创新要素在少数城市高度集聚的态势不会得以根本改变,必须尊重创新的中心化这一根本规律,聚力强化上海、南京、杭州、合肥、苏州等创新中心城市的科创策源能力，聚焦增强其辐射带动效应。

高校拥有自身科技创新优势。自 2019 年度 239 项国家科学技术奖励中，144 所高校作为主要完成单位，通用项目获奖占授奖总数的 82.8%；91 所高校作为第一完成单位获奖项数占授奖总数的 66.5%。但高校专利存在质量差、失效多、转化率低的问题，根据国家知识产权局《2019 年中国专利调查报告》显示，高校有效专利实施率为 13.8%、产业化率为 3.7%，远低于企业的 63.7%、45.2%；高校有效专利许可率为 2.9%、转让率为 3.2%、作价入股比例为 2.0%，明显低于企业的 6.1%、3.7%、3.1%。科研机构尤其近几年发展起来的新型研发机构在拥有较强创新能力的同时，在成果转化方面比高校具有明显优势。例如，中科院上海药物研究所位居 2018 年全国高校院所科技成果转移转化合同金额第三位。因此，在更大力度支持长三角各地最具创新性的高校和科研机构发展的同时，对企业技术创新主体地位予以高度重视，优化企业为主体的创新生态。

二是活化创新要素流动与转化，促进技术要素与资本要素融合，创新链与产业链对接，建立长三角技术交易与经纪统一大市场。建议切实发挥上海技术交易所作为中国首个国家级常设技术市场的龙头作用，历经 26 年发展，该交易所已经获得了在全国进行跨区域技术交易结算和交易鉴证的资质，长三角三省一市可以聚力发展成为中国技术要素市场化配置的一个枢纽，助力长三角高质量发展样板区建设。

三是优化创新中心与创新洼地的关联对接。在长三角地区，2019 年尚有 21 个城市的专利产出水平能力低于全国平均水平，在创新空间格局上表现出"一个长三角、四个创新世界"局面。江苏、浙江、安徽三省的技术交易活动存在着高度的中心化格局。针对这种情况,建议在长三角地区实施正式的科创对口支援与城市结对计划。上海、南京、杭州、合肥、苏州、宁波等创新中心城市选取 5 个左右的城市建立政府主动引导、企业高校等创新主体协同对接、社会广泛参与的科创对口支援机制,通过城市结对子,协助科创协同发展能力弱的城市解决国民经济和社会发展中的重要而迫切的创新瓶颈问题,提供精准对接型的科技创新服务,助力双方相应的科技创新供给侧改革与高质量科技供给能力提升、科技创新需求牵引和创新驱动发展,形成创新驱动的双向互动协调发展。

上海农业现代化的短板及补板建议

戴伟娟*

上海农业现代化的短板

目前,上海农业在科技贡献率、机械化水平、农业设施水平等方面都表现突出。早在 2015 年,上海的农业科技进步贡献率就达到了 70%左右,2017 年,上海主要农作物机械化综合水平就达 89.3%,已明显超过 2020 年全国农作物耕种收综合机械化率 71%。早在 2017 年前,上海所有耕地基本均为可灌溉地,农业设施化水平位于全国前列。

无论从硬件还是软件上看,上海的农业现代化均处于较高水平。从农业经营组织来看,上海为全国提供了松江家庭农场这一有利于粮食生产、有利于农民增收、有利于培育农业后备力量的适度规模经营模式。毫无疑问,上海具备了率先在全国实现农业现代化的基础和条件。

但是,目前上海农业劳动生产率偏低,二元经济结构特征处于发

---

* 戴伟娟,上海社会科学院城市与人口发展研究所助理研究员。

展中国家的水平。2019 年,如用农业总产值来计算,上海的农业劳动
生产率略高于全国平均水平,低于周边的嘉兴,与苏州差距显著。如
用第一产业增加值来计算,与参照地区的差距更加明显,苏州、嘉兴和
全国平均水平分别是上海农业劳动生产率的 3.64 倍、1.85 倍和 1.40
倍。农业劳动生产率是计算二元系数的关键指标,而二元系数是评价
一个地区二元经济结构特征的基本指标。2019 年,上海的二元对比系
数为 0.09,远低于国际上发展中国家最低为 0.31 的标准。而周边的苏
州和嘉兴的二元对比系数分别为 0.33 和 0.28,苏州已经达到发展中国
家水平,嘉兴也接近发展中国家水平。与全国平均的 0.23 相比,上海
的指标也明显偏低。

农业劳动生产率偏低意味着二元经济结构特征明显,农民收入水
平低,从事农业难以获得体面的收入,农业是不受欢迎的产业。此外,
上海农业劳动生产率的农业总产值口径比增加值口径与周边及全国
平均水平的差距小,一定程度上也说明上海农业的附加值偏低,与农
业现代化发展目标相背离,与当前新型城镇化、乡村振兴战略全面实
施的要求背道而驰。

压低上海农业劳动生产率的关键因素

中国的农业经营现状是土地户均占有规模偏低且细碎化,单个农
户的承包地不够种,获得足够农地的交易成本太高,凭单个农户的力
量很难达到,不得不选择兼业经营。即便能够通过流转扩大经营面

积，仍难以达到足够规模，流转入土地的农户尽量"螺蛳壳里做道场"，一般选择对经营规模要求低的劳动密集型的经济作物。粮食作物种植户仍是广大的兼业小农户。能否打破农户兼业化是农业劳动率普遍提高的关键。

对上海来说，以往农业政策聚焦点和关注点在于米袋子、菜篮子、现代农业项目、耕地保有量、促进土地流转等方面。至于土地流入方是否能达到规模经营，想种地的农民是否能够方便地获得足够的土地进行专业化经营，目前上海尚无能够覆盖全市范围的引导性政策，有些区农业劳动生产率较高，如促进农业专业化经营的松江等区，更多区的农业劳动生产率偏低，拉低了全市整体水平。

尽管上海每年都在加大对农业的投入，农业的机械化、设施化程度均已达到很高的水平，而农业劳动生产率仍然偏低，说明上海农业兼业化经营程度高，与上海的农业科技和技术水平很不匹配。第三次农业普查数据印证了这一点，截至2016年底，上海农业经营户55.89万户中，规模经营户只有0.79万户，规模经营户比例仅为1.41%。而苏州的高农业劳动生产率得益于"三个集中"等政策的大力推动，在"农民居住向社区集中、农业用地向规模集中"的引导下，农业政策直接钉住规模经营，促成了农业劳动生产率的不断提高。早在2013年初，苏州88%的承包耕地就实现了规模经营，48%的农户迁入了集中居住点，苏州累计136万农民实现了居住地转移和身份转变。农业劳动生产率的提高促进了农民收入的增加。家庭经营纯收入占可支配收入的比重在一定程度上可以反映专业化和规模化程度。从2014年的数据来看，上海和苏州居民农村居民可支配收入和家庭经营纯收入

分别为 21 192 元、1 035 元和 23 560 元、4 591 元,两地经营性纯收入
分别占家庭收入的 4.9% 和 19.5%。

提升农业劳动生产率的有效途径

事实证明,在农地小规模占有的背景下,单纯依靠市场难以实现
规模经营。由于交易成本高,土地占有面积太小,其收益在家庭收入
中的比重偏小,而土地又有财产属性,一般情况下,农地不会被出手,
尽管日本和中国台湾等地区出台政策或法律推动农业的规模经营,但
成效有限。

反观苏州、上海松江区等农业规模化经营成功案例,地方政府行
政力量均为主要推动力,这主要得益于中国农村土地集体所有制安
排。农地为集体经济组织所有,承包到户本质上是集体土地的一种经
营方式,由所有集体经济组织成员平均承包,或者由专门从事农业的
集体经济组织成员承包,是作为集体土地所有权人的集体经济组织发
包方式的选择。正是基于此,脱农户有流转意愿,也容易接受在获得
一定补偿的前提下把土地交给村委会,由集体按照适度面积发包给符
合要求的农户,或作为专业户,或作为家庭农场主。

上海具备实现农业规模经营的技术条件,为大力提高农业劳动生
产率,一方面,应充分发挥土地集体所有制优越性,利用集体的力量,
为农业规模经营提供条件,让留在农业的农户可以顺利获得足够多的
土地,实现规模经营;另一方面,应创造条件,推动兼业农户"市民化"

或"就地市民化"，促进离土农民稳定非农就业的同时，让离土农民放心地"整户"进城进镇，或者就做农村地区的"市民"，与农业经营脱钩，真正实现农业的专业化、规模化经营。

第一，政策要聚焦农户和规模经营，为"留土农户"创造适度规模经营条件。

一要加强农户信息统计，对农户进行分类。借鉴松江经验，把农户分为农业专业户、兼业户和脱农户，收集信息摸清家底，为增加专业户和脱农户、减少兼业户的政策设计打好信息基础。

二要适时调整农业政策和农地管理目标。实践证明农户是最合适的农业经营主体。上海农业政策的关注点应从提高土地流转率转向促进农户的适度规模经营。毕竟，土地流转虽会提高每户平均经营规模，但离达到农户能安心专业化经营的适度规模还很远。

三要调整各类补贴政策的对象为适度规模经营者，引导部分小农户退出，方便部分农户扩大到适度经营规模。2018年底，上海农村承包地流转率已经达到85%，土地已然由众多小规模农户经营，对土地流转等的补贴应该聚焦适度规模经营者，为让更多的农户实现适度规模经营，提升农业劳动生产率，应取消经营规模不足或超过适度规模的农户的各类补贴。

四要出台农地管理的负面清单制度，通过规范农地管理引导土地向种田能手集中。通过加强在土地用途规制、土地利用的生态环保要求、农产品安全等在土地利用方面的规范，引导不符合要求的农户退出农地给其他农户扩大经营规模。

第二，促进离土农民"整户"市民化，减少兼业户。

按照规划，"十四五"期间，中国将推动转移人口市民化，探索农民"三权"市场化退出机制和配套政策，建立农村产权流转市场体系，甚至城镇建设用地年度指标分配也要考虑农民非农转移的流向。从促进农业规模经营、提高农业劳动生产率的视角来看，更应该推动"整户"市民化，以减少农业兼业户。

首先，上海应出台引导政策，打消农民顾虑，转变兼业农户为专业户或脱农户。农业兼业户主要有两种情况，老年农民兼业和中青年农民因为非农就业不稳定而选择兼业。一方面，应借鉴苏州、上海松江等地区的经验，通过一定的补偿鼓励老年农民退出农业经营。如松江区为自愿退出承包地的老年农民每月提供150元的到龄退养补助，鼓励兼业农户转为脱农户。苏州以城镇社会保障或转让价或集体资产股权为对价鼓励农户退出承包经营权。另一方面，针对中青年农民，应通过加强职业教育培训的针对性，或提高兼业农民稳定非农就业能力，促进兼业户向脱农户转变；或加强引导，促使兼业农户扩大经营规模进行专业化经营，向专业户转变。

其次，应探索整户农民身份退出办法。本着"进城不去权"的原则，借鉴苏州、上海闵行等地的成功经验，探索"三权"市场化退出机制和配套政策。如可借鉴苏州鼓励有条件的离土农民将其宅基地使用权、土地承包经营权和集体经济组织中的资产所有权置换成商品房、城镇社会保障和合作社股权的做法，以"户"为单位探索农民身份退出机制，在制度上变"上海市村民"为"上海市居民"。如可依托上海农村集体产权股份制改革成果，借鉴闵行区集体股份占有权、收益权、有偿退出权、继承权、抵押权、担保权六项权能改革经验，尽快出台全市"三权"市场化退出办法,让离土农民放心市民化,把土地留给留土农民,促进土地规模经营的步伐。

第三,加强相关政策之间的联系,探索出台配套政策。

一是要把相对集中居住政策与促进农户规模经营结合起来。2019年开始实施的农民相对集中居住政策(《上海市人民政府关于切实改善本市农民生活居住条件和乡村风貌进一步推进农民相对集中居住的若干意见》),鼓励部分农户离开农村选择货币安置或城镇地区安置房,其他农户在自愿的前提下可以离开本村选择集中安置居民点的安置房。建议尽快出台配套政策,把农户相对集中居住项目与鼓励土地的规模经营联系起来,在改变农户居住地的同时促进农业用地的规模化经营。如可探索全市统筹,在全市范围内为农户提供更多选择,满足离土农户多元化需求;可探索对新农保升级城镇社会保障进行补贴的配套政策,鼓励"离土农民变居民";支持集体经济组织提供补偿,促进离土农户在退出宅基地的同时退出土地承包经营权,把土地留给"留土农户"。

二是要把为家庭农场组建政策与其发展扶持政策结合起来。2020年底,上海出台了《上海市促进家庭农场发展条例》,主要用于扶持、指导、服务与规范本市行政区域内已有的家庭农场,而家庭农场发展的难点在于组建,上海要大幅提高农业劳动生产率,需要大幅提高农户规模经营比例,应充分利用中国农村土地集体所有制的优越性,充分调动农民集体的力量,推广松江、嘉定等地发展家庭农场的经验,尤其在粮食生产领域大幅提高家庭农场经营比重,实现家庭农场的组建和发展并重。为此,应在全市范围内探索出台相关配套政策,如可借鉴嘉定区经验,为提高村委会干部组建家庭农场的积极性,对家庭农场所在的村按家庭农场经营面积给予每年每亩300元的补贴,用于推动家庭农场组建、提供各类社会化服务,以及基本农田的保护和管理。

三是要把农业规模经营程度纳入政绩考核指标范围。上海作为全国最为发达的地区之一,理应在全国率先实现农业现代化,提高农业劳动生产率,破解经济二元结构刻不容缓,应把农业规模经营目标作为未来几年重要的工作目标之一。

第五章

问策区域协同：
来自示范区先行启动区的调研报告

调研报告：长三角核心五镇 660 平方公里上的改变与期待

熊　丰[*]

在姚庄，你可以看到公路的指示牌上写着"枫泾"，因为姚庄与上海枫泾的直线距离仅 8 公里。在调研中，一位将企业从上海迁去姚庄的负责人说，公司不少员工白天在这里上班，晚上回上海。

从上海人民广场到金泽近 60 公里，但从金泽到西塘古镇景区的路程仅 20 公里，到汾湖经济开发区只需要 10 分钟车程。金泽的年轻人约饭更愿意去黎里。

虽不在一个行政管辖区，但地理位置拉近了几个临近城镇的生活距离。在吴江，十余年前，当地的民营企业经常请上海的技术人员去指导生产。浙江嘉善和江苏吴江的官员更喜欢听上海的广播、看上海的新闻，"90％的招商信息都是从上海获得的"。

2019 年 11 月 1 日，长三角生态绿色一体化发展示范区正式揭牌。上海市青浦区、江苏省苏州市吴江区、浙江省嘉兴市嘉善县成为示范区，面积约 2 400 平方公里，其中青浦区朱家角镇、金泽镇，吴江区黎里镇、嘉善县西塘镇、姚庄镇成为示范区先行启动区，面积约 660 平方公里。

　＊　熊丰，澎湃新闻记者。

如果不是成为一体化先行启动区,很多人对苏浙沪这一片交界或许依旧陌生。甚至,连这五镇的当地人也自嘲:"这里过去就是乡下,就是'三不管地带'。"如今,原本不起眼的五镇,从舞台的最边缘走到了正中央,成为国家战略的"样板房"。

示范区成立一周年来,已经取得包括统一产业准入目录、企业迁移业务一天办妥、跨界水体联保共治、打通断头路、异地医保结算等一系列的成果。

一年过去了,一体化给五镇带来了怎样的机遇与挑战? 五镇之间的一体化尝试推进情况如何? 一体化发展在实践中又面临怎样的痛点和堵点? 带着这些问题,澎湃新闻(www.thepaper.cn)记者实地走访调研了五镇的重点项目,观察、记录了五镇这一年来的变化(图1—4)。

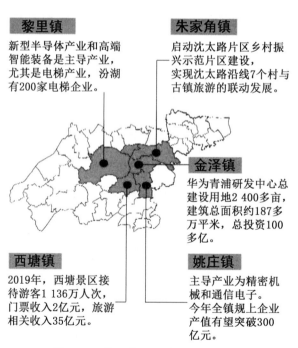

黎里镇
新型半导体产业和高端智能装备是主导产业,尤其是电梯产业,汾湖有200家电梯企业。

朱家角镇
启动沈太路片区乡村振兴示范片区建设,实现沈太路沿线7个村与古镇旅游的联动发展。

金泽镇
华为青浦研发中心总建设用地2 400多亩,建筑总面积约187多万平米,总投资100多亿。

西塘镇
2019年,西塘景区接待游客1 136万人次,门票收入2亿元,旅游相关收入35亿元。

姚庄镇
主导产业为精密机械和通信电子。今年全镇规上企业产值有望突破300亿元。

图1 示范区先行启动区五镇概况

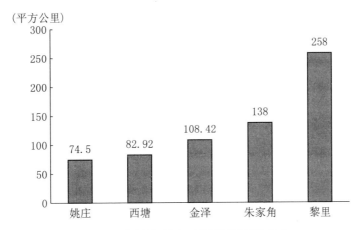

图2　示范区先行启动区五镇面积分布

注:以上为2019年数据。
资料来源:各镇镇政府。

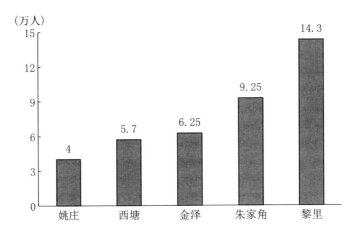

图3　示范区先行启动区五镇人口分布

注:以上为2019年数据。
资料来源:各镇镇政府。

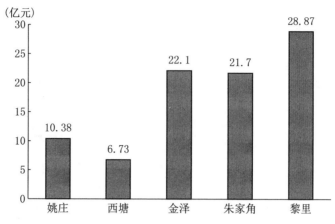

图4 示范区先行启动区五镇财政收入

注:以上为2019年数据。
资料来源:各镇镇政府。

"从高中生直接变为博士生"

"一体化不是一样化",西塘镇党委副书记、镇长马红屏在接受采访时告诉记者。西塘在先行启动区五镇中最负盛名。据西塘镇政府提供的数据,2019年西塘接待游客1 136万人次,门票收入两亿元,旅游相关收入35亿元。

马红屏认为,这是西塘旅游发展20余年来坚持主客共享模式的结果。但是,目前,基础设施是西塘旅游进一步发展的主要障碍。从西塘景区停车场到景区需要步行一段距离,目前的城镇基础又无法建地下停车场。为此,在2020—2023年,西塘镇将投资185.6亿建设112个项目,全面提升全镇基础设施,其中也包括停车场的改造以及智慧停车项目的建设。而根据西塘镇政府数据,2019 年全镇财政收入为 6.73 亿元。

在一次活动上,马红屏说的第一句便是,"很抱歉,现在的西塘就是一个大工地"。而记者在调研的过程中,看到西塘的一些路段或在铺路,或在植树。

想在文化旅游产业上做文章的不止西塘。

这一年,朱家角一直在为创立 5A 景区做准备。2016 年 10 月,朱家角成为全国第一批特色小镇之一。此后,朱家角一直致力于打造"文创＋基金"的特色小镇,以资本力量推升文创产业发展,集聚新兴金融机构以及与水乡古镇特色相得益彰的文化创意企业。2020 年 10 月 23 日上午,长三角投资(上海)有限公司在朱家角镇成立。

金泽古镇则依旧保留着原生态和未开发的状态。这也给了当地人重新思考古镇开发模式的可能。"传统的古镇开发都是'旅游＋',我们想打造的是'＋旅游'。"金泽镇镇长孙茂表示,不同于传统的打造旅游目的地的做法,金泽将以古镇的风貌为载体,吸引其他产业和人才的入驻。

黎里镇镇长张炳高在接受采访时表示,黎里古镇已有 893 年的历史,古镇的旅游开发不是一朝一夕的事。

但是,在对产业发展上,五镇几乎都有共识:文化旅游产业可以是一个地方的名片,却无法成为一个地区的支柱产业,经济的发展需要依赖新型产业。

华为研发中心的落户或许将成为金泽镇发展的新引擎。据报道,华为研发中心投资 100 多亿,占地 2 400 亩,预计 2023 年完工,届时将导入 3 万名研发人员。研发中心已于 2020 年的 9 月 27 日破土动工。为了确保项目按时动工，金泽镇从 2021 年开始就对周边的农户进行了动迁安置。据金泽镇相关人员透露，华为落户时明言，从研发中心出发步行 5 分钟就要能上地铁，周边也必须有大型的交通枢纽，金泽镇的基础设置建设也将因华为的入驻而发生巨变。

历史上，宋元明三代，金泽都是江南地区水运交通的重要枢纽，为松江、南京、苏州、杭州之孔道。而从清朝初年开始，朱家角崛起，取代了金泽水路枢纽的位置，金泽因此进入了衰弱期。但先行启动区和华为研发中心，再次将这对"欢喜冤家"绑定在了一起。

朱家角承担了为研发人员提供生活配套的任务，教育和医疗是重中之重，复旦兰生中学、红房子医院、长三角智慧医院等一批重点项目都已经进入了建设期，于 2021—2022 年投入运营。除了服务华为，朱家角镇还将打造富有江南特色的乡村振兴示范区。通过张马村全域旅游休闲乡村的打造，让朱家角古镇的游客"留得下""住得久"。

上海的两镇围绕华为研发中心做文章，江苏的黎里镇是五镇中面积最大，经济基础最雄厚的，地理位置也堪称长三角的"C 位"。未来长三角的两条大动脉沪苏湖铁路和通苏嘉甬铁路将在黎里交汇，也就是未来的苏州南站将在这里建成。其中沪苏湖铁路已于 2019 年 6 月 5 日开工，而通苏嘉甬铁路则在 2021 年开始建设。河北石家庄、河南郑州、安徽蚌埠……火车线路的交汇可以"拉来一座城市"。黎里的进一步发展取决于这样的区位优势。未来从黎里到虹桥枢纽，乘高铁只需要 20 分钟，和上海的同城化发展指日可待。

除了区位的优势，黎里在产业选择上瞄准了高端装备制造和新型半导体,以康力电梯和英诺赛科为代表的企业也都是各自细分领域的龙头企业。2018 年 6 月,总投资预计 60 亿元的英诺赛科宽禁带半导体项目在汾湖高新区启动,经过两年的努力,目前主体厂房施工已完成,计划于 2020 年底试产,2021 年第二季度正式量产,满产后有望实现年销售收入 100 亿元。

姚庄是先行启动区中另一个产业基础较好的镇。2019 年引进的立讯智造主要制造可穿戴电子设备,当年度产值为 5.4 亿。在 2020 年的疫情中,电子产品的需求不降反升,立讯智造逆势上扬,迎来了爆发性增长,全年突破 100 亿元的产值。也带动了姚庄镇 2020 年第一至第三季度,地区生产总值逆势增长 15.1%。

和姚庄、黎里不同,西塘正在探索将古镇景区和嘉兴综合保税区 B 区打通,思考如何把每年一千多万的客流,转换为消费和税收。

2018 年 12 月 30 日,西塘宋城演艺股项目动工,该项目占地 361 亩,总投资 100 亿元,这也是嘉善县有史以来引进的体量最大、品质最高的文化旅游项目。根据规划,项目于 2021 年建成。马红屏镇长表示,前往西塘的游客中当天往返的不少,普遍只在西塘住一晚。西塘希望依靠宋城项目,从旅游观光地变成旅游度假地,让游客住下来,进而带动消费。

此外,西塘镇政府希望借力嘉兴综合保税区 B 区的物流仓储优势,结合西塘景区每年一千多万的人流,打造一个占地 5 万平方米的免税商品直销中心。西塘的账本算得很清楚:西塘周边 100 公里有上海、苏州、宁波、杭州 4 个万亿 GDP 的城市,随着交通一体化的推进,西塘承载的人流会更多;保税商品的价格是一般超市商品价格的

70%，如果能将物流和人流打通，将给西塘带来巨大的消费市场。

长三角一体化的一个重要着力点，是要率先形成新发展格局，打通国内国际的双循环。西塘的尝试，正符合这样的发展要求。

原本低调的五镇在这一年来迎来了巨变，其中一位政府官员接受采访时表示："感觉就像是直接让一个高中生读博士，起初有些恍惚和兴奋，冷静下来以后是疯狂补课。"

一体化的堵点与痛点

五镇面临的困难各不相同，但各种诉求归结起来却可以被概括为两方面：户籍制度的改革和财税分享制度的探索。

当代世界经济的发展和科研的进步越来越不可分割，长三角一体化战略也明确要求长三角地区成为中国科技和产业创新的开路先锋。有鉴于此，示范区的规划里，在青浦、嘉善和吴江的三个版块分别部署了西岑、祥符荡和高铁新城三个科创中心。但具体到落实层面，如何吸引科研人员入驻，是一个很现实的问题。

"如果有的选，高端人才肯定优先选择上海，因为上海户口能享有更好的教育和医疗配套。"

"很多老百姓听说长三角要一体化了，就问我是不是以后我们这里的小孩考复旦大学，跟上海的小孩考复旦是一个分数了？得知不是以后，挺失望的。"

"我理解上海的医疗资源很紧张，能否允许上海的三甲医院在我们这里办分院呢？只要相关部门允许，我们当地可以做好一切的相关配套。"

江浙的基层公务员，不少都向记者反馈了类似的诉求。

教育和医疗的一体化，涉及户籍制度，也影响着各地对人才的吸引力。有采访对象提出建议，能否在示范区里制定一个人才目录，凡是符合这个人才目录的，可以视同上海户籍或按照上海的积分政策落户上海。

另一个五镇普遍反应的困难是成为先行启动区之后的财政压力。

首先，示范区强调生态绿色，这一年来大量高污染、高能耗企业被逐渐清理整治，但是企业关停之后导致政府税收的减少。2020 年颁布的《长三角生态绿色一体化发展示范区先行启动区产业项目准入标准（试行）》和《长三角生态绿色一体化发展示范区产业发展指导目录（2020 年版）》，要求"工业用地新增产业项目固定资产投资强度不低于 500 万元/亩，达产产出强度不低于 1 000 万元/亩/年、税收强度不低于 100 万元/亩/年"。"符合这样要求的企业，全世界任何地方都欢迎，这导致我们招商时候像黄金剩女一样，来的企业很多很热闹，但因为要求太高了，看上的很少。"一位招商专员向记者表示。

其次，承接国家战略任务之后，各类基础设施建设需要大量资金投入，光靠镇一级的财政很难满足这些建设需求。但是现有的财税体系依旧由各省市统筹切块，先行启动区的五镇在财政上并没有得到额外的支持。五镇普遍反映希望能在财税分成和分享机制做一些探索，"比如，国家直接从财政里划拨一部分，给到一体化示范区执委会，承担示范区建设的相关资金可以从由五个镇来划分"。不过，根据 2020

年7月1日由上海市政府、江苏省政府、浙江省政府联合正式出台的《关于支持长三角生态绿色一体化发展示范区高质量发展的若干政策措施》，未来，两省一市将共同出资设立一体化示范区先行启动区财政专项资金，三年累计不少于100亿元，用于先行启动区的建设发展和相关运行保障。

老百姓对于一体化堵点的理解更加质朴。吴江和嘉善的居民希望自己的孩子能以青浦邻居家孩子同样的分数考上复旦，而青浦金泽的老百姓则希望外卖业务能早日一体化："吴江商业比我们发展得好，好吃的可多了，可是外卖还没一体化，那么近的距离，却不能跨省送。啥时候我们能吃上吴江的外卖，一体化就更成功了。"

走进姚庄：打造多元创新策源地

黄 洁[*]

　　随着长三角生态绿色一体化发展示范区（以下简称"示范区"）的正式揭牌，以及《长三角生态绿色一体化发展示范区国土空间总体规划（2019—2035 年）》草案的公示，长三角一体化发展进入了新的阶段。作为长三角一体化的先行先试区域，嘉善县、姚庄镇都在积极响应浙江省委省政府提出的数字经济"一号工程"的要求，努力探索融入全球产业链重构进程的路径。但落实到实操层面，示范区及示范区的先行启动区如何进行创新，在体制机制、发展模式等方面实现突破，打造长三角一体化发展的创新策源地，仍是一个值得深入讨论的问题。

　　2020 年 6 月 28 日下午，"长三角议事厅"第六期沙龙在姚庄镇"城市客厅"举行。本次沙龙是"长三角议事厅"走进示范区先行启动区的第一场活动。

　　沙龙围绕"长三角一体化示范区产业如何借力数字经济创新转型"这一主题展开。浙江省发改委二级巡视员马德富，华东师范大学中国现代城市研究中心主任、城市发展研究院院长曾刚教授，浙江大

＊ 黄洁，浙江大学公共管理学院博士后。

学区域与城市发展研究中心执行主任陈建军教授参与了沙龙讨论。

陈建军教授结合国外成长三角的发展经验指出,区域一体化的重要内涵之一是产业的一体化。不管是美国还是日本,在区域产业一体化的发展中都极大地依赖于创新策源地的驱动。过去的一体化发展有两种思路,一种是静态的发展思路,也就是以城市规模、行政地位等静态比较优势为依据,以规划和政策等手段,规定各地区各城市的产业定位,同时以各区域各城市静态意义上的差异化发展为要求进行产业分工,实现所谓的错位发展。

陈建军认为,这种以静态平衡为导向的政策思路看起来很美好,却已经跟不上高度市场化的长三角社会经济的动态变化,也很难得到长三角各行政区域真正的有力支持。因此,以理念创新为导向,以打造创新城市、创新区域、创新节点为中心,推动政府间的协同以及和企业之间的创新合作,形成创新生态网络,鼓励创新企业突破行政的地理边界,实现跨区域发展,拓展自身的创新链和产业链,可能更加契合一体化发展的方向。

从这个角度上说,创新策源地既可以是长三角的龙头城市上海,也可以是杭州、苏州、合肥这样的创新型城市,还可以是阿里所在的余杭区,甚至可以是张江高科技园区。创新策源地的数量不受限制,地理尺度不受限制,出现的时间节点不受限制,行政级别也不受限制;可以同时出现很多创新策源地,也可以渐次出现一些创新策源地;只要符合创新策源地特征的地区,都可以成为创新策源地,推动长三角未来的经济社会发展。事实上,改革开放40多年来,长三角的快速发展正是源于多元的创新策源地的驱动。

那么，创新策源地的特征有哪些呢？陈建军认为，所谓创新策源地，包括三个重要因素，一是拥有创新型企业，特别是创新型龙头企业及其集群；二是拥有具有较强创新意识和氛围的区域和城市及其政府；三是这两者之间的互动和共生的环境和社会网络，并由此形成创新高地。

以创新策源地带动区域发展比较典型的案例是美国的加州城市群，从 20 世纪 50 年代起，仙童半导体、英特尔、红杉资本等一系列关联性创新企业在此诞生和成长，成为美国引领全球科技、经济发展的重要支撑。与此同时，美国军方和联邦政府通过订单与发包的方式，大量采购硅谷、洛杉矶、旧金山等地的高科技产品，激励了企业的创新创业热情，形成了企业、政府和创新生态环境的互动融合。加州城市群以创新策源带动创新链和产业链融合发展和空间拓展的案例对长三角推进一体化发展的路径设计具有重要的借鉴意义。

对于示范区嘉善片区而言，在发展模式上，要充分认识到创新策源的重要意义，避免低水平的重复建设，要敢于担当，从创新策源地的角度来设计自己未来发展的道路。因此，在产业选择上，陈建军建议，要"上接天线，下接地气"，既不能放弃改革开放以来示范区民营经济发达，市场发育成熟，制造业水平较高的优势，也不能只顾眼前，必须提前布局，拥抱未来。可结合浙江省数字经济"一号工程"，在工业生产、社会治理、基础设施建设等方面大力开展与人工智能、数字芯片等相关产业的融合，鼓励发展各种新型数字商业业态。

马德富认为，在当前全球新冠疫情蔓延，以及中美贸易摩擦升级的背景下，国际国内形势充满了不确定性。而长三角作为对国外成长三角的借鉴与升级，承担了国家"避风港""稳定器"和"蓄水池"的作用。相比国内其他较为成熟的城市群或一体化区域，长三角地区的特点主要体现在两点：一是青山绿水资源；二是跨省级行政区。这就意味着长三角在稳定经济、吸引人才、发展产业方面具有独特的优势，在一定程度上为消弭疫情带来的负面影响确立了先天优势。

而在具体的创新策源地的打造或数字经济的发展过程中，有两个值得注意的地方。一是要以人才为核心。所有发达地区的高速发展，都是建立在"人才"的基础上，一定是先有人，而后再有创新链和产业链的融合。对于示范区而言，要吸引人才，首先要做的是优化创新创业环境与成果转化的环境；其次则应聚焦于吸引创新创业的领军人才。放开眼界，可把人才引进的范围扩大到长三角和中国以外，直接面向世界吸引一流人才。二是要打造更高层次的创新平台，现有的G60科创走廊已经产生了很多成果，但光有一个G60无法满足多样多变的市场创新需求，还应培育更新的创新平台。

曾刚对以上两位专家的观点表示了赞同，"创新关系到民族存亡"，曾刚补充道。目前中国的产业规模很大，但对外依赖度也很高，即使是像装备制造业这样的优势出口产业，也仍然在关键技术上高度依赖国外进口。新冠肺炎疫情的全球扩散，加速了世界格局的变化与全球价值链的重塑。因此，在强调数字经济、创新等经济发展关键词的时候，也应该特别注意产业和产业链的安全。长三角作为中国经济发展最活跃、开放程度最高、创新能力最强的区域之一，必须在"卡脖子"技术上实现创新和突破。过去40年，中国实行了"以市场换技术"的发展战略，长三角在这一发展战略中获益良多，现在正是发挥这一政策作用的历史节点。

对于示范区数字经济具体的发展路径，曾刚提出了三点建议，一是尝试"军民融合"，国外的发展经验表明，地方性创新型企业的培育离不开"军民融合"道路。军工科技因其高站位、高渗透、高利润的特点始终处于包括信息技术在内的科技创新的前沿；再加上军工科技往往带有政府引导的特点，可以很好地融通市场与政府的关系，融合产业链与创新链。"军民融合"可以成为未来长三角催生创新型企业的重要萌发机制。二是构建助推经济发展的"全球朋友圈"，以消解当前国际形势所带来的负面影响。长三角的高校与学者应该担当重任，为长三角和中国产业的发展提供面向未来的战略性思考。三是通过优化营商环境，降低创新创业的成本，提高创新创业的质量，形成地区间的创新合作网络。

浙江嘉善县姚庄镇镇长张赟谈产业链招商

熊 丰[*]

● 先行启动区范围

● **姚庄镇**
　　面积 74.5 平方公里
　　户籍人口 4 万人
　　财政收入 10.38 亿元
　　GDP80.06 亿元
　　人均可支配收入为 51 227 元

图 1　姚庄镇概况

注:以上为 2019 年数据。
资料来源:姚庄镇政府。

---

* 熊丰,澎湃新闻记者。

在先行启动区的五镇里，黎里、西塘、朱家角都有古镇和水乡的名片，金泽在知识界有复旦大学李天纲教授探索江南民间宗教的《金泽：江南民间祭祀探源》一书的加持，如今华为研发中心也落地金泽。

相比而言，姚庄似乎是最不起眼的那一个，但姚庄的经济数据却并不"低调"。根据姚庄镇政府提供的数据，2019年，姚庄镇GDP80.06亿元，政府财政收入10.38亿元，人均GDP14.83万元，其中，城镇居民人均可支配收入63 287元，农村居民人均可支配收入38 057元。

如今，姚庄镇已是嘉善县经济的领头羊，但在20世纪末全县各项指标的考核中，却经常排名倒数。姚庄如何实现后来居上、弯道超车？作为2008年启动的嘉兴市农房集聚试点，姚庄在土地流转、农民城镇化进程中做了哪些探索，成效如何？成为先行启动区之后，姚庄又有了哪些改变？2020年10月，澎湃新闻记者就上述问题专访了姚庄镇党委副书记、镇长张赟。

姚庄的产业抉择

澎湃新闻：从嘉善县的倒数第一到领头羊，姚庄是如何完成这一"逆袭"的？

张赟：姚庄的发展和经济开发区有很大关系。改革开放以后，姚庄的历任领导都坚持实行开放型经济，1998年成立了姚庄经济开发区，起初叫姚庄工业园区。2014年，姚庄经济开发区升级为省级经济开发区。省级开发区设在镇一级，姚庄是第一个。

自姚庄经济开发区成立以来,姚庄始终将招商引资作为一号工程,招引进了一大批优质企业。姚庄历任领导久久为功,总体思路明确,政策延续性强,推动姚庄经济社会快速发展。2020 年第一至第三季度,姚庄镇地区生产总值逆势增长 15.1%,继续领跑全县。

澎湃新闻:姚庄是如何吸引这么多企业落户的? 政府在招商引资方面,做了哪些努力?

张赟:姚庄招商引资的思路很明确,从一开始就坚决发展精密机械产业。姚庄早先的乡镇企业中就有精密机械相关产业,比如轴承、纺织机械等。姚庄时任领导认为,精密机械是基础性行业,任何的工业发展都需要精密机械提供原材料和零部件,可以说是"工业之母"。此外,这个产业比较扎实,不像其他行业发展可能大起大落,受外部影响比较大。所以瞄准了精密机械这一产业,常年开展针对性招商。

姚庄的招商政策主要是以商引商。我们做好企业服务,就会形成口碑效应。我们也很注重产业链招商。比如通过走访外资企业智泓科技,了解到其零部件供应商恒锐刀具有新的投资计划,跟进,引进了该项目。通过走访台资企业旭阳精机了解到泷泽机电有在大陆投资项目的计划,经过以商引商和跟踪洽谈,最终引进了泷泽机电项目等。这种模式也为精密机械填补了很多产业链上的缺失环节,推动了链上项目的区域性集聚。

这几年,我们围绕精密机械做产业招商时,会对引进项目做产业链分析,然后针对性地招商。在姚庄的精密机械企业,其产业链上游主要以原材料钢铁、铸铁、铝合金等冶金产品为主;中游主要涉及汽车零部件、整机、精密仪器、医疗器械零部件制造。其中,汽车零部件制造是中游门类最为齐全，产品覆盖面最广的行业，除了发动机和整车框架，其他零部件产品均有对应生产企业。

我们招商的时候也很重视区位，首先是"精耕上海"，我们90％的企业和招商信息都是从上海获得的。其次是"深耕台湾"。目前，我们有一百多家台资企业，基本都集中在精密机械行业。如果没有疫情，镇领导一年要去台湾招商两次。再次是"拓耕京穗"，瞄准北京、广州等智能装备、精密机械产业头部企业和龙头企业。最后是"聚耕海外"，向美国、德国、意大利、瑞士、日本、新加坡等制造业发达国家开展靶向招引，引进一批高科技、高附加值的自动化整机制造项目、核心精密零部件项目和研发总部型项目。

澎湃新闻：除了精密机械，姚庄还有哪些支柱性的产业？

张赟：姚庄的主导产业是"2＋X"，"2"是指精密机械和通信电子，"X"是新材料和食品等，主要是高端食品。

精密机械主要集中在汽车零部件，整机等领域。2019年，规模以上企业有55家，产值87.7亿元，占规模以上工业总产值的45％。通信电子以立讯智造（做可穿戴电子设备的配套）为主。立讯智造是2019年引进的，当年度产值为5.4亿元。截至2020年10月，已经有60亿元，预计全年将突破100亿元。在立讯智造的带动下，通信电子产业2020年的总产值将超越精密机械，成为姚庄第一大主导产业。2019年，通信电子的产值是十几亿元，2020年估计在140亿元左右。总体来看，全镇规上产值将有望突破300亿元、增长50％以上。

吸引人才之道：不求所有，但求所用

澎湃新闻：姚庄如何吸引立讯智造这样的龙头企业落户于此？

张赟：因为通信电子是我们的主导产业之一，所以我们一直很关注国内这一领域的龙头企业。经济开发区里有一个企业是立讯智造的客户，我们通过这个企业与立讯智造取得了联系。当时立讯智造的高层也希望在华东地区布局。所以我们就邀请高层来姚庄考察。

我们先前提出要建立通信电子产业园，并且在立讯智造的高层到访前，已经建好了一个13.8万平方米的厂房，立讯智造的高层看了后非常满意，加上姚庄的区位条件，以及政府的诚意，立讯智造很快决定在姚庄建厂。从第一次接触到最后签约，只用了81天。经过半年装修，2019年9月，立讯智造正式投入生产。

这几年，我们也鼓励企业自主创新，增加研发投入。目前姚庄现有的高新技术企业有41家，2020年新增高新技术企业23家。我们非常重视技术创新、人才引进，因为这是姚庄未来发展的关键。

澎湃新闻：您刚刚提到姚庄非常重视人才，现在全国都在"抢人"，姚庄如何留住人才呢？

张赟：人才政策当然很重要，但我觉得留住人才最需要的是氛围。为什么人才都在上海？因为上海信息流大，大家可以经常交流。如果嘉善形成不了产业集聚的氛围，人才在这里孤零零地待了几年，可能也落伍了。这几年，浙江在吸引人才方面花了很大力气，省市县各级政府都出台了很多政策，这对于我们吸引人才有很大帮助。

这些年我们也一直在努力吸引高端人才，我们认为，吸引人才的关键是产业集聚。姚庄经济开发区里有一个特点，就是产业链集聚比较好。比如汽车制造，现在除了发动机、外壳、轮胎外，我们的园区里都能找到汽车零配件的生产企业，产业链相对完善。这为吸引人才、留住人才打下了扎实基础。

什么叫吸引人才？为我所用就好，不一定要住在姚庄。不求所有，但求所用。比如，我们有一个企业叫德嘉科技，是前几年从上海搬过来的。他们的高管基本都是白天来姚庄，晚上回上海，我觉得没有关系，只要你白天在这里上班，创造了价值就好。

农房集聚何以可能

澎湃新闻：长三角很多地区都面临土地资源紧张的问题，姚庄这些年的农房集聚做出了自己的特色，并且通过农房集聚获得建设用地的指标，推进了产业的发展。能否请您谈谈姚庄农房集聚政策的起源？农房集聚推行十几年后的成效如何？

张赟：农房集聚是时任嘉兴市委书记陈德荣在2006年左右提出和推动的。对于嘉兴来说，推进农房集聚有着现实需求：嘉兴地处平原水网地带，长期以来农村房屋大多从沿河而居，到沿路而建，再到沿田而造。这样的村落分布现状形成了公共服务配套难、环境治理难、资源利用效率低等问题。

嘉兴很多建造于 20 世纪八九十年代的农房已成危房,随着农民生活水平逐年提高,改善住房条件的愿望十分强烈。在这个背景下,嘉兴市提出"两分两换"——将宅基地与承包地分开,搬迁与土地流转分开,以承包地经营权换股、换租、换保障,推进集约经营,转换生产方式;以宅基地使用权换钱、换房、换地方,推进集中居住,转换生活方式。

2008 年,姚庄成为试点之一,率先启动农房改造集聚。桃源新邨社区是姚庄农房改造集聚项目,于 2009 年 4 月开工建设,2010 年 7 月陆续交付使用,目前已建成桃源新邨、二邨、三邨、四邨、五邨,总占地838 亩,总建筑面积 74 万平方米。经过十余年的发展,桃源新邨社区已安置农户 2 430 户,共一万余人,租户也有一万余人,形成了居住人口达 2.1 万余人的集聚区,是嘉善最大的城乡一体新社区。

目前,桃源新邨社区已完成两期,合计安置 5 514 户农户,另有1 497 户农户通过三期农房集聚腾空了旧房,等待新房安置。随着三期交房,预计 2021 年新增 3 500 户,社区总人数近 3 万人。桃源新邨三期第二批 800 户将在 2024 年交房,届时姚庄镇城镇化率也能达到80%,到那时农房集聚项目将基本结束。

姚庄通过土地整治项目获得的周转指标中,三分之一用于农房改造集聚建设,三分之二用于工业项目和城市建设,有效破解了土地要素的制约,推进了姚庄的省级经济开发区建设和小城市培育试点建设。此外,通过农房改造集聚建设,农民快速高效地共享了公共服务资源,加速了市民化进程。

澎湃新闻:如何解决离开土地的农民的就业问题? 他们的生活如

何保障？

张赟：姚庄工业发展得比较好，企业较多，用工需求大。政府会定期举办招聘会和业务技能培训。姚庄经济开发区与桃源新邨的直线距离只有几百米，居民就业方便。

从农民变成工人，拿工资，这是第一个收入来源。

第二，桃源新邨居民将房屋出租，有租金收入。桃源新邨有 2 438 户人家（三邨 8 户自建，属于社区管理，但非安置，所以前面的数据中并未包含），出租房 1 862 户，有 76.4% 的出租率。

原来一层楼的租金为 1 000—1 200 元每月，这些年随着姚庄经济的发展，流动人口越来越多，房东经济也开始升温，现在一层能租到 1 600—2 000 元。一个月的租金，两层楼家庭的收入保守估计在 3 500 元左右。

第三，农民进城后，原来的土地被集中流转给村集体合作社，农民可以拿到土地租金。第四，进城农民依旧能种地，有一定的收入。最后，姚庄有大型农场搞规模化种植，很多农民也去农场打工。

澎湃新闻：十年过去了，桃源新邨居民对于农房集聚是否满意？他们对长三角一体化有怎样的期待？

张赟：现在不是政府与农民做工作推动农房集聚，而是村民倒逼政府在推农房集聚。没有被集聚的农民经常来问，什么时候能轮到他们。

从 2008 年到现在，通过农房集聚项目一共集聚土地 3 340.1 亩，政府将周转后的用地指标发展工业，增加财政收入后再反哺农民。桃源新邨有文化礼堂、道德讲堂、桃源书场、图书馆等各种文化设施。

长三角一体化上升为国家战略后,居民认为房价肯定要涨。对政府来说,管理要求越来越高。一邨总共1200多户,建的时候没有地下车库。现在大家都买车了,停车就是大问题,我们要想尽一切办法增加停车位。管理模式也要革新,姚庄农房集聚一期、二期主要由政府建立社区管理,三期将考虑通过房产公司建设,引入正规物业管理,优化社区人居品质。

澎湃新闻:作为镇长,您认为一体化有哪些堵点?

张赟:我们可以探索人才标准一体化,比如上海可以牵头制定长三角一体化示范区人才落户标准。在示范区里,凡是符合这个人才目录的,可以视同上海户籍或按照上海积分落户享受与上海同等的公共服务资源。

另外,也可以进一步探索医疗一体化。一般嘉兴人生了大病都去上海看病。我也去上海看过病,拍X光片就花了整整一天,等拍完医生都下班了,只能第二天再去。我可以理解上海市民的感受,确实会觉得医疗资源很紧张。那么,上海的高端医疗资源能不能出来呢?是否可以让上海的三甲医院在外地办分院?加快推动一体化示范区内公共服务资源的共建共享。

走进金泽：建设世界级滨水人居生态示范区[*]

易臻真^{**}

《长三角生态绿色一体化发展示范区国土空间总体规划(2019—2035 年)》草案中提到,示范区的总体发展愿景是"世界级滨水人居文明典范"。总体规划中用"人类与自然和谐共生、全域功能与风景共融、创新链与产业链共进、江南风和小镇味共鸣、公共服务和基础设施共享"五个"共",描绘了"世界级滨水人居文明典范"愿景的现实图景。什么是世界级的滨水人居生态城市? 示范区要建设的滨水人居生态城市与国外的滨水城市有何不同? 滨水人居生态城市如何处理人与自然、生活与生产的关系?

2020 年 7 月 29 日下午,"长三角议事厅"沙龙走进长三角一体化示范区先行启动区第二场活动(总第八期)在上海市青浦区金泽镇金泽工艺社举行。本期沙龙邀请了复旦大学发展研究院常务副院长彭希哲教授,教育部人文社科重点研究基地中国现代城市研究中心主任、华东师大城市发展研究院院长曾刚教授,长三角生态绿色一体化发展示范区执委会生态规划建设组刘伟副组长,绿色江南公众环境关

* 根据沙龙现场内容整理。
** 易臻真,华东师范大学城市发展研究院副教授。

注中心方应君主任,以及青浦区区域发展办公室薛锋主任共话世界级滨水人居生态示范区的建设工作。

刘伟：用"蓝、绿、古、新、共"实现"跨区域、最江南和世界级"

长三角生态绿色一体化发展示范区有三个关键词：一是"跨区域"。示范区位于沪苏浙一市两省交界处,包括上海市青浦区、苏州市吴江区和浙江省嘉善县。国务院批准的总体方案要求示范区"不破行政隶属,打破行政边界",实现区域的协调发展。二是"最江南"。示范区的前缀是生态绿色,这里水网纵横、湖荡密布,河湖水面率达 20.3％,有着一流的自然生态,同时示范区范围内拥有 7 个国家级的历史文化名镇,是吴越文化的核心区域,江南水乡是这里的独特基因。三是"超级都市圈"。示范区背靠上海这个超级都市圈,有连接全球的国际机场,有联通国内的高铁网络,更有四通八达的城市节点连接网络。可以讲,示范区是一块世界级的料子,虽然目前这里在三省相对来说是经济洼地,但将来一定会把这里的生态优势变成经济优势。

建设世界级滨水人居城市可以从五方面入手：一是"蓝"。水是示范区的特色,如何做好水文章一直是我们思考的问题。总体是将原有的普通水系资源放在大都市圈中考虑,把文化、运动、会展等,与水充分结合,展示特色。二是"绿"。核心是按照"多组团、网络化、融合式"的空间布局,在好风景中植入新经济,打造真正的高质量发展空间,实现人与自然和谐共生，引领可持续发展。三是"古"。充分挖掘古镇资源，推动古镇活化变成一个创意空间、活力空间。四是"新"。在整个区域里面，探索如何在优美生态环境中植入新经济，探索生态友好型的发展新路径。五是"共"。共建共享，通过三地联动，将政府、市场和企业等主体结合起来。

方应君：致力于从供应链到证券税收的全面绿色

绿色江南，一直致力在环境治理研究领域开展工作。首先是绿色供应链，绿色江南与世界很多的知名企业保持非常好的合作，比如苹果、三星、沃尔玛、Zara、华为等。长三角地区企业的环境责任和社会监管水平都不低。环境水平的提升需要公众的监督和公众的合作，形成一个有效闭环，健康发展。其次是绿色证券，为规范市场经济和保护股民广大的利益，使证券市场的健康发展。推动所有上市公司的信息披露，特别是环境和应急安全这方面的信息要向广大的股民公开。再次是绿色税收，希望那些真正有社会责任或者环境责任的企业充分享受到税收减免。用杠杆机制去撬动社会经济资源，积极地做一些引导，向有利于经济发展，有利于健康市场发展的方向扶持。在推进经济实力和人文经济转化的过程当中，向环境友好型、科技友好型、经济友好型、宜居友好型转向。

彭希哲：软实力推动地域发展

示范区先行启动区的五个镇虽然分属不同的市区，但历史上经济和文化相连，方言也属于同一语言分支，是江南文化最核心的地方。从吴越时代至今，江南文化积淀了 2000 多年，河道水网为这里提供了早期的便捷交通，使之成为近代经济非常繁荣的地区。金泽保留了很多的传统江南小镇的风光，这是一个非常重要的资源。17 世纪法国著名启蒙学者孟德斯鸠对东方有很多研究，他指出人类历史上有三个三角洲地区是突出的富裕、发达和文明区域，分别是埃及尼罗河三角洲、荷兰的莱茵河三角洲以及长江三角洲的"江南"。如何将历史文化优势结合大自然的馈赠沉淀积蓄成为再次发展的动力是当前最重要的任务。

从民生角度来看，未来这里是让更多人居住还是让更多人在这里工作，会有很大的差异。未来华为的进入必将引进更多人口，随之带来大量对医疗、教育、住房等公共服务资源的需求。在示范区内，医疗资源能否实现一体化或更有效地配置？青浦平均每万人配置将近 90 个医疗卫生技术人员，吴江、嘉善大概只有 35 人，差距悬殊。最近青浦和中山医院签约将共建一个智慧医院，以互联网为基础，以示范区为中心，对整个都市圈中的医疗资源进行更优化的整合。

同理，还有异地养老的问题。上海现有 500 多万户籍老年人口，每年还要增加 30 多万老年人，加上外来的老年人和为老年人服务的人口，未来将近 1 000 万人口与老龄化有关。上海人最喜欢到吴江、嘉兴去养老，不能简单地把养老当成一个负担，养老事业和老年产业是可以作为新兴产业来发展，形成以养老为中心的健康大产业。这样既能解决产业发展的问题，又能缓解中心城区的养老压力。

据此，发展示范区有两项工作最为关键：一是在环境保护生态绿色的前提下，充分利用后发优势把经济搞上去；二是在示范区里，不打破行政区划，真正做好公共服务一体化。

薛锋：青浦的昨天、今天和明天

作为地道的青浦人，小时候我在水乡生活的最大感受是交通不太便利。中学时代商榻还没有通公交车，坐船去朱家角上学单程都要一个半小时。如今的青浦，17 号地铁线通车后使得这里与市区的距离缩短了，体现了城乡一体化。未来，这里将成为世界级的滨水人居典范。除了基础设施，产业发展，公共服务设施等之外，还有两点非常关键：一是滨水，如何处理好人与水的关系，除了水的环保和安全，如何将滨水环境变成人们的亲水乐园，从不同的层面跟人建立关系。二是传统文化，要打造世界湖区，除了世界级的企业和品牌活动，还需要对传统江南文化有所传承。如何把江南的精神继承下来，朱家角已经有些不错的实践经验。

曾刚：发展思路从"三野"到"三新"转变

　　长三角生态绿色一体化发展示范区作为长三角区域一体化发展国家战略的重要载体之一，在践行中央提出的创新、协调、绿色、开放、共享五大发展理念方面承担着引领、示范职责。从发展思路上看，我们应该抛弃"三野"，追求"三新"。告别部分地区、部分企业、部分人士的"三野"做派，即"野蛮人"（不讲文明，蛮横无理，不尊重他人）、"野心"（好高骛远，脱离实际，谋求一夜暴富）、"野路子"（不讲规则，唯利是图，损人利己），倡导面向未来、合作共赢的"三新"模式，即"立新意"（将创新、协调、绿色、开放、共享五位一体，生产、生活、生态三生协同共赢作为谋求区域发展的新理念）、"穿新衣"（争做国家绿色发展、创新发展、高质量发展的示范区）、"走新路"（走出一条低密度、低投入、高产出，发挥后发优势，实现跨越式发展的新路）。

　　在建设世界级滨水人居生态示范区的过程中，应该以习近平总书记提出的人民城市重要理念为指导，发挥江南文化的优良传统，尊重规则、尊重自然、尊重他人、合作共赢，破解行政壁垒，充分发挥社会、市场的重要作用，建设机会平等环境，善待华为、阿里等民营企业，迎接绿色智慧时代的到来。具体而言，应该借鉴德国慕尼黑市郊的发展经验，尽快实现从"码头经济"向"滨水经济"的转变，尽快实现从农业生产单一功能向景观农业、生态农业、休闲农业、体验农业等多功能农业转变，尽快实现从低成本的加工工业向高技术的智能制造、研发经济、总部经济、创意经济转变，尽快实现从低值、规模扩张的传统增长模式向高质、内涵提升的新型发展方式的转变，将"市区体现繁华与时尚，市郊体现实力与文化"的美好愿景落到实处。

问题一：大观园未来会有怎样的发展和机遇？

刘伟：到目前为止，还没有准确的答案。但是大致的方向可以聊一聊，大观园的名气很响，文化属性很强，处于"一河三湖"的核心位置，深受各方关注。在这次 2 413 平方公里的国土空间规划里，还没有到这个尺度。但围绕先行启动区 5 个镇，660 平方公里的国土空间规划正在编制中，大方向还是文化创新产业的植入，希望这一区域进一步提升功能，打造成为具有显示度的项目。

薛锋：在 30 多年前，大观园是上海的旅游热点，但 30 年来旅游产品一成不变，已经缺少吸引力了。江浙旅游业的发展依托的是文旅公司，但是上海却没有这样专门针对旅游发展和开发的公司，这是我们发展旅游的短板。目前，青浦区筹备成立一家文旅公司来补齐短板，通过专业公司来发展文旅健康产业。

问题二：示范区内的人口规划及通勤圈是怎样设想的呢？

刘伟：关于人口数量，目前这里常住人口 311 万，规划人口 380 万，有大约 70 万的增量，公共基础设施配套的服务人口是 450 万，有一定的余量。但从区域功能上来说，人口增长还比较乐观。以落户青浦西岑的华为为例，预计 2024 年将有 3 万左右研发人员入驻，平均年龄在 30 岁左右。考虑到这部分人员将结婚生子，估计将有 10 万人导入。同时，华为不仅仅只是一家公司的进驻，它还会带动上下游企业。

彭希哲：当下全国抢人大战，南京、杭州都在抢人才，我们的示范区有什么更好的办法来吸引人才呢？如果这里经济环境好，人才的发展前景好，自然就会有人来。我们团队最新的大数据研究表明，每天约有 15 万人从上海周边来到上海工作，同时有 8 万多人离开上海去长三角周边地区工作。这其中有一个节点就是金泽，与昆山和吴江形成一个团块，往来特别频繁。要让人才流动起来，不一定都要让人安营扎寨。如今"1 小时通勤圈"可以从上海到南京，这里的政策制度好，年轻人觉得有发展潜力，他们就会被吸引。人才流动的好处是不断有最有创造力、最需要的人才进来，企业也是同样的，并不一定都要让人力资源都沉淀下来。

"15 分钟生活圈"不能太教条地看待，人口密度城郊差异很大。目前在示范区，需要推进在线下发展，而更为关键的是利用物联网、大数据区块链等技术在线上发展，充分利用 5G 技术突破 15 分钟的空间限制，将服务提供和服务需求高效匹配，实现绿色的高质量发展。

曾刚：一体化绝不是同一化，而应该是机会均等化，统一这一认识很重要。通过区域一体化，整合、优化各地资源配置，提高投入产出效率。从支持华为青浦全球研发中心建设的角度出发，建议重视人才公寓建设，为人才流动创造条件，保证世界级滨水人居生态示范区的重蓝绿、有文化、富内涵的高品质定位。

问题三：国外的滨水人居生态城市是怎样的？有什么值得借鉴的经验吗？

彭希哲：我谈谈自己的亲身体会。实际上，各个国家的滨水城市或者是湖区，都是在当时的社会经济条件以及科学技术水平下产生的。但它们会有一些基本的共同特征，例如，在环境保护、生态宜居、不同人群和谐友好以及便利的公共服务等方面。每一座这样的城市或是区域都有着自己的故事，可以借鉴，却不能照搬。只有在广泛并充分了解发达国家，包括一些发展中国家的成功的生态友好的滨水人居环境的故事后，汲取它们的经验教训，最终我们建成的将是中国方案，是我们示范区所特有的。

曾刚：什么叫世界级？世界级就意味着走在时代的前面、走在世界的前面，我的今天就是你的明天，这才叫世界级。为了建成世界级滨水人居生态示范区，有三点十分重要：第一，重视水的联通。只有让水流动起来，才能提升水的自净能力，保证水的价值。第二，让水的流速降下来。早期河道裁弯取直，损害了水景观、水生态、水安全。因此，应该尊重自然，恢复河流的自然状态，避免人工不当干预。第三，保护湿地。重视发挥沼泽地在水质量提升、生物多样性建设中的重要作用。反思传统滨水主题公园建设模式，倡导新型生态游、休闲游方式，实现人与自然的和谐共生。

上海青浦区金泽镇镇长孙茂谈华为研发中心

熊 丰[*]

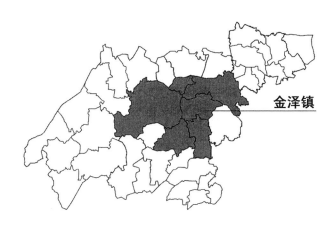

金泽镇

● 先行启动区范围

● 金泽镇
面积 108.42 平方公里
户籍人口 6.25 万人
财政收入完成 22.1 亿元
人均可支配收入 51 563 元

图 1 金泽镇概况

注:以上为 2019 年数据。
资料来源:金泽镇政府。

2019 年 11 月 1 日,金泽镇成为长三角绿色生态一体化示范区的

---

* 熊丰,澎湃新闻记者。

先行启动区。一时间，这个不起眼的上海西郊村镇进入了公众视野。金泽，隶属于上海青浦，地处上海的最西端，怀拥淀山湖，位于江苏、浙江与上海的交界处，是上海唯一一个与江苏、浙江都接壤的镇。

而让金泽知名度进一步提升的另一个重要事件是，华为研发中心落户金泽。2020年9月，占地2 400亩，投资100多亿的华为研发中心也在金泽破土动工，按计划项目将于2023年完工。这或许会成为金泽未来发展的新引擎。作为上海的四大水源地之一，金泽镇的发展一直以生态保护为前提，产业受到限制发展。根据金泽镇政府提供的数据，2019年，全口径税收收入221 633万元，其中区级收入68 355万元。

那么，华为缘何选址金泽？金泽的未来会发生怎样的变化？在大力发展产业的同时，金泽将如何做好生态环境保护，为上海市民提供放心的饮用水？带着这些问题，2020年10月，记者专访了金泽镇党委副书记、镇长孙茂。

从"旅游＋"到"＋旅游"

澎湃新闻：金泽未来的产业发展聚焦文旅、科创、金融三大领域。在旅游方面，金泽周边有周庄、西塘、朱家角等江南古镇，上述几个古镇已经具有相对成熟的文旅产业发展经验，金泽如何追赶？

孙茂：金泽区域面积108.49平方公里，水域面积占25％，森林覆盖率26％，水和湿地是金泽的特色。金泽古镇有自己独特的桥庙文化,历史上的金泽有桥就有庙,古镇现存宋元明清四朝古桥七座。

江南古镇从外貌上看都比较像,但是在文旅产业的打造上却有所不同。

传统的古镇都是以文旅为主:古镇被开发成景区,然后游客到古镇拍拍照,逛逛街,路边的小店卖着毛豆、扎肉等小吃。金泽古镇先前没有进行旅游开发,一直是保持原生态,所以游客并不多。但也正因如此,一些名人或者文化人更倾向于来这种幽静的古镇游玩和定居。

我举个亲身经历的例子,有一位基金公司的高级主管就因金泽良好生态慕名而来,置业在金泽。当她第一次散步到古镇,表示非常不可思议,古镇没有商业化,这是她在其他古镇所看不到的。她很快在古镇上设立了画室,以画会友,吸引了一批国内外圈内朋友,有来自澳大利亚、日本的金融高级管理人士。她告诉我,她的这些朋友们都十分希望来金泽,发展自己的兴趣,发展自己的事业,更想把办公地方搬到金泽,组织工作会议,举办团建活动,融入这里的亭台楼阁,小桥流水中。

2020年,我也接待了一些企业家和高管,他们来金泽后都很喜欢这里有别于市区的原生态景致。他们提出想租一套民宿,租期十到二十年,以后在这里开高管团队的会议。我的态度是只要不违反规划和保护条例,允许他们对房屋做一定的改建。原来公司喜欢在市区里高大上的办公楼开会,但现在高楼看多了也审美疲劳,反而更向往到我们这些环境优美、民风淳朴的地方来。

还有一位知名音乐家前一阵子也来到了金泽,在古镇走了一圈。他的原计划是呆半个小时,最后足足呆了两个小时,看完后,第一设想也是把工作室搬过来。

我们很欢迎这些名人把工作室放到金泽，并不是说他们的到来会带动多少消费，我们在意的不是这个。关键是名人效应，这是第一。第二是他们的创业项目可以迁过来，从而给我们带来税收。第三，这些名人有自己的朋友圈，吸引集聚他们会给金泽的发展带来难以估量的变化。我们要做的是保持原汁原味的古镇风貌，让景致本身去吸引高端人才和企业来金泽。

对于古镇，我们传统的做法都是"旅游＋"，在旅游的基础上去探索其他产业的发展。现在我的想法是"＋旅游"。直白点说，旅游不是金泽镇的主导产业，是其他产业的附加。以古镇的景色为依托，吸引各行各业的优秀人才来金泽。我想这就是我们有别于其他古镇的模式。

华为缘何落户金泽

澎湃新闻：现在谈到金泽，华为是绕不过去的话题。坊间关于华为研发中心落地金泽有很多说法，请您介绍一下华为落户金泽的经过？华为的到来，将给金泽带来哪些变化？

孙茂：华为青浦研发中心能选择落地金泽，我想首要因素应该是华为看中了我们金泽的生态环境禀赋，觉得这里的地理位置、生态环境和华为在松山湖的总部类似，这样的生态与华为发展匹配度非常高。其次金泽地理位置优越，金泽紧邻江苏、浙江，营商环境良好，交通方便,距离上海虹桥机场仅四十分钟车程。

2020 年 9 月 27 号,华为研发中心奠基,现在已经进入了施工期,整个工期是三年,也就是 2023 年完工。

随着华为的到来,金泽的变化主要体现在,一是高端人才的导入。华为青浦研发中心总建设用地 2 400 多亩,建筑总面积约 187 多万平米,总投资 100 多亿元,建成之后将导入 3 万余名科研人才,金泽由"西劳东输"的镇成为"东才西进"的人才集聚镇。

二是科技产业的发展。华为的到来,为金泽的产业发展注入了新动力,指明了新方向。华为研发中心以西,我们将打造成为西岑科创中心,占地约 3 000 亩,在这里同华为一起发展高端信息技术等产业,这个科创中心将打造成为长三角示范区重要的创新产业集群。我们期待未来华为的上下游企业都能选择这个科创中心,比如半导体研发设计总部、物联网总部、无线网总部都能落户在这个中心。

三是基础设施的提升。华为的到来,会使金泽的基础设置建设有一个大的飞跃。上海的轨交 17 号线延长线已经明确在西岑设站,华为周边还将建造交通集散枢纽,为了让华为高质量发展,相应的服务配套是必不可少,目前相关规划和建设都已经在有序进行,这些基础设施的建设,也进一步方便了我们老百姓的生活。

澎湃新闻:2020 年政府工作报告提到,要利用华为"金字招牌",瞄准相关产业有针对性地招商引资。请您介绍一下将如何针对性地招商引资?

孙茂:华为来了以后,好多企业都来跟我们对接。其中,文旅产业比较多。比如有一家企业想把一个村打造成华为的后花园,休闲娱乐的场所，给华为员工提供生活上的配套。当然，也有一些企业还没想好具体怎么做，就先来想在示范区里占一块地，那对于这样的企业我们会加以限制。又比如有一家智能化企业 2019 年跟我们签订了落户协议，之后会将总部从北京搬到西岑科创中心。这家企业主营业务是智慧化和智能化媒体展示，可以为华为做配套。

不仅仅是企业，现在很多名牌高校也频繁来金泽考察，也有意向在金泽这片热土上建设自己的分校区。这些名校表示，考虑来金泽建校，一方面是这里面向长三角，另一方面就是在工科等学术研究上为了更好地和华为研发中心合作交流，而华为对工科生的需求也很大，芯片、半导体的研发制造，都离不开工科人才。

水源地金泽如何为上海市民提供放心的饮用水

澎湃新闻：金泽是上海的水源地之一，如何在大规模发展产业的同时，保护好金泽的生态环境？

孙茂：前面也提到，水域面积占整个金泽镇域面积的 25％，其中金泽水库是一级水源保护区，淀山湖周边是二级水源保护区。金泽这些年通过产业结构调整、工业企业拆除等一系列工作，减少了保护区内的企业排污口，保证了水源地的水质达标，具体说来，包含以下几个方面：

一是产业结构调整。对于一些技术含量低的、劳动密集型的企业进行优化调整。对于生产设备落后、环境污染严重的二级水源保护区内企业，实行清退，关停。

二是禁止围网。有河有湖的地方，肯定有渔民。我们对渔民的要求是可以在捕鱼期内捕鱼，但严禁围网，防止破坏河内鱼群可持续生长链。

三是取缔无证的堆场、码头。这些地方堆放大量水泥、黄沙没有行业标准及堆放条件，引起的扬尘不但污染空气环境，还将影响水源。

四是河道的疏浚和保洁。这方面我们最棘手的问题是夏天蓝藻的爆发，但是我们通过河长制巡河，切实担负起保卫河道的责任，加强打捞频次，加大打捞力度。我基本一个月要去巡河两三次，我去的都是一般人很少关注的小河。这种小河的水质如果是干净的，那主要河道的水质也一定有保障。

举措多管齐下，我们金泽的水质就能越来越好，上海市民的饮用水安全才有保障。

澎湃新闻：成为先行启动区一年来，金泽镇发生了哪些变化？又遇到了哪些堵点和困难？

孙茂：第一个变化是快节奏，高显示。各项工作都进入了快车道，工作节奏比原来快很多，所有的工作都是围绕长三角一体化示范区的打造在进行。项目建设和开发的速度也变快了。比如"江南庭院、水乡客厅"现在已经进入了最后的国际招标阶段；元荡生态岸线贯通示范段进入收尾阶段；连接青浦、吴江两地的东航路新改建工程即将通车；2020年全面升级的环意长三角公开赛将很快亮相"青嘉吴"，其中三分之一路线在金泽范围内。

第二个变化是社会管理水平提高了。金泽从上海最西边的小镇，其他长三角一体化发展示范区的中心点，金泽承接示范区红利的各项能力得到了提升，治理水平进一步创新，管理标准逐步优化，环境整洁程度也不输市区。前面提到的西岑科创中心，几年前那一带环境还不是很理想，现在去看，感受就大不一样。

第三个变化是老百姓对金泽的未来有了更多的期待。听说华为等高端企业、项目要过来，看到这个地方确实要迎来巨大的发展，老百姓都特别高兴，有了盼头。而且示范区很多原先的"断头路"也打通了，让老百姓出行去周边也更方便了，老百姓也应该是地方发展的最直接受益者。

当然堵点也确实存在。

第一是就业问题。这是一项关乎民生的事，金泽迎来大发展的机遇，同时也面临着发展"阵痛期"。由于产业结构调整，二级水源保护等企业关停，致使一部分人员失业，特别是50岁左右的人员，再就业比较困难。如何平衡好发展中的民生问题，需要进一步综合考量。

第二，基础设施建设确实比较薄弱。虽然金泽的环境好，但是想承接大批企业和游客，目前看还有很大挑战。希望示范区执委会和市区一级，对我们能有更多的投入，光靠金泽一地的财政来完成基础设施的更新，还比较困难。

第三，目前镇里的土地比较紧缺。我们现在基本上是通过减量化腾笼换鸟来获得用地指标。面向长三角一体化发展，金泽迎来的是巨大的机遇，我们也将在空间利用的效益上多做提升，让金泽获得更大的发展。

第四，公共配套服务有待完善。目前金泽教育和医疗的资源比较少。特别是医疗,青浦最近在朱家角引入了兰生复旦青浦分校和红房子医院。但从金泽到朱家角,还有一定的距离,百姓就医十分不便。金泽有良好的教学硬件条件,但是距离高质量的教育水平还有一定差距。

近年来,金泽的外来人口不断增加,在带动了经济发展的同时也加大了社会管理的压力。另外,新导入的人口以科创、金融、教育等服务业为主,如何与原有居民更好地融合,也考验我们的社区建设和治理能力。我们要做好整体布局、产业引导、制定规划,运用好市场化机制,更好地担负使命实现发展。

走进西塘：江南贸易史与长三角高质量发展 *

易臻真 **

长三角地区，一直以来都是中国的外贸重镇。近年来，三省一市进一步加强了贸易联动。在 2020 年 6 月召开的长三角地区主要领导座谈会上，沪苏浙皖商务部门签约了长三角国际贸易"单一窗口"合作共建项目。2020 年二季度以来，苏浙沪的外贸数据相继转正。从上半年的经济数据看，合肥、温州、嘉兴等市进出口数据都有不同程度的增长。未来，三省一市将合力打造"一站式"跨境贸易信息服务。

作为明清以来的贸易重镇，长三角地区面对当前复杂的外贸环境，将如何联动求变、应变？嘉兴综保区在成立 10 年后又会有哪些新举措？

2020 年 9 月 27 日，长三角议事厅沙龙走进示范区先行启动区第三场沙龙"走进西塘"邀请到了复旦大学历史系戴鞍钢教授，教育部重点研究基地中国现代城市研究中心主任、华东师大城市发展研究院院长曾刚教授，嘉兴综合保税区 B 区管委会胡水根副主任，共话"大美西塘"。

---

 * 根据沙龙现场内容整理。
 ** 易臻真，华东师范大学城市发展研究院副教授。

戴鞍钢：江南对外贸易源远流长

近代上海从一座县城逐步成长为"江海之通津，东南之都会"。上海跃居贸易首港，成了江南首邑。曾经，上海是实行五口通商的几个港口中行政级别最低的一个，但是上海凭借十六铺和长江口的区位优势，最终脱颖而出，主要原因有以下两点：一是中国被迫卷入世界市场之后，航运由运河慢慢转向了海洋，依附于海；二是上海的对外贸易形成了中国的农副产品和外国的工业品交换、对流、互补互通的关系，也推动了中国经济由内向型转向了外向型。如今上海已经稳坐中国第一贸易港口的位置。据统计，上海港口的贸易总量在全球港口排名第三，仅次于新加坡、伦敦。

江南的对外贸易带来了经济社会的变迁。首先，江南密布的水网为江南和上海的联系提供了非常便捷的通道，经济的重新盘活和洗牌大大推动了江南的对外贸易，这也使得城乡市场、交通、贸易和金融活跃起来。其次，为了消除对外贸易过程中由于商业习惯不同产生的隔阂，一些中国人率先迎接外来的挑战，他们成为中国最早创业的实业家，这就催生了上海新的阶层。再次，与世界接轨的贸易关系其实也是商业意识、创新意识、诚信意识、包容意识发展的过程，也就是与世界通行的商业规则接轨的过程。

因对外贸易而兴港兴市兴城，成为近代上海发展的基本轨迹。它有力地辐射江南各地城乡，活跃其市场、交通、商贸、金融各业，催生新的社会群体、阶层，助推开放、诚信、创新、包容意识和江南传统经济、文化的转型，引领江南在中国率先走向世界，在面对严峻外来挑战中，积极进取，探寻新的生机。这些对今天的长三角一体化都产生了深远影响，也为上海成为长三角龙头城市奠定了基础。

胡水根：把不可能变成可能的嘉兴综保区

目前，长三角三省一市中，上海、浙江、江苏都已有自贸区。嘉兴出口加工区 B 区成立于 2010 年，2015 年经国务院批准，由嘉兴出口加工区 B 区升格为综合保税区，园区有包括富士康在内的 13 家企业。

综保区的精神就是把不可能变成可能。2007 年，富士康落户需要两个必要条件：一要是省级以上开发区；二是要海关特殊监管区。当时的西塘刚刚开发，这两个条件都不具备，所以大家开始想办法：一是从嘉善经济开发区飞地飞出 3.2 平方公里，二是从嘉兴出口加工区飞地飞出 1.65 平方公里，这样我们就具备了引进条件。2015 年，西塘抓住时机，从出口加工区提升为综合保税区，这在整个浙江省里是第一个成功转型的。作为上海自由贸易试验区（嘉善）项目协作区，目前，综保区 B 区已复制上海自贸区成功经验及政策 11 条。

招商引才一直是综保区的一号工程。这两年综保区按照"世界标准，国际眼光"的标准进行招商，还制定了"一二三四五"的工作策略："一"是打造一流的营商环境；"二"是打造两支队伍（第一是招商队伍，主要是招商专员，第二是外援队伍，利用行业的中介、咨询机构、律所、招商引才公司等）；"三"是三张清单，就是产业清单、正面清单和链条清单；"四"是四大政策，即人才政策、科技政策、中介政策和产业政策；"五"是五型经济，即功能型总部经济、特色型服务经济、前沿型数字经济、创新型经济和生态型湖区经济。未来，西塘还将重点打造祥符荡创新中心，目前中心还处在规划阶段，给人才培养、土壤培养留够时间。

曾刚：西塘要力争成为浙江面向未来的新增长极

在上海的"五个中心"（国际经济、金融、贸易、航运和科技创新）建设工作中，上海贸易中心的地位最为显赫。究其原因，一方面得益于本地众多高品味、高消费居民，另一方面更是因为上海拥有广阔的市场腹地和巨大的增长潜力。上海是长三角的龙头城市，地处中国沿长江与沿海两大发展轴线所构成的"T"字交叉结合部，地理位置优越，从而成为中国诞生于工业文明时代的首座现代化都市，更是全球闻名的中外合作桥梁。

西塘处于长三角一小时交通圈的中心位置。嘉善，作为上海到浙江的第一站，直接对接虹桥枢纽，是浙江全面接轨上海的桥头堡，拥有承接上海辐射的天然优势，但如何实现与上海的融合、互动发展呢？建议从以下三方面着手：一是充分利用江南本土文化资源。作为千年古镇，西塘拥有其他地方没有的文化资源优势，在尽可能保护、保留江南文化遗迹、遗存的同时，还应更多关注游客体验及水天一色的江南景观重构工作。二是进一步发展经济，增加古镇活力。利用旅游业以及"三富"（富士康、富通、富顺）企业资源和基础，形成一条扁担挑两头的发展模式，即在西塘古镇的两端形成保税区、现代服务业集聚区并行、"双轮驱动"发展的新格局。三是面向新兴科技。在"特色小镇"的基础上，充分利用5G、物联网技术，做大做强互联网通信小镇，为长三角生态绿色一体化示范区先行启动区及浙江面向未来新增长极建设作出重要贡献。

问题一：在长三角一体化高质量发展的当下，西塘未来会有怎样的发展和机遇？

戴鞍钢：中国国际进口博览会落户上海、上海自贸区临港新片区的成立以及上海首次跻身国际航运中心前三，都为西塘未来的发展提供了很多机遇。即将举办的第三届中国国际进口博览会，对西塘、对嘉兴综保区都是很好的一个契机，承接并放大溢出效应。

曾刚：西塘未来的发展除了要弘扬"乡愁"文化外，还要在"生态绿色"和"创新协同"上更进一步。在目前的国际形势下，阿里云项目、华为研发中心的落地，都应成为西塘产业升级的重要机遇。此外，借鉴欧洲经验，盘活古镇旅游资源，发展会务经济，大幅提升西塘承接、承办大型会议、公司年会的能力，使西塘成为高端商务旅游的新高地。为构成国内循环为主体，国际国内双循环相互促进的新发展格局展现西塘的担当。

问题二：综保区未来的发展与西塘现有资源如何更好互动？

胡水根：嘉善是整个长三角的几何中心，也是嘉兴的政策高地。2020年嘉善正全力打造产值破千亿的临沪智慧产业新区，这股东风让招商团队底气十足。一个月内已经有十几家高科技企业有意愿投资嘉善。招商引资工作,资源很重要,很多优质项目都是以商引商而来。全镇最大的单个外商投资项目——投资 3.5 亿美元的跑先投资有限公司就是以商引商的成果。未来,我们还将继续加大力度、招大引强,2020 年以保税贸易为主的现代服务业为主攻方向,兼顾数字经济产业,力争完成 1 亿美元的年度目标。此外,2020 年,嘉善还要加快推进西塘旅游休闲度假区、长三角科技商务区两大省级现代服务业集聚示范区提质增效。当下,嘉善县正在加快推进西塘镇区景区化建设,其中包括宋城西塘演艺谷、阿里文娱综艺基地等标志性项目正在紧锣密鼓地建设中。

浙江嘉善县西塘镇镇长马红屏谈全域旅游

熊　丰[*]

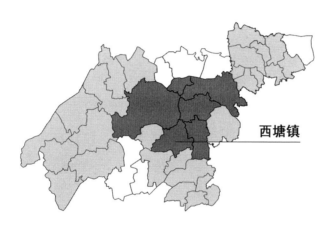

◎ 示范区范围　● 先行启动区范围　○ 协调区范围

● **西塘镇**
　　面积 82.92 平方公里
　　户籍人口 5.7 万人
　　财政收入 6.73 亿元
　　GDP73.87 亿元
　　城镇人均可支配收入 67 380 元
　　农村人均可支配收入 42 178 元

图 1　西塘镇概况

注:以上为 2019 年数据。
资料来源:西塘镇镇政府。

＊　熊丰,澎湃新闻记者。

提及西塘,很容易令人联想到西塘古镇。古镇是西塘的名片,西塘古镇是江南六大古镇之一,2019 年接待游客 1 136 万人次,门票收入 2 亿元,旅游相关收入 35 亿元。在西塘镇党委副书记、镇长马红屏看来,旅游对于西塘的经济发展来说,是锦上添花的产业,是第一、第二、第三产业快速发展的催化剂。

在江南众多的古镇和水乡中,西塘何以脱颖而出? 旅游开发如何改变了当地居民的生活? 西塘未来的产业如何发展? 被纳入一体化示范区先行启动区之后,西塘的发展又面临怎样的机遇和挑战? 带着这些问题,记者于 2020 年 9 月下旬专访了马红屏镇长。

酒吧街自发形成,西塘是"富民旅游"

澎湃新闻:来西塘的游客主要来自哪些地方? 一般在西塘待多久?

马红屏:我们之前一直以为上海的游客最多,后来发现还是浙江最多。浙江很大,很多地方和西塘的景致很不一样,而且并没有这样精致化的古镇。根据我们的统计,浙江的游客来西塘,一般都待两天以上。上海的游客则不少是当天来回,吃完晚饭就回去了。这些年我们的夜游西塘做得很好,很多人愿意留在西塘看夜景。

澎湃新闻:从上海过来,我的感受是公共交通并不是很方便。那么,西塘被纳入一体化先行启动区之后,交通方面会有所优化吗?

马红屏:通苏嘉甬高铁将在西塘穿境,以及 2019 年通车的杭州湾北线高速将在西塘设有出口等，都会改善西塘的交通情况。同时，正在规划的长三角生态绿色一体化示范区（嘉善片区）的三纵三横交通网内还有一条快速路——西塘大道。约10分钟的车程将会让西塘实现和县城的同城化。

有专家说，旅游目的地首先要给游客方便，即大交通的便捷；其次，要给游客"不方便"，即要有好的旅游产品，可以把游客留下来，让游客住下来，比如酒吧、民宿等夜游类产品。

澎湃新闻： 您刚刚也提到了夜游西塘，近年来，"夜间经济"受到了从官方到民间的一致推崇，酒吧和夜生活也一直是西塘旅游的亮点。西塘在"夜间经济"的发展、培育和管理上有哪些独特的经验？每年上千万的游客涌入，是否有让古镇的居民真正从中获益？另外，您认为西塘和乌镇的区别在哪里？

马红屏： 从两方面来说，西塘在历史上就是嘉善第一大镇，更是一个商贸重镇。我是邻镇姚庄人，小时候跟父母赶集就会来西塘。所以，在我记忆里印象最深的是塘东街的热闹与繁荣，布店里夹着结账单的夹子滑过铁丝发出的"唰"的一声，蒸笼里带着竹子味的包子，夏天里解渴的酸梅汤和石板路上叮铃叮铃响的自行车……而随着旅游业的发展，塘东街慢慢形成了现在的酒吧街，和历史上一样，依旧繁荣热闹。

西塘经常会和乌镇拿到一起作对比。乌镇是原居民搬出来，员工搬进去，它是市场化、公司化运作的。西塘是生活着的古镇，原住民有6 000多人，2 600多户人家。2018年底，我们统计发现，在古镇实际居住的居民约4 700人。2016年，我当时担任西塘镇古镇保护与旅游开发管理委员会主任,嘉兴市旅委的领导曾问我,是不是很羡慕乌镇的管理者。我说,如果作为管理者,我喜欢乌镇,因为纯公司化模式有序、开发、发展空间大;作为游客,我喜欢西塘,因为越来越多的游客喜欢西塘这种主客共享式的旅游模式。

民间的自发是一方面,另一方面是政府的筑巢引凤。西塘从1996年开始发展旅游,1997年接待第一批游客,2008年以后,西塘游客人数和旅游收入暴增。这是我们用10年时间积累起来的成果。在这期间,我们做了很多工作,比如拍摄一部好的西塘宣传片,举办旅游小姐大赛、汉服周等活动。西塘的管委会和旅游公司做得最多的是景区的服务和景区环境。

之所以说西塘景区很多商业是自发形成的,是因为我们在这十几年的时间里,通过"筑巢"引来了一些"凤凰"。比如,景区里有一家名字叫"木言木语"的连锁咖啡馆。他们所用的装修装饰材料都是木头。起初主要是老板本人有哮喘,后来因为效仿跟风,这样风格的店铺竟然多了起来。

如果我去一个地方旅游,我不希望去看人造博物馆,而是更喜欢西塘这种主客共享式的景区。我有个朋友,每年都会悄悄来几次西塘。有一次来没订到房间,在一家饭店吃完饭后,老板娘收留他在自家阁楼上住了一晚。他第二天离开时给我打电话,我当时因不知情而感觉很内疚,而他却说很喜欢这种无意中的待遇,这大概就是我们说的主客共享模式了吧。为什么别人说在西塘可以来一次"邂逅",可能就是因为这些无意中的"产品"都不是景区设计好的,所以来西塘是可以有惊喜的。

至于说西塘的居民，那一定是从旅游中受益的。西塘古镇景区里，原住民和外来人口的比例大概是四六开，古镇里面有一万多人，原住民有 4 700 人左右。西塘旅游发展带给西塘的利好是有目共睹的，但西塘旅游更是富民旅游，可谓取之于民、用之于民。门票收入只是一小部分，主要用于景区的维护和运营。依然居住在景区内的居民有成为经营户的，也有自己离开了把房子租给经营户的，这些都是因旅游发展产生的相关收入。

"一年出形象，三年大变样"

澎湃新闻： 2020 年十一假期你们对于游客量有预估吗？

马红屏： 我们觉得游客不会少，所以最近在抓紧建停车场。其实西塘有一个天然的不利，就是停车场离景区有一段距离，需要步行进入景区，目前的城镇基础又无法建地下停车场。长三角一体化上升为国家战略后，作为先行启动区中的一个镇，嘉善县委提出了"半年拉框架、全启动，一年出形象，三年大变样"。我们将于三年内投资 185.6 亿元建设 112 个项目，全面提升全镇基础设施，其中也包括停车场的改造以及智慧停车项目的建设。

澎湃新闻： 您说的"一年出形象，三年大变样"，这里面涉及很多规划上的问题，这是启动区之后重新制定的规划吗？马上年底就到了，西塘在形象上有什么大的改变吗？

马红屏： 现在还是在原来 2005—2025 年的城镇总体规划的基础

上建设的。接下去,我们要做的是以大视野谋划大格局,做好全域秀美的文章。

我们是一个江南水乡,重点应该是城乡统筹发展。城乡统筹首先要把农民的地集中起来,我们现在的流转率已经超过了97%;其次是把村级工业园区集中到镇一级工业园区,这两年,我们已经腾退了低小散村企;再次要把农村人口集中到城镇来,实现更高城镇化率。我理解,这就是城乡统筹的主要目标。西塘共有13 700户农户,这两年通过农房集聚项目已经集聚了4 700户,接下来我们的目标是再集聚6 000—7 000户。这同时也是一体化的要求。

澎湃新闻:您刚刚提到了村民和企业,一体化都直接影响了他们的生活,他们对一体化的满意度如何?

马红屏:农民对于一体化还谈不上满意度,更多是一种憧憬。现在老百姓理解的一体化可能就是一样化,他们认为"以后我们和上海一样了"。现在老百姓对一体化的渴望还停留在:未来我的孩子考复旦,分数是不是跟上海考生一样了;城乡养老保险政策苏浙沪是不是也要一样,等等。目前他们最直观的一个感受可能是,通往黎里的路不收费了。但未来一体化发展究竟能给他们带来什么,他们需要通过我们的建设来感受,就像中共中央办公厅领导来西塘调研时强调的,深圳用了40年有了今天的面貌,那我们一体化示范区需要多少年能超越呢? 15年,因为长三角的基础比深圳40年前的小渔村好,未来的发展速度也会比这40年快。

澎湃新闻:先行启动区"三年大变样",怎么变? 未来的西塘会变成什么样?

马红屏：作为一名镇长我无法独自回答这个问题，这需要整个先行启动区一起谋划、建设。我的理解是，首先是规划，国土空间规划、交通规划、产业规划；其次是建设，以规划引领下好"先手棋"，确保启动区三年有大的变化。

澎湃新闻：根据《长三角生态绿色一体化发展示范区总体方案》，五镇基本都是围绕科创、生态、旅游做文章，长三角一体化重要的一点就是解决产业同质化发展的问题。作为先行启动区的一个镇，西塘如何实现差异化发展？

马红屏：嘉善的发展方向应该就是城乡统筹发展，做好全域秀美的文章。将来，大家到了青浦看的是华为科创小镇，到了黎里就看汾湖高新区，那么到西塘看什么，应该就是按照县委县府的要求，看全域秀美，当然未来还有祥符荡科创中心。产业是在先行启动区五个镇呈块状分布的，而不是一个镇样样俱全。

一体化的痛点与堵点

澎湃新闻：西塘镇成为先行启动区这一年来，作为镇长，您遇到了哪些困难，您觉得有哪些问题是最迫切需要解决的？

马红屏：我觉得有三个方面。

第一，是建设期的阵痛，我们能否包容和理解发展过程中的阵痛。之前有个活动，我说的第一句话就是"很抱歉，现在的西塘就是一个大工地"。因为西塘的城镇基础和我们的期待之间存在很大差异，而补上这个落差的建设过程，就是一个阵痛期。

第二，是资金，基础设施建设需要大量资金投入。仅全域秀美一期16个项目就要投入13.78亿元。2020年省政府已经给嘉善增加专项资金和专项债，但建设资金还是短缺的。所以在专项债方面，我希望也可以实现"一体化"，而不再是仅限于浙江省的"额度"内分配。

第三，建设的速度跟不上我们要出形象的时间要求。浙江的干部都很能吃苦，这一年来我们已经不是"5＋2""白加黑"，已经是"7＋7"，一周7天的白天加7天的晚上。但即便如此，很多事情也还是来不及做，西塘旅游发展花了20多年，要在一年、三年里出形象、大变样真的很不容易。很多招标、审批流程都需要时间，所以建设任务非常重。现在基层面临的压力其实特别大，所以很多干部都不愿意来乡镇。

澎湃新闻：在您看来，西塘被纳入启动区的这一年来，最大的变化是什么？

马红屏：这一年，西塘就像赶车一样，被鞭子抽着走，超常规速度地建设、发展。还有，经过一年的锻炼，干部的视野开阔了，原来我们只以一个镇的角度来想问题，现在不一样了，会上升到更高层次，甚至是国家层面去想一些问题。拿我自己来说，一开始参加各类调研座谈会，讲的问题都非常小，提的建议也比较片面。后来发现自己的格局太小了，在国家战略下，我们更多应该思考的是人才资源、产业定位、空间规划等，这才是西塘未来发展的关键。

走进黎里：文化与生态资源价值实现新路径[*]

易臻真[**]

在面临百年未有之大变局的当下，坚持绿色发展理念，发掘文化传统、生态资源的重要价值，是实现乡村振兴、城镇可持续发展的重要途径。

"十四五"期间，如何充分开发利用文化与生态资源，推动宜居宜业现代化新城建设工作？

2020年11月22日，长三角议事厅沙龙走进一体化示范区先行启动区第四场在江苏省苏州市吴江区黎里镇举办。沙龙邀请了中科院南京地理与湖泊研究所二级研究员、中国科学院大学资环学院陈雯教授，华东师范大学中国现代城市研究中心主任曾刚教授，安徽省发展改革委长三角处一级主任科员黄宇皎，江苏省苏州市吴江区长三角办公室副主任吴志祥，共话"文化与生态资源价值实现路径"。

陈雯：生态优势如何转化为增长新动能

位于沪苏浙交界处的长三角生态绿色一体化发展示范区，河湖密

---

　* 根据沙龙现场内容整理。
　** 易臻真，华东师范大学城市发展研究院副教授。

布,水域占比高,但地势低洼,水流缓慢,流向多变,这也意味着生态敏感、水环境容量小。过去三四十年,在这片区域发展,特别是建设用地的扩张并不快。针对这种状况,要么为保护水环境选择不发展,要么选择先发展,先污染后治理。显然,这两条路都不应该是示范区要再走的老路。示范区应该试验出一条新道路。除了跨区域的协调机制,包括规划管理、土地管理、财税分享机制等,更要试验如何将生态优势转换成经济价值。

这里有三个概念需要厘清。一是生态价值,它指自然物之间以及自然物对自然系统整体所具有的系统"功能价值";二是生态优势,它指相对稀缺且人类健康、可持续发展所需求的资源而形成的相对比较优势;三是生态产品,它指能带来经济和社会效益的资源和生态环境服务。在不同空间形态中,维持自然生境和生态开敞功能、与保护行为相关一系列产出的"生态品"与代表以建设用地占用为主、资源环境耗竭较大的活动和产出的"工业品"组合配置是不同的。生态品区域性服务功能,具有可贸易、可交换等特质。

现如今,受世界经济深度衰退和防疫常态化影响,经济下行压力增大,必须不断开拓新增长点。面向人民生命健康,成为创新发展的重要方向,长三角不仅要 GDP,还要更高的健康预期寿命,生态环境健康安全是人民生命健康的基本保障。在生产过程中,资源也成为非常重要的投入要素,按照经济学理论,越稀缺的资源,价格越高,长三角已经到了生态资产越来越稀缺、生态资本价值越来越能得到体现的时候。据此,长三角必须发展生态产品。

那么,生态价值如何创造经济价值,这不能仅仅停留在"好风景"上,需要寻求能够兼顾经济发展和生态保护双重目标，推动二者共惠共生的绿色创新思路和路径。具体来说，就是推动生态经济和企业绿色化发展，为有效缓解当前经济和环境双重压力，培育新增长点提供一条新出路和转型新动能。把绿色发展和创新发展结合起来，可能是最适合这一区域的一种发展模式。为此需要加快建立生态产品价值实现机制。让保护修复生态环境获得合理回报，让破坏生态环境付出相应代价。

"生态品"与"工业品"之间的转化有五大场景：一是卖风景，发展旅游业；二是优质水资源空间交易；三是依托生态资源卖房子，增值服务；四是生态农村的高附加值服务，如自然健康农产品与生物多样性生产体验等；五是生态环境治理与服务产业等。

曾刚：让生态、文化资源赋能工业产业升级

长三角是中国经济发展最活跃、开放程度最高、创新能力最强的区域之一，是代表中国参与全球化、彰显国际竞争力的主力军。长三角大规模、快速工业化带来了不错的经济效益，但同时也使文化和生态资源成了稀缺资源。在以国内大循环为主体、国内国际双循环相互促进加快形成新发展格局的过程中，依托自身资源优势、创新能力、内生增长十分关键和重要。同时，地域文化特质也极为重要。在不同文化特质区实施同一政策，其发展绩效会有很大的不同。包容性越强的地区，汇集资源的能力会越强，对外互动合作的伙伴就越多，综合发展水平就越高。

在后工业时代，工业基础扎实，产业升级必须依托优质生态环境

的支撑。华为全球研发中心选址上海青浦就是看中了青浦淀山湖畔良好的生态环境。纵观历史，产业发展经历了从早期的低成本到目前的高科技的发展过程，高科技催生了研发产业的成长。而研发产业的发展离不开高品质的生态环境。苏州吴江是长三角核心区水域面积最大、占土地纵面比例最高的城区之一，生态资源丰富，生态服务潜在价值巨大。加上吴江是灿烂江南文化的传承者之一，包容文化与优质生态的空间组合极佳，在工业文明向生态文明跃升的关键时期，如何让生态、文化资源赋能产业升级？

第一，要厘清一体化发展的思路和步骤。在明确长三角区域一体化发展国家战略的重大意义后，就需要加大宣传力度，统一思想认识，树立正确的主流认知。尔后，应该开展系统设计，制订行动方案，建立利益分享机制，改革督查制度。主流认知、系统设计、行动方案、分享机制、督查制度这五个环节环环相扣，缺一不可。

第二，构建协作互动共赢的发展共同体。根据百年未有之大变局的新特点，助推全球创新网络、全球产业链向区域创新系统、地方产业集群转变，是解决中国发展不平衡、不充分问题的关键。土地、劳动力、资本三大区域经济增长传统要素的传统经济学认知已难以解释当今全球经济活动现象。还需要关注技术、数字、关系三大区域经济增长现代要素。从美国等西方国家对华为的刻意打压就可以看出，世界各国争夺全球数字资源，特别是争夺数字资源控制权的竞争十分激烈，全球合作向全球竞争的态势日趋明显。为了弥补全球竞争带来的不利影响，长三角各地迫切需要落实中央关于区域一体化发展的战略布局，各扬所长，协同合作，携手向高质量发展目标迈进。

第三，提高规划方案的专业化水平。高水平的规划方案源自专业化机构，城市及区域发展规划应由第三方专业机构来制定。同时，长三角要实现可持续发展，要注意动员社会力量、市场力量的广泛参与。所谓"一个人走得快，一群人走得远"。长三角高质量发展的远大目标，只能通过一体化才能实现。

第四，建立本土文化、生态资源的联合开发机制。为了实现长三角各类资源的联合开发、收益共享的目标，首先必须开展本土资源价值的全面调查和系统评估。欧洲莱茵河流域9个国家成功合作的经验表明，开展莱茵河流域资源状况全面系统调查、综合评估，制定上中下游联合保护、联合开发合作机制，是莱茵河建立共担责任、共享利益机制的关键。欧洲莱茵河流域协同发展经验为破解我国长三角地区生态补偿机制难题提供了有益的启示。

黄宇皎：长三角区域合作办公室生态保护的三大要务

长三角区域合作办公室（以下简称"长三办"）于2018年1月成立，首批15名工作人员，大部分来自沪苏浙皖发改委和系统单位，长三办依托"上下联动，统分结合，三级运作，各司其职"的运作机制，通过15个专题组（包括交通、环保、能源、公共卫生、教育、医疗、商务、金融、科创产业等）具体推动各项工作，并牵头承办每年的主要领导座谈会和长三角城市经济协调会全体会议。长三角一体化发展是习近平总书记亲自谋划、亲自部署、亲自推动的国家战略，三年来，长三办参与并完成了 69 个创新机制，签署了 132 项合作协议，建设了 67 个合作平台，制定了 56 项规划和相关的政策，切实推进了三省一市和 41 个城市之间的合作与发展。

生态环保领域，长三办正在推进三大重点工作：一是推动长江经济带高质量发展，使长江经济带成为中国生态优先绿色发展主战场、畅通国内国际双循环主动脉、引领经济高质量发展主力军。二是长三角区域环境协同防治。现在长江生态保护采取一票否决制，国家各层面会有很多督查，也出台了很多政策，包括长江生态廊道的建设和保护；三省一市成立大气、水污染联防联治领导小组，定期召开工作会议，编制信用联合奖惩合作备忘录，对长江沿岸一些严重的失信行为联合惩戒，列入黑名单。三是协同推进生态环境的协同监管及补偿机制。如新安江—千岛湖生态补偿，自 2012 年开始试点，如今已经进行到第三轮，取得了一定的积极效应。

如今，长三办已从最初的 15 人扩容到 22 人，致力于做好长三角一体化发展各领域的协调工作。长三角生态绿色一体化发展示范区是绿色生态协调发展的重点领域。

吴志祥：构建更富韧性、更健康有活力、可持续发展的完整生态系统

今天的主题是文化与生态。文化，指"以文化之"，代表人类文明对人类自身的影响，以及人类如何创新文明，取得文明的进展和发展。

我们必须深入思考：人类未来如何以一种更富韧性、更健康和有活力的可持续发展方式，实现更好的生产方式、生活方式转型，实现人与自然的和谐共生。在挖掘传统文化精髓的同时，也要与时俱进，注重和先进的现代文明相结合，实现古今文化交辉相应，既有很好的传承，也有更好的发展。好的文化氛围和环境对区域发展至关重要，吴江有很好的人文底蕴，"乐居吴江"深入人心。"江南何处好？乐居在吴江！"吴江人发自内心地热爱自己的家乡，努力共同建设好未来的美好生活。

生态，生是生命，态是状态，是体系。生态系统的完整性、系统性和自我净化、自我更新能力是非常重要的。山、水、林、田、湖、草，包括我们人类在内，构成了一个生命共同体，人与自然和谐共生，是一个很好的生态系统。这需要我们有敬畏之心，有仁爱之心，有悲悯之心。例如，水体，它也是一个生命体，有较强的自我净化能力，只要不超过水体的承载能力，它就是源头活水；而黑臭水体超过了水体承载能力，它实际上是"水"的"尸体"，失去了基本的水体自我净化能力。

好的文化可以影响生态文明建设。在一体化示范区需要有更多哲学家、思想家、作家、演员等文化工作者参与，以构建人类命运共同体、建设山水林田湖草生命共同体的思想文化，努力形成强大的思想共识，来共同建设我们的美好家园。

问题：文化、生态资源的价值实现过程中，创新创意如何体现和参与？

陈雯：除了一些制度和技术的创新之外，在衣食住行方面，我们还有很多改进的地方，有很多增长潜力空间。比如，示范区有大量水面，可以做一些高附加值的生态养殖，可以进一步做食品的深加工和生物技术的应用产品。我们在江苏省句容市茅山风景区的陈庄做了一个知识乡村实验，用营养液和微生物加农家肥种出来的蔬菜很自然，产量很高。如果可以在黎里古镇上租房做"厨房教室"，同时展示特色农产品也非常不错，还可以拓展康养等服务。这里其实可以有很多创新、创意结合的点子，小点子慢慢发酵，或许可以带出一个大产业。

此外，文化产业的价值不仅仅在于产品本身，在于对其他产业的增值作用。这其中最需要的就是创意。如何让走进古镇的游客们心甘情愿地掏腰包，这里有很多工作，包括培训当地居民等。这些点子要因地制宜，不可以照搬全抄。理念可以相互学习，但具体创意则应该是独一无二的。在这方面，政府也可以有所作为。比如可以成立绿色产业基金，这笔基金可以用来进行产业培训、产业咨询。大家可以一起努力，找到盈利点。另外，政府也可以在构建绿色创新的科学技术研究、构建绿色财政和金融支持体系等方面有所作为。

曾刚：长三角生态绿色一体化示范区，对于全国来讲，面积很小，但折射出的问题却很大。早期的城乡关系是对立的二元竞争关系，现在正走向城乡互动合作的一元融合关系。适时将政府支持发展的重点从大都市向县城转移是中央关于空间发展的新思路。因此，有必要借鉴发达国家和地区的成功经验，以饱满的热情，迎接乡村发展新机会，充分挖掘、利用区域文化、生态资源，实现中国的乡村振兴和中华民族伟大复兴。但必须指出，在此过程中，应该注意发挥政府的主导作用，但切忌政府"用力过猛"、过度干预和完全控制。建议通过设立公共基金、创建社会多元参与新机制，来解决建设资金不足、社会分配不公的问题。

江苏苏州黎里镇镇长张炳高谈
与上海同城化发展

熊　丰[*]

◐ 示范区范围　● 先行启动区范围　○ 协调区范围

● **黎里镇**
　　面积 258 平方公里
　　户籍人口 14.3 万人
　　财政收入 28.87 亿元
　　GDP304 亿元
　　人均可支配收入 57 520 元

图 1　黎里镇概况

注:以上为 2019 年数据
资料来源:黎里镇镇政府

---

*　熊丰,澎湃新闻记者。

记者先前在上海青浦区金泽镇采访时发现，每逢周末，当地人总爱相约去汾湖购物，因为汾湖"高大上"且只需要十多分钟的车程。当地人口中的"汾湖"实际上指的是黎里。黎里，位于江苏省苏州市吴江区，是典型的江南商业重镇，自南宋建镇至今已有893年的历史。江苏省的四个世界五百强企业，有两个位于黎里所隶属的吴江区，吴江是江苏民营经济的领头羊。

在黎里，有省级经济开发区——汾湖高新技术产业开发区（简称"汾湖高新区"），汾湖高新区和黎里镇之间采取的是"区镇合一，以区为主"的管理模式。

那么，汾湖与黎里镇之间缘何会采取"区镇合一，以区为主"的模式？汾湖如何利用与上海接壤的区位优势成功地发展了经济？一体化给汾湖带来了怎样的机遇？带着这些问题，2020年10月，记者专访了吴江区副区长、汾湖高新区党工委副书记、汾湖高新区管委会主任、黎里镇人民政府镇长张炳高。

"两套牌子，一套班子"

澎湃新闻：汾湖高新区和黎里镇之间采取的是一种"区镇合一，以区为主"管理模式，请您详细介绍下这种模式？

张炳高："区镇合一"体制，是指在经济园区与乡镇之间突破行政区域的限制，通过整合政府职能、促进区域融合，实现功能互补、统筹发展的一种行政管理模式。不仅是汾湖，整个吴江都是"区镇合一"的模式。比如汾湖是 2008 年前后和黎里区镇合一。简单地说,就是"两套牌子,一套班子"。

这种模式首先是精简人员。其次,坚持高点定位,科学规划布局。高新区集约资源"做加法",主要负责经济发展和招商引资;镇作为行政机构"做减法",主要承担社会管理的职能。在征地、拆迁、编制财政预算、制定执行法律法规等领域,区镇携手,各司其职。

澎湃新闻:未来沪苏湖铁路与通苏嘉甬铁路会在黎里交汇,也就是建立未来的苏州南站。黎里将如何利用长三角区域枢纽中心的区位条件发展经济?

张炳高:汾湖将来设立苏州南站,成为整个示范区当中最核心的交通枢纽。这样的区位条件对黎里未来的发展至关重要。

作为两条高铁的交会点,苏州南站标志着汾湖乃至整个吴江从运河时代到太湖时代再到高铁时代的转变。但这两条高铁在汾湖的交汇,其意义远不止通勤便利。

沪苏湖铁路已于 2020 年 6 月 5 号正式开工,它的开通对浙江北部、安徽的拉动作用都很大。对汾湖来说,最重要的意义在于极大地推动了汾湖和上海的一体化发展。

汾湖有句话:五分钟走遍苏浙沪。从汾湖开车到虹桥枢纽,只要40 分钟。但是如果从虹桥枢纽开车去上海市区就很不方便,上下班高峰时段可能会拥堵,外地车牌也有很多限制。但如果到了虹桥枢纽以后,可以方便地坐地铁出行,到市区的时间就有了保障。苏州南站和沪苏湖铁路的建设,为汾湖引入更多的人才创造了优势条件。

人才选择留在上海,除了看中工资待遇和就业机会以外,还有完善的生活配套设施,如高端餐饮、娱乐、教育、演出等场馆设施,吴江和汾湖的配套设施目前还没有上海这么完善。但沪苏湖铁路开通后,完全可以实现无缝对接。从苏州南站坐高铁,20分钟就能到达虹桥枢纽,之后再乘坐地铁,可以到达上海的各个地方。而通苏嘉甬铁路未来将成为江苏省的大动脉。通车之后,苏州乃至整个江苏的南北资源要素流通都会大大加快。目前,从吴江去北京,须先绕道南京,再到济南,通苏嘉甬铁路开通后,往北可以直达,往南也不用再绕道上海。

我认为,高铁承载的不仅仅是人,还有信息和资金。除了带来便捷交通,高铁还将有利于集聚人才、资金等要素资源。汾湖今后的发展,很大程度要依托高铁来吸引人才和资金,作为先行启动区的一部分,未来要依托高铁资源,发展以生态为底色的科创产业,这既是国家战略的要求,也是产业转型的需要。

许昆林书记来苏州以后,强调苏州未来的发展要"对接上海,接轨上海,融入上海"。未来吴江的发展,关键在于吸纳上海外溢的人才、智力资源。

从江苏民营经济的"领头羊"到新型半导体产业重镇

澎湃新闻: 您刚刚也提到了产业的转型升级,新型半导体产业和高端智能装备是黎里未来的主导产业,为什么会选择这两个产业作为主导产业?

张炳高: 转型是基于现有的基础,在产业层级上进行升级。在汾湖现有的产业中，基础最好的是高端装备制造，尤其以电梯为代表。吴江占全国电梯产量的六分之一。其中康力电梯是中国电梯业第一家上市企业，也是唯一位列全球前十的中国电梯品牌。

选择新型半导体产业作为主导产业，一方面是国家产业战略安全的需要，防止被国外"卡脖子"。另一方面是因为有龙头企业的带动，近年引进的英诺赛科，可能会成为全球最大的量产八英寸硅基氮化镓芯片的厂家，应用前景十分广阔。

首先是新型功率器件的绿色节能效应，比如在 5G 通信领域的应用。现在 5G 的大规模普及遇到了难题：一是现有需要 5G 运行的应用场景还不够多，市场潜力有待挖掘；二是 5G 基站能耗太大，同一基站下，5G 的能耗是 4G 的 4 倍。而英诺赛科的产品恰恰能解决这些问题，英诺赛科研发的硅基氮化镓芯片，能耗可以节约至少 25％。这对于国家来说，能极大地节省能源，也完全符合我们示范区生态绿色产业的导向。

其次是电子产品。传统的充电器速度慢、体积大，而使用英诺赛科氮化镓芯片的新型充电器，充电迅速、体积小巧。充满电从原有的 3—4 个小时到现在的半小时，对当今社会来讲是极大的效率提升。

再者是新基建。新基建离不开大数据支撑，接下来我们大力发展的数据中心是高能耗的，而英诺赛科的产品能大大降低能耗，大有用武之地。

澎湃新闻：英诺赛科这个新型半导体龙头项目是如何落户汾湖的？对于整个产业链的招商又有何带动？

张炳高：企业选择落户，主要有以下几个因素，第一是地理位置。

企业需要考虑产品的销售,哪里有市场有需求,便于形成销售网络。吴江有句老话,"上有天堂,下有苏杭,中间是吴江"。从地理位置上来说,汾湖就处在上海都市圈内,但在汾湖创业的成本比上海要低很多。

第二是营商环境,汾湖乃至长三角地区的营商环境走在了全国的前列。这也是长三角地区民营企业强势发展,以及能够吸引到大量外商投资的重要因素。

至于招商方面,英诺赛科的到来对当地产业链的完善有非常大的帮助,但这也让我们的招商压力变得更大了。英诺赛科到来前,可选择的产业多,现在瞄准了新型半导体产业这个高端"赛道",反而选择余地小了。招商引资时,规划一定要有前瞻性,不能将可用的空间全都占满,一定要有留白,这样,一个城市的产业才有可能更新和可持续发展。

澎湃新闻:您前面也提到康力电梯,它是全球十强电梯品牌中唯一的中国品牌,而汾湖高新区是康力电梯的总部所在地。康力电梯为什么会选择汾湖作为总部?如今的康力电梯和装备制造业又面临怎样的转型?

张炳高:吴江是江苏民营经济的"领头羊",汾湖更是其中的佼佼者。康力电梯,生于斯,长于斯,亦获益于斯。

江苏有四个世界五百强企业,一个在南京(苏宁易购),剩下三个都在苏州,其中有两个在吴江(恒力集团、盛虹控股),而且在一个镇上。所以,相信只要政府继续保持一流的营商环境、高质量服务,康力电梯无疑会扎根汾湖并不断壮大、提升,推动汾湖的发展。

另外,从电梯产业链角度来说,以 2019 年为例,全国制造、出厂电梯量超过 100 万台,吴江就占六分之一,约 13 万台,相关的产业配套,基本都在吴江,这也是康力电梯深耕汾湖的重要原因。

至于产业转型、升级、提档,这是包括康力电梯在内的诸多制造企业所面临的共性问题,毋庸置疑,传统产业的转型,必须以数字化为突破口。吴江区政府正在打造一个中车超级工厂,目的就是把现有企业集中集聚起来,转型升级。项目初定于 2020 年 11 月 9 日开工。

以电梯产业为例,汾湖有 200 家大大小小的电梯企业,既有整机生产,也有零配件供应,这些企业的占地面积大概在 3 000 亩左右。我们需要把土地资源腾出来,把整个产业链整合起来,才能在更高层面实现转型升级。

改革开放以后形成的"苏南模式",即兴办乡镇企业,"村村点火,处处冒烟"。有了乡镇工业的探索和培育,才有后来的开发区模式。但现在开发区的模式遇到了瓶颈,很重要一点就是产城分离,导致人口潮汐式流动。白天居民区是空城,晚上生产区是空城,资源错配严重。

所以当前我们正在积极打造产业社区,产业社区里的产业,不是传统的工业制造。如果旁边就是工厂,居民的生活必然会受到很大影响。未来发展的产城融合,一定是 2.5 以上产业[①]的融合。

一体化的机遇与挑战

澎湃新闻:上海西岑科创中心已经揭牌,汾湖发展科创也是既定

---

① 介于第二和第三产业之间的中间产业,既有服务、贸易、结算等第三产业管理中心的职能,又兼备独特的研发中心、核心技术产品的生产中心和现代物流运行服务等第二产业运营的职能。——作者注

方针。汾湖如何发挥自身特色，与拥有华为的西岑科创中心协同发展？

张炳高:科创是一个内涵非常宽泛的概念，作为汾湖，要发挥自身在高端装备制造、新型半导体等产业的基础优势，在科创领域集中优势资源开展重点攻坚。新型半导体产业和高端智能装备作为汾湖的主导产业，必然要做大做强相关产业链，但我们不能局限于此，更要着力引进像康力电梯、英诺赛科这样的龙头企业，进一步发挥好科创潜力，把汾湖的科创产业打造成吴江乃至一体化示范区内的重点亮点。

上海西岑科创中心跟我们不存在同质化竞争的关系，不是长三角一体化吗？一体化不就是避免同质化发展吗？你的就是我的，我的也是你的。如果金泽有了华为，我就要引进中兴来抗衡，这肯定不符合长三角一体化大势，也是资源的浪费、同质化竞争。汾湖的企业，依托华为可以取得技术支持；西岑的研发成果，通过汾湖完善的产业链可以落地投产，这才是长三角一体化的初衷。

在长三角一体化上升为国家战略之前，长三角地区在民间已经开始探索一体化，吴江就是其中的典型代表，早期吴江乡镇企业的发展，有赖于上海工程师每个周末都来提供技术支持，同时，吴江的企业也受益于江浙一带的广阔市场。政府层面来说，吴江和几个毗邻地区的公安、水务等部门，也很早就开始探索一体化联防联控、联合治水了。

澎湃新闻:先行启动区的五镇，基本都有古镇资源，黎里古镇如何能有别于其他江南古镇？

张炳高:古镇的同质化现象较为普遍，各地对古镇的开发，也都遇到了瓶颈。

我之前在震泽古镇工作，当时我们对震泽的定位已不再是文旅小镇，而是产业小镇，这么多年震泽一直致力于打造丝绸小镇。因为有丝绸，有产业，震泽的特色小镇做得有声有色。

但究其本质，古镇一定是自然的、宜居的、宁静的，这样才能体现江南水乡的味道。古镇过分追逐商业化、功利化，反而失去本味。

黎里的深厚文化不仅体现在以柳亚子为代表的名人辈出上，也蕴含在区内 115 条各具特色的弄堂中。同济大学的阮仪三教授一直认为黎里是最好的江南古镇，那么明确古镇定位至关重要。

对于古镇，保护好它的外貌肌理是第一位的。古镇都是祖宗留下来的遗产，传承保护好文化遗产责无旁贷。与此同时，打造好古镇生态是第二位的。在这两个前提下，才能继续探讨如何利用古镇资源。我认为古镇的发展不能操之过急，文旅的培育不是朝夕之功。

澎湃新闻：黎里被纳入先行启动区的这一年来，从上到下感受到了怎样的变化？又有哪些难点和痛点？

张炳高：任何事情，该快则快，该慢则慢。既然是国家战略，必然是滴水穿石的坚持与狮虎搏兔的机敏相结合。

长三角一体化的重中之重，是要将先行启动区 660 平方公里打造好。示范区就是样板区，先行启动区就是样板中的样板，必须要求汾湖比其他地区先走一步、走快一点。经过一年的建设，示范区已经有 100 多项成果，这是我们三地共同探索努力的成果。

比如，市场主体更高效流通，在吴江可以办理上海青浦和浙江嘉善的相关业务。再比如，跨省的公共交通更便捷。原来从吴江去上海，要先在吴江上车，然后在上海的交界处下车，走一段路，再到上海的车站坐车。"示范区一路"等公交路线的开通,使得三地直达成为现实。还有人才互认、异地就医和医保结算,以及联合河湖长制治水等,都在持续推进。三地老百姓会感受到更多更好的一体化红利。

至于痛点,也确实存在。比如示范区的政策红利落地有待探索,三地的资源匹配度也不一样。吴江经济发展相对比较好,但土地资源和用地指标比较紧张,即便有大项目青睐,也需要花大力气去腾退产能落后的企业。再比如财税分成体制,三地各有差异。未来在示范区层面,或许可以就财税分成和分享机制做更多的探索。

走进朱家角：长三角开发区联动的困境与出路[*]

易臻真^{**}

在以国内大循环为主体、国内国际双循环相互促进的新发展格局下，面对其他城市群开发区的强劲追赶之势，长三角城市群开发区借力一体化国家战略，将如何联动发展，优势互补？

2020年12月27日，长三角议事厅·走进示范区先行启动区第五场收官沙龙"走进朱家角"邀请到了上海市开发区协会秘书长、长三角开发区协同发展联盟秘书长杜玉虎，教育部重点研究基地中国现代城市研究中心主任、华东师大城市发展研究院院长曾刚教授，长三角一体化示范区执委会营商与产业组组长、上海市青浦区发展和改革委员会党组书记朱正伟，共议长三角开发区的绿色协同发展。

杜玉虎：开发区做到极致，就是企业在这里成功率比在其他地方高一倍

早在2008年，长三角园区之间的合作就开始了，但在实际发展局

---

* 根据沙龙现场内容整理。
** 易臻真，华东师范大学城市发展研究院副教授。

面和发展成效上并不显著。2020年,我们团队联合了江苏、浙江开发区协会重新进行了一次大规模的深入调研,发现了一些问题,这些问题也引发了我们的思考。

当下,长三角园区合作共建的主要问题表现在以下三方面:一是共建多,共赢少。长三角园区合作的共建利益分享机制还不够完善,大家出发点不一致,主体间欠缺为对方考虑的意识。二是竞争多,合作少。开发区为了自身发展,都想抢夺资源,导致竞争太多,缺乏更高层面的协作引领。三是口号多,动作少。从实际效果来看,共建园区签约落户项目不多,真正从对方园区引入的项目和合作对象的项目都不多。

问题的核心在于三方面:一是合作共建动力不足。一个开发区管委会主任,不会愿意把本区企业搬到其他开发区去,政策文件和考核指标里也没有这项考核。从市场角度看,企业要盈利,只有付出没有收获的事情大家都不愿意做。二是国有市场化主体稀缺。在开发商、园区合作和产业合作中政府色彩过浓。政府是有地域属性的,长三角一体化要运用市场的力量,但目前国有市场化园区开发主体太少了,上海有临港集团,江苏有中新集团(中新苏州工业园区开发集团股份有限公司),其他地方没有拿得出手的开发主体。三是合作共建的扶持政策较少。考核指标是最直接和现实的指挥棒。如果省内园区到省外能加分,比如商务部的考核指标,到外省合作一个园区可以加0.5分,那变化就会非常大。

未来,长三角园区形成协同发展新模式的两大主体思路:一是培育统一理念及政策环境。用产业政策标准来举例,是否可以实现一地认定全长三角通用？例如，高新技术企业资格认定，上海认定后，企业到了江苏、浙江、安徽是否可以直接适用。营商环境也很关键，园区对企业的服务体系和水平、服务意识都有待完善和统一。在行政理念上有也更深层次的差异，越靠近上海越讲服务，越远离上海越讲权威。这种理念体现在日常企业服务和管理中各个细微的层面，让企业非常不适应。二是创新合作模式和分享机制。首先，坚持规划先行，提高合作层次。合作园区不能行政级别太低，因为开发区具有高度行政化色彩，行政级别往往直接决定资源动员能力。其次，坚持市场规律，创新共建机制。政府做好支持服务就可以了，细节让市场和开发主体去做。创新方法合理合法让双方共享利益，比如成立合资公司，按照各自股份分配利益。再次，坚持合作共赢，强化政策支持。政策一定要有，真正要破局，让开发区协同发展，离不开政策支持和引导。

在合作思路的引领下，政府、行业、园区三个层面也能纷纷行动起来。首先，政府的首要任务是创新政策环境。上海所有国有开发区都入驻的是功能性国企，对开发主体有非常大的限制。因此要做强开发主体，长三角国有开发主体是非常强大和有潜力的，在政策层面能够有所创新，一定能激发园区层面的合作动能。其次，从行业发展来看，要努力搭建行业层面一体化组织。通过搭建产业创新平台，让科研成果落地，这就是行业的一体化组织。开发区本质上是产业发展的服务业，行业层面的一体化组织和统一服务标准非常有助于区域一体化水平提升。最后，对于开发区来说，要更加注重营商环境优化和品牌发展。营商环境是指产业、企业和人才的服务，要注重企业服务环境打造，让企业在这里得到成长。开发区做到极致就是企业在这里的成功率比在其他地方高一倍。营商环境服务是开发区的根本。同时,要先把品牌内涵、品牌流程、品牌标准、品牌价值梳理出来,然后再进行标准化改造。

朱正伟:园区合作的三大驱动力

目前,示范区布局的省级以上工业园区有 5 个,分别为上海青浦工业园区、江苏吴江高新技术产业区(盛泽镇)、江苏吴江经济技术开发区以及浙江省嘉善经济技术开发区、浙江中新嘉善现代产业园。中新嘉善现代产业园是典型的合作园区,是由嘉善县与中新苏州工业园区合作共建的。园区合作的三大驱动力也是长三角一体化示范区产业合作的原动力。

一是市场化。示范区之内有没有可能优先实现产业园区的合作,首要问题就是能否有一个非常醒目的品牌对外赋能。如果不构成等次差异,开展合作就存在难度。省部级的开发区和国家级的开发区,在整个园区的管理经验、管理模式、服务规模、水平能力等方面如果存在差异,那么就有合作的可能,有品牌输出的可能。示范区内上海的土地资源紧张,想要实现跨越式发展,必须有更大的视野,需要整体布局。上海的土地成本、人力成本都比吴江、嘉善高,能否形成研发在青浦,整体产业链在示范区的总体布局,这点至关重要。

二是有形的手。各地政府要主动出击,吴江和嘉善可以利用地域优势,主动承接上海的溢出效应。大企业的转移需求,以及周边地区和省市的内生动力，尤其是当地政府的招商引资需求，可以在这方面做对接。同时，目前虹桥区域有 11 个地级市的国际创新园区。他们主要任务不是把产业放在这里，而是要将产业嫁接回去，重启"周末工程师"做法，将好的研发技术成果带回去。这种对接是通过有形手来组织的，不考虑成本控制问题，招揽需要的人才，将技术带回去落地，这就是各扬所长。

三是共同利。示范区在两省一市的交界处，可以一起开发共同组建，整体开发和建设，是大家共建，为共赢共享形成合力。在国家战略下，区域整体合作的招商、运营还有待发展，在政府主导下，以市场为纽带，为了共同利益，才能真正推动合作。

目前这种合作最大的阻力在于八大制度创新中最重要、最有显示度，也是最为困难的一项——财税分享。主要原因在于没有政策引导，同时传统的考核机制使得大家不愿意合作。可喜的是，2020 年上海市国资委迈出了第一步，将合作情况纳入考核指标。如果这个指标成为三省一市的统一考核内容，那一定会拉动国资互投。优化考核机制后，还要完善财政分享机制，经济指标共享。

实现园区合作，必须各扬所长。拉长长板，政府引导，不限制，不齐啬。现在有不少品牌做得不错，这些上市公司对股民负责，看重收益和整体产出。目前，中新嘉善园非常具有活力。长三角产业园合作共建，不妨考虑构建长三角产业园要素共同市场，整合要素资源。例如，土地资源的跨省交易，让土地指标更加有效率地进行资源配置，向好的项目集聚；技术资源共建共享，2020 年会解决科技创新券通兑问题；人才协同发展，这需要的是共建共享人才市场，目前示范区正在做人才协同发展规划。还有市场环境,准入标准、服务标准在示范区内以及长三角地区要统一,这对企业迁移来说是最大的支持。唯有如此,长三角一体化园区合作才会有更大层面、更高力度的体现。

曾刚:同城化和龙头企业将助力长三角园区协同发展

首先,"同城化"对于园区合作发展是机遇也是挑战。"同城效应"的实现必须打破行政边界,通过要素一体化来进一步推进园区建设和发展。当前的一体化中竞争大于合作,要用好同城化这个机会,但是也要谨防优质资源的抢夺和流失。因此,在看到一体化带来发展机会的同时,更要明白一起打拼共谋未来产业发展的艰辛和不易。

其次,要充分发挥龙头企业在区域中远期发展中的主体作用。长三角一体化发展目标明确,如何在市场机制下充分发挥企业在创新驱动中的主体作用显得更为关键。华为青浦基地建设是一体化示范区再上新台阶的绝佳机会。2019年,华为公司研发投资为1 317亿元,比上海市政府研发经费还要多,华为研发投资占销售总额的15%,远远高于2019年上海全社会研发投入占GDP比重的4%。由此可见,如果青浦能够抓住这个机会,将有助于将青浦打造成上海科创中心的示范区。2019年,华为研发团队总共有9万人。根据规划,华为青浦基地至少将导入3万名科研人员。如果青浦区顺势而为,做好对接服务工作,华为青浦基地的溢出、联动效应不容低估,青浦经济面貌有望焕然一新。

最后,我想给青浦新时期发展提出两点建议:一是要大力支持职业技术学院建设与发展。安徽合肥良好的发展态势得益于中德之间技术学院的紧密合作,得益于引进了世界上职业技术培养体系最完整的德国经验。建议青浦抓住人才培养,特别是工匠培育这个关键,拥抱"创新驱动,转型发展"新时代。二是要进一步强化"政产学研一体化"及社区、园区、校区的"三区联动"。建议青浦密切与上海交大等本地理工科大学人员、信息、交通联系,建立工业园区、大学校区、市民社区之间联动机制,畅通知识生产、技术开发、转化应用、收益共享的新链条。

上海青浦区朱家角镇镇长乔惠锋谈特色小镇

熊 丰[*]

朱家角镇

◐ 示范区范围　● 先行启动区范围　○ 协调区范围

● **朱家角镇**
　　面积 138 平方公里
　　户籍人口 9.25 万人
　　财政收入 21.7 亿元
　　GDP86.3 亿元
　　人均可支配收入 5.1 万元

图 1　朱家角镇概况

注:以上为 2019 年数据。

资料来源:朱家角镇镇政府。

---

* 熊丰,澎湃新闻记者。

从上海 17 号线地铁站朱家角站出来，步行不到两分钟就能看到水，在地铁站不远处的泊口，带行李的游客可以乘坐停泊的船去往景点，朱家角镇党委副书记、镇长乔惠锋在接受记者采访时说，这既能让游客体会过去水乡居民的日常生活，也是为了方便游客，给游客更好的旅游体验。

1991 年朱家角镇被上海市政府命名为首批文化名镇，又于 2016 年成为全国首批特色小镇。目前，朱家角镇正在争取创立 5A 景区。此外，与其他临近的江南水乡不同的是，朱家角在发展文旅产业上独辟蹊径选择了"文创＋基金"的特色小镇模式。

朱家角镇，隶属于上海市青浦区，因地处苏浙沪二省一市交通的要枢、拥有便捷的水路交通，曾经也是江南贸易重镇。由于水域面积占镇域面积近 40%，因此生态保护成为当地招商引资的先决条件。在成为先行启动区之后，产业转型升级成为朱家角镇政府工作的重点与难点。

那么，除了古镇旅游，未来，朱家角将如何布局与发展产业？被纳入先行启动区之后，朱家角又将在一体化进程中扮演何种角色？带着这些问题，记者专访了朱家角镇党委副书记、镇长乔惠锋。

"文创＋基金"的模式何以可能

澎湃新闻：朱家角政府最初为什么选择"文创"这个定位，以及打造"文创＋基金"的特色小镇？

乔惠锋：2017 年 1 月，政府出台了朱家角"文创＋基金"特色小镇建设总体实施方案，正式提出打造"文创＋基金"特色小镇的目标和定位。首先一个重要因素是，朱家角是一个江南古镇，所以我们必须承担起继承和发扬传统文化的责任。做文创就是让传统文化"活"起来。文化要有活力，就需要资源加资本的支撑，并且通过市场化来运作。

选择"文创＋基金"的另外一个考量，是因为长三角一体化示范区的定位是生态绿色，很多传统产业因为环保问题不适合在朱家角发展。文创是完全生态绿色的，这样的定位比较符合朱家角今后的发展。

做文创，既要对传统文化进行挖掘和提炼，又要符合市场的需求，还要被大众接受。这条路虽然有难度，但我们一直在坚持。从朱家角开始搞旅游开发，我们就强调文创，至今已经快 20 年了。

此外，朱家角有一定的文创产业氛围和基础。古镇旅游开发之初，就提出了"筑巢引凤"的口号，引进了一大批文化艺术名人工作室，集聚了包括谭盾的《水乐堂》、张军实景园林昆曲《牡丹亭》等精品文化项目，举办了水乡音乐节、水彩画国际双年展等特色节庆活动，其中朱家角水乡音乐节作为上海国际艺术节的重要内容，也是国内首个以水乡开放空间为场地的音乐节，已连续举办 14 年。

澎湃新闻：艺术家和文化产业从业者为什么选择朱家角，政府对文创产业有哪些扶持政策？

乔惠锋：朱家角之所以受到青睐，第一是美在自然生态、舒适宜人。朱家角因水而生、因水而兴，既是一个千年古镇，又是著名的江南水乡，水对于朱家角有着特殊的意义。上海最大的内陆湖——淀山湖就在朱家角,淀山湖相当于 10 个西湖,全镇大小河道共 272 条,水域面积 53.75 平方公里,占镇域面积的 38.94％;全镇绿化覆盖率达到 21.66％,是"全国环境优美镇"。密布的河网,让朱家角形成了典型的江南水乡风貌,不仅风景秀美,而且充满灵性。很多艺术家都表示吸引他们的不仅仅是古镇本身,水的形态对他们也有很大的吸引力,给他们很多创作灵感。

第二是区位优势。朱家角与大都市近在咫尺,紧邻虹桥商务区。比如很多外国人在市区转了一圈以后都表示要来朱家角,想看一些中国传统和有乡土风情的东西。艺术家选择古镇的时候,或许会考虑朱家角和上海的距离交通,市区到朱家角的交通很方便,有"318"国道、高速公路 G50、轨交 17 号线。

第三,朱家角的人文底蕴深厚、文化气息浓郁。古文化和水文化,是朱家角最大的特色。来过朱家角的朋友可能都知道,朱家角古镇九条老街依水傍河,千余栋民宅临河而建,拥有得天独厚的历史文化资源,包括拥有历史建筑 91 处,25 处不可移动历史建筑文物,21 万平方公里的古建筑群。其中重要的宅院府第、祠堂如课植园、大清邮局等共 12 处。

对文创产业发展,我们一直很重视。我们结合文创产业定位、古镇的特征,积极引进一批具有品牌效应的文创平台、文创公司、文创项目,包括一大批大师级工作室。同时,我们尽量在资源、场地等方面为入驻的优质品牌文创企业提供帮助和支持,积极向市委宣传部、市经济和信息化委员会、区文创办公室、区金融办公室等单位争取相应政策,力争在产业政策、租金、税收方面给予一些力所能及的扶持。

从"历史古镇"到"全域水乡"

澎湃新闻:朱家角如何打造有别于其他古镇的江南水乡？在长三角诸多的古镇旅游中,朱家角特色何在？

乔惠锋:这就要提到我们特色小镇建设的目标。我们的目标是打造成为上海建设卓越全球城市的典型示范镇和淀山湖建设世界著名湖区的核心引领镇,从而有别于其他江南水乡的古镇。

朱家角靠近上海最大的淡水湖——淀山湖,也是朱家角最宝贵的资源。市、区都提出了打造世界著名湖区的目标。这对于我们工作提出了非常高的要求。淀山湖属于江苏昆山和上海青浦共有,要打造著名湖区,首先就要努力实现淀山湖岸线贯通,真正地改变临湖不见湖的现状,这需要更高层面,省市级别规划和治理的同步、统一。要打造著名湖区,我们还需要一些平台和载体,比如说,剧院、高档酒店等高端优质资源,规划一定要在一个更高的层级来统筹、编制。

朱家角作为一体化示范区先行启动区,我们要积极承接长三角示范区的各项功能,要实现差异化的发展,打造集医疗、文化、教育、居住于一体的新城。

澎湃新闻:2020 年上半年,受疫情影响,朱家角的旅游受到了一定冲击,现在国内疫情趋于平稳,朱家角的旅游恢复得如何？

乔惠锋:新冠肺炎疫情下,受冲击最大的就是旅游业,朱家角古镇旅游也不例外。受疫情影响,古镇景区直到 2020 年 3 月 20 日重新对外开放,在 6 月份左右室内景点对外开放。景区开放之后,我们按照疫情防控的要求,采取限流措施,每天预约人数不能超过最大承载量的三分之一,从监测的数据看,第二季度古镇旅游接待人次比上年同期下降了 74.53%,当然这也是我们限流的结果。

我们现在最大的举措就是预约制,进行大客流的管控。因为朱家角古镇是不收门票的,原先随时都能进。实行预约制,一方面是基于疫情防控的需要,另一方面也是出于安全隐患的考虑。如果我们不能保障景区本身以及游客的安全,那也无从谈发展旅游。如果单日游客在七八万人,那我们所有的工作人员都要在第一线,要指挥和调度、管控安全秩序,而且游客的旅游体验度也很低。

朱家角景区的核心区域是 0.68 平方公里,现在我们正在创建 5A 级旅游景区,希望把整个旅游区域拓展到 3.08 平方公里的古镇区,一方面是避免客流全部集中在 0.68 平方公里的核心区域,减小管理的压力,另一方面逐步开发各类特色街区,丰富旅游路线和品质。疫情对旅游业造成了很大冲击,但是我们也在积极寻找发展机会,重点是谋划疫情后的古镇发展,我们通过数据对比发现,疫情后,古镇夜间游客同比明显增加,因此我们正在打造和开发古镇夜间经济,希望更多的游客晚上能留下来,让古镇经济更加持续健康良性发展。

澎湃新闻:朱家角镇 2020 年政府工作报告提到,未来将把朱家角景区与整个城镇的发展联动起来,从"历史古镇"走向"全域水乡",对此朱家角政府做了哪些努力?

乔惠锋:青浦区正在积极创建全域旅游示范区,朱家角镇内有朱家角古镇、东方绿舟、张马村 3 个国家 4A 级旅游景区,东方绿舟是全国生态旅游示范区,张马村是全国美丽乡村示范村。

打造"全域水乡",也是乡村振兴的一个重要部分。作为政府来说,现在从上到下,都很重视乡村振兴。乡村振兴首先要有产业,上海市委书记李强来上海以后第一次召开乡村振兴的现场会,就是在朱家角张马村。我对他在会上说的一句话印象很深,他说上海人喜欢去苏浙玩,是因为上海周边提供旅游产品太少了。朱家角除了古镇旅游,也在积极发展乡村旅游,2019 年,在区委、区政府领导下,朱家角开启了沈太路片区乡村振兴示范片区建设,定位就是"与世界对话的中国乡村",实现沈太路沿线 7 个村与古镇旅游的联动发展,形成观光、休闲、娱乐及实践体验于一体的生态旅游产业,让更多城市市民喜爱和欢迎,满足市民游客多样化的旅行需求。

澎湃新闻:这些想法都很有创意,可在实践层面,如何能吸引游客来呢?

乔惠锋:我觉得乡村旅游大有可为。比如,王金村有一个马场,很多市区小朋友可以来学骑马。还有林家村,很多舞蹈家在那里设立工作室,希望能让小朋友们来学舞蹈。类似这样一些尝试,如果今后能做起来,可以游玩消费的点就多了。点多了以后,乡村的吸引力就增加了。目前,我们对沈太路沿线的七个村有了大致的策划方案,就是在原有的基础上,挖掘历史和文化点位,如建新村的人民公社大会堂、林家村的砖窑、张巷村的夏瑞芳故居等现有资源,唤醒历史记忆,打造文化景点。同时,我们也鼓励和调动社会力量参与建设更多的乡村旅游基地,引导村民以江南水乡文化特色提升改造民居庭院、河道两岸,重现桨声灯影的江南水乡景色。现在,我们已经着手做起来了,如果农村的一些政策和体制瓶颈能取得突破，乡村旅游一定大有可为。

澎湃新闻：您刚刚说受到政策上的限制，主要是什么方面的？

乔惠锋：我们现在最大的问题还是空间的问题，主要是耕地红线。农村土地管得很紧，缺乏用地指标。乡村振兴其实有很多社会资本愿意参与，但是积极性并不高。我觉得应该在政策上有一些激励和引导，因为乡村振兴都是重资产项目，实现盈利要很长时间，要用政策给乐于投资农村的企业家吃"定心丸"。对于土地和空间，我们也在积极做一些减量化①，很多地方原来是工厂，把它变成耕地，腾出土地指标来。

为华为研发中心做好生活配套

澎湃新闻：随着地铁 17 号线开通、进博会举办，以及成为先行启动区后，人口导入和商业发展都会加速，朱家角在发展现代商业的过程中如何避免古镇开发的过度商业化？

乔惠锋：发展是在保护基础上的发展，我觉得我们不会出现过度开发。我理解你这个问题，应该说政府如何给当地居民提供基本的公共服务保障，如何让古镇居民与古镇共存？朱家角有 10 万居民，古镇的商业开发自始至终没有把居民迁移出去，我们首先要为他们服务。"人民城市人民建，人民城市为人民"，朱家角镇是由朱家角和沈巷两

---

① 上海市对低效建设用地，如违法工业用地和零散宅基地等，通过拆除复垦等土地整治工作，使之恢复为农用地或生态用地。——作者注

镇合并而来,原来我们的工作重心在朱家角,现在我们也在考虑沈巷集镇还缺什么?是不是还要一个体育公园?或者是社区卫生服务中心,还是养老院?我们正在补足"欠债",让沈巷居民有更好的生活环境。

此外,我们也为外来的游客提供服务保障。我们创建5A级景区,硬件和软件还有哪些不足?这些都在改进。这需要前瞻性的思维,看我们未来要什么,要有更长远发展的视野。

还有我们的民生保障,我们不能仅仅按照现在的规模,要提前谋划。比如未来朱家角人口老龄化的情况或许更加严峻,需要我们建设更多的公益性的养老院。

澎湃新闻:华为在金泽镇的研发中心启用后,预计将引入3万人,主要由朱家角镇去解决这些人口的居住问题,那朱家角镇将如何为华为员工提供生活配套服务?

乔惠锋:我们也和华为做过一些沟通,我也去考察过华为深圳基地。华为是一种社区式的服务,他们自己建立配套生活服务。但一些大的层面,如医疗、教育、商业等需要我们为他们做好配套。近几年,在区委区政府领导下,朱家角先后落户了在建的兰生复旦青浦分校,还有红房子医院、长三角智慧医院等一批高端优质的教育医疗资源,现在又正在引进一家三甲医院,相信未来会有更多优质和高品质的各类资源会集聚朱家角。这些不仅仅是华为的员工,全朱家角居民乃至示范区的市民都可以享受。

澎湃新闻:成为先行启动区一年来,从老百姓到政府工作人员,感觉到了怎样的变化?

乔惠锋：从老百姓来讲，他们对于一体化战略没有特别深刻的理解，可能更多是一些直观的感受，比如华为来了，医院来了，学校来了。对我们政府部门，更多的感受是压力和责任大了。现在选择在朱家角生活、定居的人越来越多。之前很多人在朱家角买了别墅，节假日来休闲一下。现在越来越多人把朱家角作为第一居所，对我们政府的管理提出了更高的要求。原来朱家角是一个郊区镇，但朱家角以后的发展是要按照示范区的城市模式来规划、治理。

澎湃新闻：在青浦的产业发展体系中，朱家角主要承接的是"文旅健康特色产业"功能，是否意味着朱家角未来会把养老当作一个支柱产业？

乔惠锋：当时之所以发展养老产业，因为我们这里生态不错，另外这里是上海的最西边，区位也不错。后来很多养老机构就来了。但是我个人认为养老产业不能成为一个支柱产业，毕竟老年人太多，老龄化太严重，会带来很多社会治理的压力。

澎湃新闻：那朱家角的支柱产业是什么？

乔惠锋：朱家角的主导产业要立足 104 地块，也就是工业园区和古镇这两块。当前我们主要是培育发展新材料、医疗器械、大健康、文创产业。如果能把工业园区老的企业腾笼换鸟，那朱家角的发展就成功了。像文创产业，都是需要时间来培育和扶持的。现在招商比原来好多了，因为成了先行启动区，华为也落户了，再加上朱家角古镇的知名度，这三个牌子的效应，对企业有很大的吸附和带动作用，但是前提是需要我们把土地腾出来承载这些企业。我们要在坚持生态和绿色的前提下，抓紧实施腾笼换鸟，实现更高质量的发展。

澎湃新闻：这一年的工作中，作为基层政府管理者，感受到一体化还有哪些堵点？希望得到哪些支持？

乔惠锋：首先希望能有更多的资金投入，希望能有专项资金来支持启动区的建设。还希望土地资源空间的释放和支持，因为项目引进、产业调整都涉及土地指标。

另外，示范区建设要在功能、产业等方面体现示范性，发挥示范引领作用，凸现示范区的示范意义，希望能在更高层面统筹布局一些体现新发展理念的核心功能和前沿产业，打造高标准、高品质的生活服务环境，打造高质量发展的产业新高地。

第六章

振兴新城之道：
上海"五个新城"建设

上海新城建设 20 年：从卫星城到节点城市

熊 丰[*]

20 世纪 50 年代

上海提出了发展卫星城的城市建设方针，主要是出于"分散一部分小型企业，以减轻市区人口过分集中"的目的，规划了吴泾、闵行、安亭、松江、嘉定五大卫星城。卫星城是上海新城建设的雏形。

20 世纪 70 年代

上海又相继规划了金山卫、吴淞—宝山两大卫星城。卫星城建设的工业色彩浓厚，规模较小、功能单一，不具备独立的城市功能。

---

* 熊丰，澎湃新闻记者。

2001 年

《上海市城市总体规划(1999 年—2020 年)》,取消卫星城,并首次指出了"郊区新城"的概念,提出要集中力量建设新城,规划形成若干个城市功能完善、产业结构合理、2010 年人口规模在 30 万人以上的新城。

《上海市国民经济和社会发展第十个五年计划纲要》,提出加快"一城九镇"的发展。其中"一城"指松江新城,也是市级层面明确的第一个集中建设的郊区新城;"九镇"包括朱家角、安亭、高桥、浦江、罗店、枫泾、周浦、奉城、堡镇九个中心镇,突出旅游、汽车、商贸、港口等特色功能。

《关于上海市促进城镇发展的试点意见》,提出到 2005 年,"一城九镇"开发建设要初具雏形,初步建成与国际大都市相匹配的国内一流的现代化城镇。

2004 年

《关于切实推进"三个集中",加快上海郊区发展的规划纲要》提出,临港新城、嘉定新城含安亭成为城镇体系中的二级城镇,"一城九镇"演变成了"三城七镇"。

2006 年

《上海市国民经济和社会发展第十一个五年规划纲要》提出，"1966"城乡体系规划目标，重点推进嘉定、松江和临港新城建设，加快其他新城的规划与建设。"1966"城乡规划体系是指 1 个中心城、9 个新城、60 个左右新市镇、600 个左右中心村。

2011 年

《上海市国民经济和社会发展第十二个五年规划纲要》首次提出了"产城融合"的概念，特别是优化提升嘉定、松江新城综合功能，建设长三角地区综合性节点城市；加快青浦新城建设，提升产业和居住功能；大力发展浦东南汇新城，建设综合性现代化滨海城市；加快奉贤南桥新城发展，加强功能性开发和提高综合配套水平；与产业结构调整相结合推动金山新城发展；支持崇明城桥新城走特色发展道路。

2016 年

《上海市国民经济和社会发展第十三个五年规划纲要》提出，将松江新城、嘉定新城、青浦新城、南桥新城、南汇新城打造成为长三角城市群综合性节点城市;优化金山新城、城桥新城发展规模,优化人居环境,发展城市个性和特色风貌。

2017 年

《上海市城市总体规划(2017—2035 年)》明确将嘉定、松江、青浦、奉贤、南汇等新城培育成在长三角城市群中具有辐射带动作用的综合性节点城市;金山滨海地区、崇明城桥地区,发展形成相对独立的门户型节点城市。

上海"五个新城"建设的新定位与新理念

熊　丰[*]

中心城区过于拥挤是上海一直面临的问题。在中心城区,上海常住人口密度远高于东京和纽约。数据显示,在以上海市政府为圆心的0—10公里的半径范围,上海人口密度为每平方公里 2.56 万人,每平方公里高出东京 1.24 万人、高出纽约 1.25 万人。一方面,在土地面积只有 600 多平方公里的中心城区集聚着 1 000 万人,另一方面,在土地面积 4 000 多平方公里的远郊区,常住人口只有 400 万,中心区人口密度是远郊区的 10 多倍。

城市人口密度过大,给生态环境、政府治理、居民生活都带来了巨大的压力。新中国成立以来,上海市政府一直试图改变这一状况,从而实现市中心人口和产业的有效转移。

自 2001 年开始,郊区新城建设至今已 20 年。经过 20 年的发展,上海郊区新城还面临哪些问题? 从单一功能,到强调城市综合功能,再到"独立城市",站在"十四五"的新起点上,新城建设在长三角一体化发展的大背景下将有何新契机,又有哪些新挑战?

---

　　* 熊丰,澎湃新闻记者。

带着这些问题,近期,澎湃新闻记者专访了上海社科院区县研究中心的陈建勋主任,2020 年来,他带领的团队对上海的五个新城发展做了深入的调研。

在陈建勋看来,新城的定位从"郊区新城"变为"上海新城",意义重大。郊区新城的建设应成为全市共同的事业,而不仅仅是郊区各区本身的任务。上海未来如果要保住长三角的龙头地位,需要足够的城市空间来承接产业的转移,新城建设的成败,直接关乎到上海未来的发展。

谁的新城

澎湃新闻:如何理解上海对新城的新定位"独立的综合性节点城市"?

陈建勋:"独立"怎么理解?我自己的理解是,独立第一要成规模,新城人口要到 100 万以上,达到二型大城市的标准(城区常住人口规模 100 万—300 万人),每个新城的面积要到 120 平方公里左右。

第二要自我循环,就是产城融合,工作生活都在新城。我看到一份报告,如果每天工作的单程通勤时间在一个半小时以上,会影响正常的家庭生活,因为留给夫妻之间相处的时间太少了。要实现自我循环,需要引入医院、学校等社会资源。

第三是强链接,现在的郊区新城和市区之间,似乎是一种依附关系。未来,资源是链接的,是共享的,而不是单纯的依附,是你离不开我，我也离不开你。昆山、太仓、常熟这些城市与苏州中心城的关系就是资源链接关系，而不是依附关系。

第四是明利责，要在干部管理体制不变的情况下对新城的经济指标单独考核，以此为基础建立干部激励制度。

第五是综合性。综合性首先体现在功能完备，拥有比较完备的生态、社会、经济、服务以及创新功能。其次应该是混序活力城市，表现为形态、业态、人口、功能是混合的，而规划、监管和营商环境则要有序。打造各色人等、各类业态的乐活空间，不能把新城打造成"企业＋宿舍"的单色空间。

除此以外，我还认为要建立大生态体系的观念。

一是绿水青山，这是自然生态。我们的青浦新城、松江新城的绿色空间做得很好，新城要更江南更水乡，新城与中心城市的"钢筋森林"要形成互补，总体风格应为"近绿亲水"。要强调篮网绿道提量增质，在新城与中心城之间建设绿色空间过渡带。

二是产业生态，就是金山银山。新城的产业，既要高大上，也要适合当地的发展。上海既要有高大上的产业，也要重视对传统产业的智能化赋能，数字化改造。举个例子：芭比馒头在松江成了上市公司，原来从青浦搬到南通的周黑鸭，也是上市公司，市值200多亿元。当地产业园的负责人跟我说，可不要小瞧周黑鸭，它的供应链生产链都有人工智能的介入。

三是社会生态，就是民生，教育、医疗、餐饮。这些年我观察到一个现象：一个地方如果社会生态不好，交通越便利，对于一个地方就越是"灭顶之灾"，里面的年轻人都会离开。有的外地地方干部跟我说，在他们那里,高铁通到哪里,那里的年轻人就更容易往外走,当地人口外流更严重,对经济发展不利。

四是人文生态,每个新城需要培育自己的人文特色。比如松江新城和上海之根的关系,嘉定新城和嘉定这座千年古城的关系。每个地方都要有自己人文的亮点,才能培养出对当地的认同感。我在澳大利亚待过,那里自然景致确实很好,但是经常一整天一个人都见不到,人都是社会属性的动物,待久了很难受,对于那里也没有认同感。

五是"节点型城市",第一,应该立足于成为新发展格局下的战略节点。五个新城中,四个都和长三角的产业走廊相连接:G60 科创走廊,途经松江新城;青浦新城是 G50,绿色发展走廊;嘉定新城串联G42,是高端智能制造走廊;南汇新城是沿海的战略性新兴产业走廊。四个新城对应长三角的四条产业走廊,这不就有利于打通国内国际双循环吗? 这是对于节点型城市的宏观描述。

第二,是省际毗邻区域协同发展的节点。长三角一体化国家战略要求推动上海与近沪区域及苏锡常都市圈联动发展,构建上海大都市圈。尤其可以推进嘉昆太毗邻区一体化发展,青浦新城联动嘉善吴江共同打造水乡客厅等区域合作项目。

第三,是上海市域都市圈的主要组成节点。上海未来要"1+5+N",组成上海都市圈。"1"是上海市区,"5"是五个新城,"N"是嘉善、昆山、太仓这些城市。1 000 多万的市中心人口加上五个 100 多万人口的中等城市,五个新城成为上海从中心城到市域都市圈的主要组成节点。

澎湃新闻:那么,新城要如何成为上海从中心城到市域都市圈的主要组成节点？

陈建勋：城市的发展空间是我们需要考量的。长三角一体化发展，上海是龙头。但是在 GDP 总量，上海有 3.81 万亿元，江苏有 9.96 万亿元，浙江有 6.23 万亿元。如果拿一个省的规模跟上海市比不公平的话，那我们拿江浙的城市跟上海比，苏州的 GDP 为 1.92 万亿元，杭州的 GDP 是 1.54 万亿元，和上海的差距在缩小。面积上看，苏州现在有 8 657 平方公里，杭州有 16 853 平方公里，上海有 6 340 平方公里。上海是冲积平原，但是由于长江诸多水利工程，江水流速有所变慢，上海靠自然水文条件新增城市面积的速度变慢。长三角一体化发展的过程中，行政区划是不会调整的，所以上海未来的城市空间就很有限。

要放在这个背景下，才能更好地去理解"上海 2035 总规"里对上海新城建设的强调。上海作为长三角的龙头，未来要重构发展动力，需要充足的空间。

需要多少空间呢？我们可以算一笔账，现在每个新城平均有 50 万人，未来如果要发展到 100 万人，按人均建设用地 120 平方米计算，新城的建设用地规模均应在 120 平方公里以上，五个新城规模就是 600 平方公里。

未来上海的新城建设，也不能只靠上海。比如说现在强调嘉定、昆山、太仓毗连区要一体化协调发展。嘉定和太仓交界的地带，嘉定还有待进一步发展。太仓都是高楼大厦，投资者一考察，大部分都选择去太仓了。未来新城的发展，应该要依托长三角一体化，强化和新城周边地区的协同合作，吸引江苏、浙江的资本和上海共同建设上海的新城。

多年前我说"郊区新城不是郊区的新城",现在我说"上海的新城不仅是上海的新城,也是长三角的新城"。

新城建设有哪些问题

澎湃新闻:自 2001 年"郊区新城"概念提出以来,在这 20 年的时间里,新城建设取得了一些成绩,但也存在一些问题。

陈建勋:首先,在国内来看,上海的新城发展得比较好。但是上海的新城,对标的并不是其他城市的新城和新区,而是对标昆山、太仓这些地方。相较之下,上海的新城建设还有很大的提升空间。

新城建设存在的问题主要有以下几点:第一,定位不清。有些新城可能确实是居住属性的,但是现在要搞成产业属性,有些则是产业属性的,但现在要发展居住功能。例如,南汇新城作为临港新片区主城区,要建设开放创新的全球枢纽、智慧生态的未来之城;青浦新城作为长三角生态绿色一体化示范区重要支撑,要强化创新研发、商务贸易、旅游休闲等功能;松江新城作为 G60 科创走廊节点,要重点发展服务经济、战略性新兴产业和文化创意产业;嘉定新城重点发展汽车、智能传感器、健康医疗等高端制造业,同时围绕产业金融、总部经济、在线零售、工业互联网等细分领域;奉贤新城基本形成以"东方美谷"为载体的化妆品、生物医药等美丽健康产业为龙头的聚集区。但现实来看还存在不少问题,比如奉贤新城,产业相对比较单一,"东方美谷",产业还有待于进一步深化。未来围绕美丽产业的服务业怎么做呢?

如果要做服务产业，奉贤比较偏远，有多少人谁愿意去呢？要有出一个非去不可的理由。

第二，现在，每个新城都铺得比较开，不够专注。嘉定、青浦、松江、奉贤、南汇这五个新城里，资本对青浦和嘉定比较有兴趣，因为原本的区位和产业基础都比较好。那么，其他的几个新城怎么吸引资本和企业来？我的建议是，集中优势兵力，围绕轨道站点，打造郊区的标志性建筑。要将集中开发和滚动开发相结合，集中开发一个区域以后，逐步向外围扩展推进，不要"东一榔头西一棒子"。举个市区的例子，闸北是原来上海人眼中的"下只角"，但是原来的闸北区政府思路很清晰，集中资源就发展一个地方——大宁绿地，然后以大宁绿地为圆心往外扩。投资人一看也很明白当地的布局，就愿意跟着这个规划一起投资。有些新城的思路是什么都想要，这里搞一点，那里搞一点，最后哪里都没有发展起来。

新城的产业培育需要一个过程，除了高精尖产业要配置到新城，我个人建议要配置维护城镇化安全运行的产业，比如轨道配件、安全逃生装置生产、高端物业服务业等。这个行业内容很多，且不光提供产品，更重要的是会形成服务系统，城市离不开你的服务，就会形成产业粘性，同时，这些行业抗经济周期的属性也很明显。长三角的城镇化是在不断提升的，如何为长三角的城镇化提供安全配套？这些产业是新城应该重点关注的。新城的产业选择，是经不起大起大落的，需要一批抗经济周期击打的产业持续支撑，这个地方才能稳定持续地发展起来。现在有的新城也想发展金融，有的甚至想打造一个单纯金融功能的金融小镇，我觉得目前很难。但我认为，或许可以专注于投资某几个领域的制造业产品。我认识一位老板,之前的主业是做紧固件,之后做了一个紧固件的投资银行,围绕紧固件的上下游产业进行投资,这就叫专业投行,上海活跃着这批做专业投行业务的机构。郊区新城要吸引的,就是这样的金融公司。这需要既懂技术,又懂资本的人来运作。

第三,新城怎么进一步吸引市区人口入驻?社会资源配套、就业机会提供、与市区的交通便利化,都要通盘考虑。现在有人形象地说,上海人永远在路上。产城融合,职住平衡问题既是上海的问题,更是新城要解决的大问题,这个问题解决不好,新城的入住率就不会高。

新三维空间:新城建设新理念

澎湃新闻:您最近调研了上海郊区的新城,有哪些新的思考?

陈建勋:2012 年,我写了篇文章,题目叫"郊区新城不是郊区的新城"。文章主要是说上海郊区新城的建设应成为全市共同的事业,而不仅仅是郊区各区县本身的任务,郊区新城是整个上海的新城。在组织机制方面,要在市一级建立郊区新城建设直接对口的决策部门,统一决策,统一部署。在产业导入机制方面,应在全市层面统筹上海郊区新城的产业布局,将郊区新城的产业发展纳入上海市的产业布局体系中。

我这次在新城做了广泛的调研,也提出了一些对新城建设的思考。以前我们对新城和中心城区的理解,是二元的。现在我们想在市中心和市郊之间，打造一批相对独立的节点型城市，有点像苏州和太仓、昆山的关系。对此，我提出了一个理念，我把它称为新三维空间。

第一个空间是新的物理空间。长三角的交通条件在发生革命性的变化。一方面高铁的密度在增加。我是常熟人，常熟原来一直没通火车，现在也有高铁了。另一方面，轨道上的长三角在提速，我们现在在酝酿沪杭超级磁浮工程、磁悬浮未来可能要达到每小时 500—600 公里。交通加密和提速意味着以后节点型城市会越来越多。昆山、嘉善、常熟等地到上海的时间会在半小时以内。这意味着长三角的经济地理空间在加速重塑。

对上海的郊区来说，如果不能进入到快速交通系统，就会变成上海乃至整个长三角的"灯下黑"地区。上海郊区目前有两个高铁站，一个是松江南站，一个是金山北站。但是这两个站的客流量很少，跟嘉善、昆山不能比，说明这些地方的商务功能和产业功能还很弱。乘客大多是过路客和游客。总的来说，新物理空间，就是到上海虹桥枢纽半小时通勤时间的节点型城市越来越多以后，给上海郊区带来了前所未有的压力，因为原来地理和区位上的优势被彻底抹平了。

第二个空间是数据空间。这是互联网技术带来的全新的空间。

数字经济，一方面是指数字产业化，另一方面是指产业数字化。现在，制造业出现一个新业态，大量工业品研发设计产业向交通节点集聚。因为这些企业要贴近产品服务的对象，它们很多位于上海周边的昆山、太仓、嘉善等地的工厂。这些工业品研发设计产业搬离市区，自身的成本也能得到控制。还有工业品交易的数字化，虽然有进博会的带动，但是进博会时间短、展场费贵，而且是综合性的展会。因此，无法满足大量的、日常的、专业性强的、细分领域的交易。上海有一家企业叫爱姆意云商，是一个专注于工业互联网第三方服务平台。第一届进博会，德国企业的一个大型设备本来只是来进博会展览，结果通过这个平台出售了，德国人对此感到惊讶。现在它的目标是做工业制造品领域的京东和淘宝。类似这样的企业理应放在新城，比如松江南站附近。有城际快速交通的支撑，有新城的空间支撑，有数据技术的支撑，"6＋365"的进博会才能常年常展，遍地开花。

第三个空间是人与人交往的全新的社会空间。这里有两个含义：一是现在每个郊区新城都有一个从市区动迁过去的大社区，人口在 10 万人左右。这些人对郊区没有归属感。这就需要我们打造全新的社会交往空间，除了大型的绿地公园以外，要打造更多的居民小区边的口袋公园、邻里互助中心，强化新居民的社会交往功能。二是要重点研究数字化时代的社会空间存在形式。上海原有的城市空间是工业化时代的产物，新城要有新的形态空间和功能设置要求，除了基础设施数字赋能智慧化赋能以外，更重要的是要适应数字化时代人们对社会交往空间的新需求，比如新城的商业空间设置的量级、能级和业态到底应该怎么设置？如果是套用原有的人口配比商业空间，有可能会出现一批无效空间或低效率空间。

这三个空间，是新城在做空间规划时候要格外注意和突破的。

"十四五"时期，上海"五个新城"发展建议

曾　刚　易臻真　朱贻文[*]

在当前加快形成以国内大循环为主体、国内国际双循环相互促进新发展格局的大背景下，嘉定新城、松江新城、青浦新城、奉贤新城（南桥新城）、南汇新城（临港新城）等"五个新城"在上海"四大功能"、"五个中心"、卓越全球城市、长三角一体化龙头城市建设中肩负着重要使命。上海市主要领导明确要求，应该成为具辐射带动作用的独立综合性节点城市功能，上海"五个新城"应该成为上海市最现代、最生态、最便利、最具活力的新增长极和发展空间。

上海"五个新城"建设成就

"退二进三"壮大市郊新城工业实力。20世纪末，上海市委、市政府实施了市区"退二进三"战略，将大批市区工业企业向市郊迁移，为后来市郊新城工业的发展壮大创造了优越的条件。上海统计局数据

---

* 曾刚，华东师范大学城市发展研究院院长、终身教授；易臻真，华东师范大学城市发展研究院副教授；朱贻文，华东师范大学城市发展研究院博士后。

显示,上海市郊规模以上工业总产值占全市的比重从 2005 年的 58.1%大幅跃升至 2019 年的 93.7%,市郊成为支撑上海科创中心城市建设的重要工业基地。

市郊产业园区建设成绩斐然。世纪之交,上海市委、市政府一方面加快了市区工业作坊、都市工业区的外迁和改造工作,另一方面大力支持市郊工业园区的建设与发展,为市郊工业园区今日之建设成就奠定了坚实基础。2019 年,松江出口加工区和上海松江经济技术开发区工业产值分别达到 1 465.48 亿元、1 457.47 亿元,位居上海 16 家国家级工业园区的第二和第三位。在市级园区中,嘉定工业园区、嘉定汽车产业园区、青浦工业园区、奉贤经济开发区四个产业园区总产值高达 3 954.25 亿元,占到全市 23 家市级工业园区总产值的 46.8%。

大学城建设夯实了市郊高质量发展基础。世纪之交,上海市郊迎来了大学城建设高潮,松江大学城等纷纷开工建设,改变了市郊高等教育落后的面貌。2020 年,松江大学城在校师生超过 10 万人,为紧邻的松江新城发展提供了重要的知识、人才储备。松江大学城、奉贤大学园区、临港大学城以及同济大学嘉定校区为上海"五个新城"创新型发展、高质量发展以及独立综合性节点城市功能完善、上海新增长极和发展空间建设提供了必要的前提条件。

掣肘上海"五个新城"发展的主要问题

市郊落后市区发展面貌并未根本改变。市郊整体经济水平明显落后于市区，已经成为制约上海卓越全球城市建设的主要短板之一。2018 年，上海七个中心城区人均 GDP 达 13.87 万元，而同期市郊八区 GDP 仅为 8.15 万元，二者相差 41.2%。与纽约、波士顿、东京、伦敦、巴黎等世界级城市城乡协调、市郊兴旺发达的景象形成鲜明对比。

基础设施配套水平不高。市郊公共基础设施配套以及城市综合管理水平不高，在一定程度上影响了上海"五个新城"建设目标的实现。以医疗设施为例，2018 年，市郊八区每百万人拥有的二级以上指定医疗机构数量仅为 6.02 家，而七个中心城区平均值则为 17.71 家，差距接近三倍。2020 年，上海中心城区（外环内）地铁站密度为 0.43 座/平方公里，而郊区（外环外）地铁站密度仅为 0.02 座/平方公里，相差 20 余倍，市郊轨道交通设施完备程度大大低于市区。此外，市郊新城公共设施损坏、违法占地、河道污染、无照经营等问题突出，城市管理水平亟待提高。

切实提升市郊新城发展水平的对策建议

20 世纪上半叶，著名城市地理学家克里斯塔勒（W. Christaller）与廖什（A. Lösch）提出了中心地理论和市场区位论，论述了法国大巴黎地区"1（座中心城）＋5（座市郊新城）"格局背后的科学规律，即城市空间结构的"六边形"法则。上海"五个新城"布局完全符合中心地理论和市场区位论所论述的稳定"六边形"蜂巢法则。为了发挥上海在实施长三角一体化发展国家战略中的龙头带动作用，彰显上海在加快形成国内大循环为主体、国内国际双循环相互促进新发展格局中的责任担当，建议采取以下措施，切实提升市郊新城发展水平。

第一，打造市郊新城对外交通联系网，告别辅城功能定位。

新城开发的最重要举措就是建设一套现代化的高效交通系统。区域交通是城市群建设的重点，依托区域交通干道布局和发展，能有效引导城市群空间布局。建议通过改革规划，借助长三角区域一体化国家战略，重点发展五座市郊新城与周边其他城市的交通联系。近期，重点建设嘉定新城、青浦新城重点与苏州、南京、扬州，松江新城、奉贤新城（南桥新城）与杭州，南汇新城（临港新城）与宁波之间的城际高速铁路、区域快速轨道、高速公路联系，建设五座新城对市外交流的立体交通网，彻底改变其"辅城"面貌和功能，为将其建设成为长三角高质量一体化重要节点城市奠定必要的物质基础。

第二，借助新基建建设机遇，提升市郊新城对外服务辐射功能。

上海新城是上海重要工业基地，迫切需要借助网络数字技术、脑科学工程技术对其进行技术改造、技术升级。而这些新技术的研发与应用严重依赖于新基建的强力支撑。此外，未来城市对外服务辐射能力的大小在一定程度上也依赖于新基建设施的水平。因此，借助新基建建设机遇，提升市郊新城对外服务辐射功能十分重要。

新基建包括大数据、云计算、人工智能、物联网、区块链、5G等内容，具有辐射力强、溢出与联动效应巨大的特点，也是中国在全球具有领先地位的少数领域之一。从目前形势看，2020年将是大规模5G基站建设的元年，数字工程、融合工程、创新工程成为投资新热点。与传统基础设施建设不同，新基建投资主体是企业而不是政府，政府的作用主要是提供市场准入机会，出台相关激励政策。临港"国际数据港"2020 年总投资额为 2 272 亿元，其中政府投资仅占 30%，且未来三年预计将有 4 万亿元资金注入。建议由长三角三省一市政府人事、科技管理部门牵头，着力清除各地数据库合作的障碍，以现有上海科技人才信息库为基础，在临港新城联合出资、联合建设、联合管理包括基础型、公益型、市场型科技成果、科技人才、科技金融、科技企业数据库的中国长三角数据港。

第三，大力支持创新型企业发展，提高市郊新城活力。

创新型企业是创新经济形成的前提条件，也是上海输出技术解决方案的主力军，是支撑上海经济地位的支柱。建议上海各级政府大力支持创新型类企业，尤其是其研发中心落户新城。逐步有序放宽"五个新城"户籍政策及加强配套措施，吸引更多外地青年人才入驻市郊新城，将市郊新城打造成充满活力的新增长极和发展空间。

第四，推进校区、园区、社区三区融合，提升产学研一体化水平。

上海市郊新城内拥有大学、居民、企业等资源。从总体上看，它们之间只是空间上临近，在功能上缺乏必要的互动。建议推进校区、园区、社区三区的融合，鼓励市郊高校将校内体育场、咖啡馆、报告会等公共设施对公众开放，鼓励社区将其服务延伸至高校校园，鼓励产业园区企业支持、参与临近社区、高校活动，鼓励市郊新城企业与邻近高校联合申请各级政府资助的各类产学研一体化研究项目，促进市郊新城大学、居民、企业从空间临近的"物理反应"向功能优化组合与升级的"化学反应""生化反应"转变。将市郊新城打造成上海市科技创新策源地、高端产业的核心区。

以紧凑型城市理念提升新城建设品质

文　军[*]

2020 年以来，上海市委、市政府提出了打造"五个新城"的目标，这是上海城市发展历史上具有里程碑意义的大事。作为城市发展的重要战略，历届市委、市政府都高度重视新城发展。上海新城发展也经历了从卫星城、郊区新城到综合性节点城市的演变，单个城市规模也从最初的 30 万规划人口发展到 50 万—100 万规划人口的综合性新城。2020 年是"十四五"规划的开局之年，新城作为"十四五"上海开发建设的重要战略空间、践行"两城"重要理念的重要载体，其在功能定位上将实现从疏解中心城区产业和人口到打造成为具有综合功能城市的演化。为此，必须高起点谋划、高质量提升"五个新城"的建设品质。

新城建设要有新的定位和作为

2020 年 2 月 18 日，在"五个新城"建设推进会上，上海市委书记李强强调，"五个新城"要成为"上海承担国家战略、服务国内循环、参与

＊ 文军，上海市"中国特色的转型社会学研究"社会科学创新研究基地首席专家，华东师范大学社会发展学院院长、社会学系教授。

国际竞争的重要载体和令人向往的未来之城"。

中国传统的城市建设受早期工业化和计划经济的影响，长期将城市建设等同于城市建筑、交通等基础设施的建设，重"城"轻"市"的思想根深蒂固。因此，城市建设的重心形成了以生产为核心的城市格局，从而忽视了城市作为有效资源配置的市场属性。当城市基础设施达到一定水平以后，对城市发展起着决定性作用的将是城市的运行效率和市场化水平。城市运行效率决定了城市的实力和能力，市场化水平决定了城市的活力、潜力和魅力。有"城"无"市"的城市只是死水一潭、空城一座。同时，要注重城市建设中的美感和人文关怀，要为新城建设在艺术、人性、文明等层面上找到注脚，体现自己特有的城市内在气质。因此，"五个新城"建设必须是差异化的发展过程，这种差异化的发展不仅仅体现在产业和空间布局上，更体现在人文环境和公共服务上。

当前最重要的就是在城市发展战略上要改变原来郊区"新城区"的发展定位，要按照独立的新的城市标准来规划和建设。在功能定位上，"五个新城"要实现从疏解中心城区产业和人口到打造成为具有综合功能城市的转变。使其既要具备独立承接中心城区部分发展功能的新城市，也要成为面向和服务长三角社会经济发展的重要节点。在价值取向上，"五个新城"的发展要成为落实"人民城市人民建，人民城市为人民""两城理论"的重要创新实验区，是"人本主义"城市发展理念的重要体现和建设载体。城市始于人也终于人。城市是人与自然的结合，更是社会与文化的结合。城市建设的根本目的是在为人类生活创造更好、更有效的生存环境。在城市建设中，"人"是最为关键的要素，因为"人"不仅是城市的设计者和建设者，更是城市的管理者、欣赏者和享有者。

当前"五个新城"建设存在的主要问题

新城建设是上海城市转型发展的必然之举,是促进城市空间结构从"单中心"向"多中心"转变的必然要求。2011年出台的《关于本市加快新城发展的若干意见》(沪府发〔2011〕19号),进一步从土地出让收入、基础设施建设等领域加大了市级支持力度,对新城发展起到了很大的推动作用。经过近年来的开发建设,各新城发展取得一定成效,基本实现与中心城区功能互补、错位发展。当前,上海在"五个新城"建设中,在人口集聚、产业发展、交通和公共服务配套等方面依然存在一定的问题。

首先,新城人口集聚不及预期。2010年以后新城人口增速逐步放缓,尤其是中心城导入人口远低于预期,新城人口密度相对较低,这在一定程度上影响了城市建设和发展综合效益的发挥。

其次,产业发展对新城核心功能的支撑力不足。比如,在原来的郊区新城建设过程中,制造业产出水平不高,生产性服务业发展又较为薄弱,部分新城的商办楼宇空置率较高,新城的核心功能发挥不佳。

再次,新城交通、公共服务配套相对滞后。新城仍处于交通末梢节点位置,尚未建立起与之相配套的交通网络,交通枢纽功能有待增强。此外,新城社会事业和公共服务的配置慢于人口增长,各新城医疗、教育、社会服务等资源配置水平相较中心城区仍有较大差距。

最后,新城规划和空间布局不够合理。部分新城规划存在尺度过大,效率不高的问题。早期新城规划的开发强度控制较低,未能体现紧凑型城市开发理念。大规模的产业园区建设与新城在交通、配套等方面的联系不够,造成新城功能和空间隔离,就业与置业不匹配,产城融合难以实现。

立足"长三角"的紧凑新城建设

城市作为一个国家或地区的政治、经济、教育、科技和文化中心,担负着生产流通、资源配置、信息传递等多种功能。上海"五个新城"的规划和建设不应作为郊区的新城区来建设,而是要按照独立的新的城市标准来规划和建设。因此,"五个新城"不能仅仅局限于上海自身的城市发展规划,而是要主动对接长三角高质量一体化发展战略,按照区域比较优势和整体布局优化的原则,从紧凑型城市建设角度,全面、科学规划城市布局,高效、精准利用土地和空间资源,使其在城市发展功能、建设规模、空间结构和资源利用上实现紧凑高效,以此促进城市及其周边地区社会经济发展新格局的形成。

第一,以人为核心,加快提升新城功能。随着外部环境和内在要求的不断变化,"五个新城"承担的历史使命也发生了深刻的变化,新城发展已到关键窗口期。对此,要按照打造独立的综合性节点城市要求,既要承接中心城区功能,也是面向长三角的重要节点。为此,上海市各相关部门、新城所在的各区应充分发挥工作的主动性,围绕新城发展定位的变化,加快推动新城功能和建设品质的全面提升。

第二,立足各自特色,实施差异化的发展策略。要科学分析新形势下新城发展的差异性。比如"南汇新城"建设,可以定位为打造服务新发展格局的开放新高地、推动高质量发展的战略增长极、全球人才创新创业的首选地;嘉定、松江、青浦、奉贤四个新城建设,可以立足于长三角城市群,着眼于优势特色产业发展和城市功能提升,依托独特生态禀赋和人文魅力,打造长三角地区综合性节点城市。

第三,坚持人本导向,推进重点领域工作。可按照"紧凑型城市"开发理念,为居民提供高质量的交通设施和高品质的市政服务、公共空间。比如,在人口导入方面,要进一步增强新城吸纳人口能力,鼓励新城探索实施有利于集聚人才的住房政策,加大人才公寓、公租房等保障房在新城的供应量和比重。

在交通发展方面,要加快完善交通网络,增强新城节点枢纽功能。对外交通上,依托国铁通道、城际铁路加强新城与长三角周边城市联系,依托市域线加强新城与重大交通节点、新城之间的连接,依托轨道交通和快速路加强与中心城区的连接。对内交通上,加快构建以中等运量公交和中等运量轨道为骨干的局域公共交通网络,加强新城各板块间的交通联系,优化道路网络,完善内部产城融合。

在公共服务配套方面,要加快"五个新城"的社会事业建设,促进城市的包容性发展,建议推动公共服务配套增长速度优先于人口导入的速度,适度增加优质的教育、医疗、文体等公共服务资源配置,使公共服务配套成为新城吸引人才落地的重要因素。

在新城规划和空间布局方面,要控制新城周边镇的发展,为新城发展留有空间,不能搞摊大饼式的发展。同时,注重职住平衡,促进产城融合、生态宜居。

第四,立足长三角高质量一体化战略,做好三大重点关系的处理。

一是要正确处理新城、旧城的关系和在相关管理制度和公共政策方面的衔接，给"五个新城"必要的政策赋权，正确发挥新城战略在城市与区域发展中的作用。二是要促进新城空间多重关系的整合发展，要从统筹城乡关系、区域关系、人地关系、社会经济关系多角度重新认识新城开发问题。三是要统筹好新城产业、就业和置业间的关系，提高"五个大新城"居民的幸福感。

唯有此，"五个新城"才能真正建设成为引领高品质生活的未来之城，推进人民城市建设的创新实践区和上海服务辐射长三角的战略支撑点。

新城产业发展如何做到"两个防止"[*]

丁国杰 唐丽珠[**]

产业发展是新城建设的核心,承担着打造城市经济发展重要增长极的重任。产业发展也是新城建设成败的关键,没有产业支撑,新城就失去了竞争力和生命力,人口集聚、功能实现都会落空,"独立的综合性节点城市"的新定位也将无从谈起。

然而,产业发展也是新城建设的难点,一是难在方向选择,新城到底应该发展什么产业、发展哪些产业,才能够匹配"综合性节点城市的新定位"? 二是难在怎么发展,新城多年的建设在产业集聚和转型方面成效一直不明显,新一轮的新城建设要如何突破这一短板,五大新城靠什么来吸引优质企业和项目集聚,在周边昆山、太仓、吴江、平湖、嘉善等"强手如林"的竞争对手中杀出一条血路,依然是困扰新城建设的核心痛点。

本文将重点谈新城产业发展如何做到"两个防止",希望为新城产业发展提供一些启示。

———————————

* 节选自作者发表于上海中创研究微信公众号的《新城产业发展:痛点在哪儿,如何发力?》一文。

** 丁国杰,上海中创产业创新研究中心副主任;唐丽珠,上海中创产业创新研究中心首席产业分析师。

新城产业发展应该着力突出哪些特征？

上海郊区新城建设经历了"卫星城——'一城九镇'和'1966 城镇体系'——郊区新城——综合性节点城市"的跃升。每个阶段，郊区承载的使命不同，产业发展的重心、发展的力度和效果也有很大不同，但总体来看，产业不够强始终是上海郊区发展的一大痛点，与江浙周边强市县相比还有一定差距。

产业基础薄弱、转型升级缓慢一直是困扰新城建设的难题。从当前上海郊区产业发展的现状来看，主要存在以下几个方面的问题：一是新城产业定位不够清晰，普遍存在发展领域较多、特色不够鲜明的问题，除嘉定汽车城、奉贤"东方美谷"特色比较鲜明外，其他几个新城产业发展领域大同小异。二是产业发展能级总体依然偏低，产业链和价值链提升不明显，产业升级相对缓慢，这也是抑制郊区人口集聚、尤其是高端人才集聚的主要因素，而高端人才集聚不足又进一步形成对新城产业升级的制约。三是郊区新城产业发展总体缺乏优质的大项目和龙头企业集聚。四是郊区新城新兴产业呈现零星项目布局阶段，距离集群发展尚有一定差距。五是郊区叫得响的园区基地品牌比较缺乏，与周边江浙毗邻区域的园区基地相比差距明显，新城内的产业园区过于分散，涉及多个主体，相互割裂，缺乏统筹和联动。六是新城城市功能性设施建设与产业发展需求匹配度不高，吸引集聚产业人才的环境依然有待完善等。

新城产业发展如何防止"脱实向虚"？

谈及新城定位，往往给外界一种误解，那就是新城更多将以城市建设作为发展重心，带来的直接后果往往就是开始新一轮的造城运动——"卖地发展房地产"、建设凸显形象的高端功能设施，进而推高新城房价，这对于新城集聚发展高端制造业是极为不利的。《"十四五"新城交通发展专项方案》中也专门强调"聚焦实体经济，坚持以发展先进制造业为主导"，这确实应该成为五大新城产业发展必须坚守的核心方向。

这是弥补新城所在区与江浙周边城市实力落差的必然选择。上海的郊区发展与毗邻的江浙区域相比，存在一定差距。如 2019 年昆山市 GDP 已经超过 4 000 亿元，五大新城中最高的嘉定区 GDP 为 2 600 亿元。昆山市 2020 年全口径工业总产值已经超万亿，而五大新城中最高的嘉定区还不到 6 000 亿元。另外，吴江区、太仓市、平湖市的规上工业总产值分别为 3 600 亿元、2 300 亿元、2 000 亿元量级，而上海的奉贤区、青浦区、临港新片区分别在 1 800 亿元、1 600 亿元和 1 200 亿元的量级左右。可见，上海郊区在经济实力上与周边毗邻地区的差距，在很大程度上主要体现在制造业实力的差距。

这是以往新城建设以及国内新城建设经验教训的"前车之鉴"。产业功能集聚不明显、人口集聚缓慢是国内很多新城建设面临的核心问题，上海郊区新城建设也面临这个问题。当时的"一城九镇"过于强调国际化的住宅建筑形态，各新城的产业定位不清晰；而2011年以来的郊区新城建设也偏向城市功能设施的布局以及商业化开发，大型居住社区、普通商品住房以及高档住宅用地占较大比重，导致产业用地不足，过快地抬高了用地成本，造成上海制造业的外迁。

这是新城资源禀赋、廊道节点地位形成的比较优势使然。发展服务业是新城丰富城市功能、实现产城融合发展的必然，但是服务业难以成为新城竞争力的核心承载。一方面，相较于中心城区，郊区的服务业难以达到中心城区的能级和水准；另一方面，面向长三角，服务功能的核心辐射源在虹桥商务区，而不在郊区新城。因此，真正体现新城产业竞争力、体现高端产业引领的，应该是高端制造业更加具有比较优势。同时，上海之前过快调整制造业的影响至今尚未消除，新城更应坚守和保留制造业难能可贵的发展空间，坚持实体经济优先。

避免新城产业发展"脱实向虚"不是一个理念、一句空话，需要坚持"兴产优于造城"的理念，并采取一些切实的举措和手段：一是稳定新城房价预期，避免房价出现过快上涨，带动产业成本上升，造成制造业进一步的外迁。二是保障合理的工业用地空间，确保高端制造业在新城集聚，在上一轮新城建设过程中，部分工业用地指标被生产性服务业占用，而在园区外并未给予工业用地指标的占补平衡，导致工业用地面临缩减，这一轮的开发建设要避免这一现象出现。三是给予新城内制造业企业稳定预期，避免给企业造成新城聚焦城市功能而忽略或调整制造业发展的误解和担忧。四是在重大产业项目布局方面，市级层面要对新城予以倾斜。

防止同质竞争，新城产业如何塑造"一城一名园"?

新城产业发展的核心在于形成具有竞争力的产业品牌，尽管行政力量不能决定一个区域的产业发展，但进行适当的方向引导、进而强化资源、政策的聚焦，往往成为国内很多城市产业崛起的重要路径之一。因此，对于五大新城的产业发展而言，仍然需要一个顶层设计、统筹考虑，从比较优势、区域分工等视角，相对明确一个主攻方向、久久为功，锻造新城产业的"金名片"。

目前，新城产业发展领域还比较多、比较杂，缺乏具有显示度和竞争力的优势领域，产业发展专项方案中对每个新城提出的产业方向也相对宽泛，基本与每个区的主导产业相重叠，还需进一步聚焦。

下一步，各区在制定新城产业规划的过程中，要结合实际，进一步聚焦领域，形成清晰的产业地图导向，尊重"多能"的现状基础和发展弹性，关键是把"一专"做成主导、做出品牌。具体来讲：嘉定新城应重点聚焦打造"智慧交通产业集群"，围绕智能网联汽车、智能传感、智慧出行，打造智能交通先导区；青浦新城应重点聚焦"数字经济集群"，围绕软件与信息服务、工业互联网等重点领域布局重点项目，打造数字经济示范区；松江新城应聚焦"智能装备产业集群"，打造覆盖智能机器人、高端能源装备、智能硬件内在的智能制造高地；奉贤新城应聚焦"美丽健康产业集群"，打造美丽健康产业策源地；南汇新城重点围绕

"三大先导产业集群"，依托东方芯港、生命蓝湾、信息飞鱼等载体，做大集成电路、生物医药和人工智能产业。

资源整合、提升能级，着力打造富有影响力的"一城一名园"

形成新城优势品牌产业领域，关键在于打造具有显示度、识别度的品牌载体，《"十四五"新城交通发展专项方案》中明确提出了"一城一名园"的目标，这也是新城产业发展的难点之一。

目前，上海新城中的主要园区基地在规模和能级上与周边江浙毗邻区域尚有差距。如昆山经济技术开发区为国家级开发区，辖区面积达 108 平方公里，以昆山九分之一的土地面积，完成了全市 40％以上的地区生产总值、50％以上的工业产值，贡献出全市 60％以上的外资、70％以上的台资产出份额、80％以上的进出口总额，在 2019 年国家级经济技术开发区综合发展水平考核评价中排名第五；而上海五大新城内产业基地与产业社区总面积合计 200 多平方公里，面积最大的南汇新城，产业基地、产业社区面积仅仅 60 多平方公里，新城内规上工业总产值占全市 20％左右，相比之下，差距明显。同时，郊区新城的产业布局过于分散，成片开发和集聚开发不够，采用了"四面开花"的平行开发模式，导致不同园区基地之间的碎片化布局，并且呈现多主体的特征，缺乏统筹、联动和整合。

打造"一城一名园"，需统筹新城开发公司、产业园区与街镇管理机制，推动园区整合，探索用最具标识度的园区统领、提升镇级园区,形成统一开发、统一管理和统一品牌。支持新城内的园区基地与市级品牌园区合作,提升园区的专业化、市场化运作能力,探索出更多"区区合作、品牌联动"的新典范。同时,支持重大项目向重点园区聚焦。

第七章

探索功能转换：
上海重点转型区普陀桃浦实践

赋能城市更新：从老工业基地到绿色城区[*]

易臻真[**]

上海市普陀区桃浦地区是上海五个重点转型区域之一。落户在这里的桃浦智创城和中以（上海）创新园是桃浦地区转型的重要项目。桃浦智创城是上海三星级绿色城区试点和国家三星级绿色生态城区规划设计标识的城区。上海"十四五"规划提到，到 2025 年，初步建成桃浦智创城，基本完成老工业基地向现代化城区转型的任务。中以（上海）创新园是上海 26 个特色产业园区之一。可以说，桃浦地区的转型承载着创新、绿色、美好生活等多重使命。

而在 20 世纪 90 年代，这里是上海重要的工业基地，英雄钢笔厂、染料化工八厂等都曾在这里铸就辉煌。随着桃浦地区的工业转型，坐落在桃浦智创城的英雄钢笔厂也正在更新，一些老工厂建筑已拆除，一些老建筑结合智创城特色已完成改造。而曾经的染料八厂，未来将打造成花园式科研、办公兼具的现代商务圈。

---

* 根据桃浦论坛整理。桃浦论坛由上海市重点区域转型发展领导小组、上海市普陀区桃浦智创城开发建设管理委员会和教育部人文社会科学重点研究基地中国现代城市研究中心共同主办。出席本期活动的嘉宾还有上海市普陀区张永副区长，华东师范大学原党委副书记罗国振教授，上海市发展和改革委员会产业发展处陈杰副处长，桃浦智创城开发建设推进办应明德常务副主任等。

** 易臻真，华东师范大学城市发展研究院副教授。

一个传统工业区要转型,城市更新何以为之?

2021年3月25日,中国城市规划设计研究院上海分院孙娟院长在参加桃浦论坛时提出,城市更新有三个发展阶段:建筑的修补性更新,针对功能的提升更新,以及以城市生活为价值取向的多元更新。注重建筑的改造,从国外的贫民窟改造到国内"三旧改造"都属于第一阶段。城市更新发展到第二阶段要更注重功能升级,在方式上要更节制,在设计上要更适度,更注重历史文化与文脉的保存,以促进城市功能的复兴。

孙娟结合自己的调研体会,介绍了城市更新第三阶段的三个案例:北欧的瑞典皇家海港城、挪威奥斯陆海港城以及丹麦哥本哈根北港。她认为,这些地区的城市更新都体现了对可持续、艺术与生活的关注,展现了不同的城市性格与气质,提升城市的再辨识度,同时从城市"人"的故事里阅读更新也体现了以人为本的更新内涵。

作为上海26个特色产业园区之一,中以(上海)创新园要如何出彩,吸引优秀企业落户于此?

上海开发区协会秘书长杜玉虎强调,城市更新的本质是生活方式的更新、人的更新和产业的更新。产业升级是上海城市更新的源头,产业(科创)园区是上海城市更新的重要方向。

杜玉虎认为,产业是一个城市的心脏,是动力源泉,教育、文化、医疗等都是以产业为基础的。现阶段,上海产业园区的核心竞争力在于服务,产业(科创)园区的未来也必将不断追求和建设综合运营服务平台。这需要构建独特的"1+3"综合服务赋能体系,"1"是以园区品牌主导的开发主体,"3"则是优秀的服务提供商,即园区管理赋能服务、园区产业科创服务及园区生活配套服务。在此基础上,将所有的服务集成在自己的平台上，只有打通产业、企业、人才和服务之间的渠道，才能形成一张高效率、全自动、可持续的服务网络。

曾经的老工业基地，如今是绿色城区的试点。

近期公布的中国"十四五"规划指出，中国力争 2030 年前二氧化碳排放达峰、努力争取于 2060 年前实现"碳中和"。上海市政府承诺，将于 2025 年提前五年实现碳达峰，并于 2050 年与美国同步进入碳中和发展新阶段。为了实现这一目标，上海市政府做出了很多战略部署，除了"五个新城"、虹桥雁阵模式、低碳开发建设之外，更应该关注量大面广的老城、老区改造对减少碳排放、增加碳汇能力的贡献。

华东师范大学中国现代城市研究中心主任曾刚教授认为，上海拥有实现低碳发展的有利条件：第一，发展阶段高。从整体上看，上海已经步入后工业化时代，服务业占 GDP 的比重超过了 70%，重化工项目开始有序向外转移，上海炼铁、焦化、煤电生产能力持续降低，大大降低了碳排放压力。第二，科创系统完善。上海知名高校、研究机构实力雄厚，科技成果丰硕，产学研用一体化机制完善，人工智能、生物医药、集成电路等高新技术产业发达。为上海绿色低碳发展提供了强大支撑。第三，城市更新给力。在上海漕河泾、紫竹开发区产业转型升级过程中，不仅重视产业的技术升级，而且特别关注绿化生态系统建设，通过建设城市森林、城市湿地，大幅提升了城市碳汇能力。

以上海桃浦智创城为例，这里将规划建设 100 万平方米的蓝（水）绿（地）交相辉映的中央绿地，必将大幅提高桃浦碳汇能力，为中国以及世界范围内大都市城市绿色改造、城市低碳发展提供可复制、可推广的桃浦智慧、桃浦方案、桃浦模式。

提升软实力：构建更具竞争力的人才"双创"系统[*]

易臻真[**]

2021 年 6 月 22 日，上海市委全会通过了《中共上海市委关于厚植城市精神彰显城市品格全面提升上海城市软实力的意见》（简称《意见》），《意见》提出，"软实力是提升城市魅力与竞争力重要抓手"的深刻内涵。作为上海市重点转型区的先行者，桃浦智创城在激发新时代上海不竭动力和澎湃活力过程中，肩负着特殊重要的使命。

上海要提升软实力，亟需构建一个更具系统性和竞争力的人才创新创业生态系统。在 2021 年 7 月 29 日的桃浦论坛上，上海社会科学院副院长王振教授指出，在建设全球影响力科技创新中心的战略坐标下，人才创新创业生态系统主要包括三大元素，即创新主体间的紧密联系和有效互动，创新要素之间充分流动，溢出以及合作效应共享。各创新创业主体应共同构建以"共赢"为目的的创新网络，充分发挥各自所长，互惠互利，共同成长，实现共创、共赢、共享。为此，上海要聚

---

　　* 根据桃浦论坛整理。本期活动聚焦城市软实力。出席嘉宾还有华东师范大学原党委副书记罗国振教授，桃浦智创城开发建设推进办应明德常务副主任等。
　　** 易臻真，华东师范大学城市发展研究院副教授。

焦海外尖端人才和前沿人才，实施更加积极、开放的人才引进政策；优化国内优秀人才引进政策，适当降低人才引进门槛，加大留住人才的保障力度；全面深化人才管理制度改革，把放权松绑落到实处；进一步完善人才激励政策，增强创新创业内生动力；更加重视人才所需的安居与公共服务水平，重塑创新创业生态上海优势。

城市文化软实力提升是一个长期、艰巨的系统工程。上海大学社会科学学部主任孙伟平教授指出，城市文化是市民身份认同的基础。上海城市精神"海纳百川、追求卓越、开明睿智、大气谦和"中，"海纳百川、追求卓越"受到国内外的高度认同和肯定。为了提升上海文化软实力，应该进一步优化城市文化软实力内在结构，突出创新和建设为重点。

上海要进一步增强城市文化价值吸引力，稳定和提升文化知识生产力，培育文化企业市场竞争力，推动文化产业跨越式发展。通过发展基于线上线下融合一体的公共文化服务，满足居民多样化的文化需求，增强上海文化服务的亲和力；以大众传媒为基础，打造全方位、广覆盖、强渗透的传播平台，大幅提高上海城市文化传播影响力；深化文化体制改革，转变政府职能，提高上海城市文化体制引导力。

上海城市软实力主要体现在开放包容和集成创新两大方面。

教育部人文社科重点研究基地中国现代城市研究中心主任曾刚教授指出，全球正经历着第四次产业革命，当今世界正处于百年未有之大变局，国际地缘政治形势巨变。上海城市软实力建设必须从其所肩负的打造国内大循环中心节点、国内国际双循环战略链接的历史使命出发,拓展城市的眼界和胸怀,让上海户籍居民、上海常住居民以及国内外上海利益相关的居民成为上海城市软实力全面提升的智慧贡献者、行动参与者、成果共享者。此外,从地域文化特质看,北京根植于首都的内生性中心城市,深圳根植于岭南文化的"走出去"进取城市,而上海是一座重视"引进来"的包容城市,"海纳百川"是上海城市特质。因此,在全面提升上海城市软实力的过程中,重视科技创新、生态本底,推动经济全球化、引领长三角区域一体化也就成为上海市的理性选择。

在坚定不移走生态优先、绿色发展之路上,生态绿色是建设人与自然和谐共生美丽家园的基础和前提,也是上海城市软实力的重要组成部分。同时,科技创新是节能减排、降低城市发展对传统资源依赖的重要途径。在本期桃浦论坛活动现场正式发布的《中国绿色智慧城市发展智库报告(2021)》显示,中国绿色智慧城市建设水平空间差异明显,呈现东高西低、省会城市和沿海沿江城市较高的态势,东部地区以高水平集聚为主,中西部省会邻近地区以高低水平并存的极化为主,其他地区则呈低水平集聚态势。而上海位居全国绿色智慧城市排行榜中第三名,落后于北京和深圳(见表1)。中国绿色智慧城市发展智库报告是由孙伟平教授和曾刚教授联合领衔编制。根据复合生态系统、区域创新系统、关系经济学等科学理论,构建了包含绿色城市、智慧城市、人文城市三大方面,以及单位 GDP 能耗、高危企业数量、生活垃圾无害化处理率、行政审批事项网上办理比例、智慧交通完备率、城市道路通勤水平等 22 个指标的指标体系,精准评价中国 286 座地级及以上城市绿色智慧发展能力。

表 1 2021 年中国绿色智慧城市发展排行榜（前 50）

排名	城市	排名	城市	排名	城市	排名	城市
1	北京	14	大连	27	无锡	40	镇江
2	深圳	15	福州	28	西安	41	南宁
3	上海	16	合肥	29	济南	42	贵阳
4	广州	17	重庆	30	太原	43	烟台
5	珠海	18	宁波	31	长春	44	温州
6	杭州	19	长沙	32	佛山	45	泉州
7	南京	20	天津	33	莆田	46	金华
8	南昌	21	郑州	34	南通	47	新余
9	武汉	22	东莞	35	常州	48	吉安
10	苏州	23	沈阳	36	绍兴	49	肇庆
11	厦门	24	昆明	37	哈尔滨	50	银川
12	青岛	25	中山	38	兰州		
13	成都	26	威海	39	芜湖		

曾刚教授指出，2020 年，中国绿色城市分指数与智慧城市分指数相关系数仅为 0.073，远远低于正相关 0.7 的门槛，呈现明显的不相关。这表明，中国城市绿色技术创新仍然任重道远，反映了中国城市规划、城市治理思路仍然没有从根本上改变依靠土地、劳动力、资本等生产要素大规模投入的传统城市经济发展模式。也就是说，中国城市规划者、管理者亟需认真学习、深刻领会习近平总书记关于推进绿色创新，早日实现碳达峰、碳中和目标的深刻内涵及其重要意义，从指导思想、具体行动方面入手，抢抓第四次产业革命的历史机遇，将数字技术、人工智能技术更广泛、更深入地嵌入绿色技术开发、应用之中。也就是说，迫切需要从认识、谋划、行动、管理等方面入手，尽管实现从古典经济学关注的消耗型土地、劳动力、资本旧三要素向当代经济学关注的增量型科技、数据、关系新三要素的转变。

　　具体而言,可以通过舆论宣传、政策扶持、政府采购等方式,提高绿色技术开发的投入产出效率,降低市场风险,引导更多高新技术企业投身到节能环保技术的研发、转化、应用之中;可以通过利用5G网络技术,实时监测城市绿化系统健康状态,提高城市环境自净能力和碳封存、碳汇能力;可以在城市规划过程中,利用多源、多元数据采集、分析模型技术,科学地预测城市生态空间的用地规模,制定生态空间与其他功能区之间的互动方案,让现代科技更充分惠及新城建设、旧城更新、城市生态廊道设计,建立新型绿色城市与智慧城市良性互动关系,进而全面提升城市软实力。

践行低碳发展：打造工业区改造和
产业转型升级新典范 *

易臻真 **

2020 年 9 月 22 日,习近平总书记在第七十五届联合国大会一般性辩论上向世界庄严承诺,中国将采取更加有力的政策和措施,二氧化碳排放力争于 2030 年前达到峰值,努力争取 2060 年前实现碳中和。上海市"十四五"规划提到,上海将于 2025 年提前五年实现碳达峰,并于 2050 年进入碳中和发展新阶段。作为上海市重点转型区域的先行者,桃浦智创城在城市更新、低碳发展肩负着特殊重要使命。

只有科技创新先行,才能实现绿色发展。在 2021 年 5 月 27 日的桃浦论坛上,作为制造企业代表,全国工商联绿色发展委员会主任汤亮指出,当前,每一位企业家更应该以积极进取的态度去面对绿色发展,去接受这个挑战。进入工业化时代后,企业生产的扩容与碳排放强度的增加往往捆绑在一起,要逆转这个现象,一定要依靠科技创新的手段。为实现碳达峰、碳中和的目标,企业要用节能环保绿色的新

* 根据桃浦论坛整理。本期活动聚焦城市碳中和发展模式。出席嘉宾还有华东师范大学原党委副书记罗国振教授,桃浦智创城开发建设推进办应明德常务副主任等。

** 易臻真,华东师范大学城市发展研究院副教授。

发展思维,来不断提升生产制造过程中的科技含量,对产品进行迭代升级,以供给侧结构性改革推动高质量的转型发展。

作为科创城市,上海应引领中国氢产业的发展。国家气象局上海城市气候变化与应对重点实验室主任同济大学李风亭教授指出,碳中和对于全球生态系统贡献毋庸置疑。通过与欧美发达国家及地区对比,中国以及上海时间紧、任务重。氢能被视为 21 世纪最具发展潜力的清洁能源。并不是所有的氢能都没有污染,只有"绿氢"才能实现碳的零排放。目前,我国正在制定氢能源发展规划,上海应充分发挥人才高地优势,加大研发投入力度,降低光伏、风电等可再生能源发电成本,率先攻克氢气在存储、运输、使用等诸多卡脖子难题。与此同时,还应提高火力发电效率,确保电力供应。

因地制宜推进绿色城市更新。上海市发展改革研究院能源环境所张瀚舟所长指出,上海工业碳排放量占全市 30% 以上,国内产业园区占全国排放总量的 31%。桃浦是上海建设具有全球影响力的科技创新中心的重要承载区,也是上海全力打响"四大品牌"、打造工业区改造和产业转型升级新典范的重点建设区域。在规划伊始就确立了生态、业态、形态"三态合一"的转型发展目标,现有规划设计方案非常契合绿色发展主题,前瞻性强,展示了区域巨大的潜力。展望未来,桃浦有望发挥资源禀赋优势,在地热等新能源的开发与应用方面开展新的探索,有望成为上海中心城区功能复合,生产、生活、生态三生融合的全面绿色转型发展示范样板。

碳达峰不是攀比高峰,碳中和才是我们最终追求的目标。华东师范大学中国现代城市研究中心主任、城市发展研究院院长曾刚教授指出,当前,有一个误区亟待厘清,那就是我们追求的不是推高碳排放峰值，而应该是践行低碳、零碳的发展方式和模式。碳达峰不是各地竞相冲刺最高峰，而应着力如何降低峰值。早日实现碳达峰是为了给碳中和争取更多的时间、降低实现碳中和目标的难度。从本质上看，碳达峰是时间概念，碳中和是目标概念。

碳中和是一个复杂的系统工程。碳中和将催生新科技、新能源、新工业、新交通、新建筑和新投资，改变我们的生产方式、生活方式乃至世界观，造就一个新世界。曾刚教授指出，实现碳中和，有利于提高市民的参与感和获得感。从日常生活方面看，我们可以通过选择低碳出行、倡导厉行节约等方式，为碳中和目标作出贡献；从个人职业发展方面看，我们可以关注人社部 2021 年 3 月 9 日发布的"碳排放管理员"新职业，通过参与监测企事业单位碳排放现状、统计核算企事业单位碳排放数据、核查企事业单位碳排放情况、购买/出售/抵押企事业单位碳排放权、提供企事业单位碳排放咨询服务等工作，提前谋划，及时转岗，将个人职业发展与碳中和时代目标紧密地结合在一起。

此外，区域一体化发展是实现碳中和目标的重要途径之一。通过建立、优化区域碳排放权交易市场、区域综合协作管理平台等方式，大力推进基于科技进步、绿色生态保障的高质量一体化发展。在这一方面，长三角地区有实力、也有责任率先垂范，发挥引领作用。具体而言，长三角三省一市要集合科技力量，聚焦集成电路、生物医药、人工智能等重点领域和关键环节，加大科技攻关力度，尽早取得突破，大幅提高科技供给水平，当好我国经济压舱石、发展动力源、改革试验田，为全国高质量发展提供可靠支撑，为提前实现我国碳中和的发展目标探索一条可复制、可推广的经验和模式。

附录　长三角发展大事记
（2020 年 7 月—2021 年 8 月）

● 2020 年 7 月 15 日,长三角生态绿色一体化发展示范区产业项目统一准入标准出台。

示范区执委会发布产业发展两个重要文件《长三角生态绿色一体化示范区产业发展指导目录》(简称《指导目录》)和《长三角生态绿色一体化示范区先行启动区产业项目准入标准》(简称《准入标准》)。上述文件回答了两个重要问题:示范区应当发展什么样的产业、先行启动区可以落地什么样的项目。《指导目录》和《准入标准》的出台,既是在全国首次实现了跨省级行政区域执行统一的产业发展指导目录和统一的产业项目准入标准,也是上海、江苏、浙江两省一市及青浦、吴江、嘉善两区一县探索从区域项目协同走向区域一体化制度创新的积极实践。

● 2020 年 7 月 16 日,长三角创新投资集团成立。

注册资本达 100 亿元的嘉兴长三角创新投资集团有限公司正式揭牌成立。该投资集团是经嘉兴市委、市政府批准成立的市属国有资本运营公司,重点参与"创新嘉兴"建设,助力嘉兴科技金融发展。

● 2020 年 7 月 24 日,长三角推进城管一体化。

首次长江三角洲区域一体化城市管理综合行政执法协作机制会议在上海召开。会上,沪苏浙皖四地相关部门共同签署了《长江三角洲区域一体化城市管理综合行政执法协作机制》,并发布了首批《长江三角洲区域一体化城市管理综合行政执法协作清单》及《长江三角洲区域一体化城市管理综合行政执法协作三年行动计划(2021—2023)》。

● 2020年7月28日,长三角三条铁路试行"铁路e卡通"。

长三角铁路沪宁城际、宁安城际、宁启铁路试行"铁路e卡通",旅客在选乘本线始发终到列车时无需购票,可通过"铁路e卡通"应用直接自助扫码乘车,实现随到随走,乘车体验更加方便、快捷。

● 2020年7月28日,长三角开展跨省统一环境执法。

由浙江省嘉善县、上海市青浦区、江苏省苏州市吴江区三地生态环境执法人员组成的综合执法队,首次对示范区开展跨界联合现场检查行动。接下来,示范区生态环境综合执法队将按照《两区一县环境联合执法工作计划》和《两区一县环境执法跨界现场检查互认工作方案》,继续开展跨省联合执法。

● 2020年7月28日,中国标准化研究院长三角分院落户嘉兴。

中国标准化研究院长三角分院签约落户嘉兴。在签约仪式上,中国标准化研究院、嘉兴市人民政府、浙江清华长三角研究院签署了共建中国标准化研究院长三角分院合作框架协议,浙江清华长三角研究院与平湖市还签署了共同推进"深根计划"合作协议。

● 2020年7月29日,长三角助力创新联盟成立。

由苏浙皖沪三省一市科协共同发起的长三角助力创新联盟正式成立。联盟由团体会员和个人会员组成,现有团体会员 156 家,分别来自沪苏浙皖四地的学会、高校科协、企业(园区)科协。目前,已有近 900 位专家加入联盟成为个人会员,专业覆盖长三角地区的智能制造、生命科学、航空航天、新能源、新材料等重大产业领域。

● 2020 年 7 月 31 日,长三角企业跨省迁移一日办结。

上海市、江苏省、浙江省、安徽省及宁波市税务部门已经完成"便利企业跨省迁移业务办理",且办理时限从 5—10 个工作日缩短为 1 个工作日。截至 2020 年 6 月底,长三角区域内已有 89 家企业通过新流程办理了相关业务。

● 2020 年 8 月 1 日,长三角影视拍摄基地合作联盟成立。

长三角影视拍摄基地合作联盟在上海国际电影节上宣告成立。首批成员包括上海市影视摄制服务机构与 17 家长三角地区的影视拍摄基地。车墩、横店、象山、无锡、滁州等沪苏浙皖主要影视拍摄基地将加大资源整合力度,帮助和促进影视工业产业升级,实质性推动长三角地区影视产业的共同繁荣发展,助力长三角成为中国影视的黄金产业三角带。

● 2020 年 8 月 10 日,沪皖商务部门签署一体化合作协议。

安徽省商务厅和上海市商务委在合肥签署推进商务工作一体化框架协议,加强优势互补和资源共享,协同推动长三角更高水平对外开放。根据合作协议,两地商务部门将共同开展消费促进、加强市场体系一体化建设,联动创新开放平台、促进投资合作,加强国际贸易"单一窗口"互联互通和功能融合、共享两地通关物流信息。

● 2020 年 8 月 14 日,数字人民币将在长三角等具备条件地区试点。

商务部印发《全面深化服务贸易创新发展试点总体方案》,在"全面深化服务贸易创新发展试点任务、具体举措及责任分工"部分提出:在京津冀、长三角、粤港澳大湾区及中西部具备条件的试点地区开展数字人民币试点。人民银行制订政策保障措施;先由深圳、成都、苏州、雄安新区等地及未来冬奥场景相关部门协助推进,后续视情扩大到其他地区。

● 2020 年 8 月 26 日,2020 年长三角市场监管联席会议在嘉兴召开。

2020 年长三角市场监管联席会议在嘉兴市嘉善县召开。会上,三省一市市场监管发布 10 项重要合作成果,签订了市场监管科技一体化发展等 7 个合作协议和备忘录。同日,青浦、苏州、嘉兴市场监管局还签订了《长三角生态绿色一体化发展示范区"双随机、一公开"部门联合监管合作备忘录》。新一轮"7+1"合作协议和备忘录签署标志着长三角区域市场监管合作再升级。

● 2020 年 8 月 31 日,"三省一市"多个农业框架协议在黄山签订。

2020 年长三角绿色农产品生产加工供应基地联盟联席会议在黄山市举办。会上苏浙皖沪"三省一市"签订了农产品加工科技合作、蔬菜产业发展合作、生猪产业合作、设施农业装备合作等四个框架协议,推动区域内农业领域协作发展。

● 2020 年 9 月 12 日,"长三角旅游推广联盟"成立。

苏浙皖沪"三省一市"文化和旅游行政管理部门在上海共同发起成立"长三角旅游推广联盟",四地将携手打造文旅区域共同体,在交通出行、旅游观光、文化体验等方面率先实现"同城待遇"。本联盟旨在进一步促进区域便民措施共享、区域信息互联互通、区域客源互享互送,努力将长三角地区打造成为高品质世界著名旅游目的地。

● 2020 年 9 月 12 日,苏浙皖沪推动电子证照跨省互认。

苏浙皖沪达成并发布《长三角地区电子证照互认应用合作共识》,以推动长三角地区电子证照跨区域互认和应用试点。根据这份文件,通过跨地区异地调取电子证照,三省一市线上线下办事将实现电子亮证、验证等功能,免交材料。

● 2020 年 9 月 15 日,长三角一体化科技创新知识产权保护工作座谈会在南京召开。

推进长三角一体化科技创新知识产权保护工作座谈会在南京召开。最高人民法院党组副书记、常务副院长贺荣出席会议并讲话。贺荣指出,人民法院要发挥司法不可或缺作用,立足需求导向问题导向,推进长三角科技创新知识产权一体化保护。会上签署了《长三角区域人民法院和知识产权局关于推进长三角一体化科技创新知识产权保护备忘录》。

● 2020 年 9 月 14 日,长三角三省一市经济信息化部门签署合作协议。

2020 智能网联汽车大会在上海汽车会展中心举行,大会重点围绕产业创新和生态构建、政策法规和标准体系、智慧交通和应用实践,展示智能网联汽车及智慧交通领域的最新技术、产品成果和商业模式,探讨如何有效推动技术转化应用,形成跨界融合的智能汽车生态圈。

● 2020 年 9 月 18 日,长三角(合肥)数字科技中心项目开工。

长三角(合肥)数字科技中心项目奠基暨开工仪式在合肥举行。该项目位于合肥东部新城核心区,占地面积 265 亩,规划 2 万机柜数据中心和大数据研发中心,计划投资 41 亿元(含设备 137 亿元)。其中,一期工程计划投资 6.62 亿元,建设规模 2 400 机柜的数据中心和运维中心,预计2021 年年底前建成交付。项目建成后,将在服务安徽省数字经济和大数据产业发展的基础上,积极承接东部产业转移,重点服务长三角和中部地区等热点区域,助力大众创业、万众创新,使大数据产业成为地区产业发展的新标识、新名片。

● 2020 年 9 月 21 日,自贸区完成对长三角全覆盖。

国务院新闻办公室举行北京、湖南、安徽自由贸易试验区总体方案及浙江自由贸易试验区扩展区域方案发布会。从已经公布的方案看,安徽自贸区实施范围 119.86 平方公里,涵盖三个片区:合肥片区,芜湖片区和蚌埠片区。在已有的浙江自贸试验区约 120 平方公里的基础上,浙江新增了三个片区、约 120 平方公里的自贸试验区扩展区域。自此,长三角三省一市都有了自己的自贸区。

● 2020 年 9 月 24 日,长三角首个"数字农业产业带"落地宿州。

宿州市人民政府与阿里巴巴集团在合肥市宣布长三角首个"数字农业产业带"落地宿州市。双方以建设长三角绿色农产品生产加工供应基地为契机,依托宿州农业产业优势和阿里巴巴在物联网、新零售方面的技术优势,建立"产—供—销"数字新基建,探索打造"生产智能化、产品绿色化、经营网络化、管理数字化、服务在线化"的智慧农业发展新模式。

● 2020 年 10 月 9 日,长三角生态绿色一体化示范区统一企业登记"门槛"。

《长三角生态绿色一体化发展示范区统一企业登记标准实施意见》正

式施行。意见允许企业在名称和住所中使用"长三角一体化示范区"字样,增强企业认同感、归属感的同时,提升他们在长三角一体化示范区内的品牌影响力,增加他们潜在的市场机遇。意见施行后,长三角生态绿色一体化发展示范区真正实现了企业登记"门槛"的统一,整个示范区的企业都将享受到高效便捷的"一体化"红利。

● 2020年10月9日,长三角"毗邻公交"将统一服务标准。

长三角三省一市交通运输部门计划统一"毗邻公交"服务标准,《长三角省际毗邻公交运营服务规范》应运而生。毗邻公交线路的开通加强区域的沟通衔接和有效融合,为群众提供了便捷的出行条件。但由于省际毗邻公交在开行频率、票制票价等多方面有其自身的特点,迫切需要具有一套相对系统、完善的运营服务规范。

● 2020年10月10日,省界跨区域项目核准下放至示范区执委会。

上海市、江苏省和浙江省联合印发《长三角生态绿色一体化发展示范区政府核准的投资项目目录(2020年本)》,着力降低跨区域投资的制度成本和协调成本。"这一目录,是我国第一个由地方政府联合发布的跨省域的投资项目核准目录。"长三角一体化示范区执委会副主任唐晓东说。就示范区内省级以下核准权限而言,除国家明确要求保留在省级、不得下放的核准事项外,非跨界项目核准权限全部下放至上海市青浦区、江苏省苏州市吴江区和浙江省嘉兴市嘉善县,省界跨区域项目由长三角示范区执委会负责核准。目录共涉及12个领域49项,适用范围包括青浦区、吴江区和嘉善县,覆盖行政面积约2 300平方公里。

● 2020年10月12—13日,2020年长三角地区机关党建工作研讨会在江苏南京召开。

2020 年长三角地区机关党建工作研讨会在江苏南京召开,围绕"育新机、开新局、谱新篇"的主题,共同研讨新形势下以党建引领长三角一体化高质量发展的路径探索。会上,三省一市的机关工委联合发布了《以高质量机关党建服务长三角一体化发展倡议书》。长三角一体化示范区执委会注重以党的建设为抓手,探索一体化制度创新过程中执委会党建工作新路径。执委会聚焦生态环保、互联互通、创新发展和公共服务等四类项目建设,会同两区一县梳理了近 100 个亮点项目和 33 个重点项目,示范区建设已形成一批初步成果。

● 2020 年 10 月 15 日,长三角超导产业链联盟启动运营。

在上海召开的长三角超导产业发展高峰论坛大会上,长三角超导产业链联盟正式启动运营。长三角超导产业链联盟的启动运营,标志着大力实施长三角一体化发展的国家战略,在进一步"聚焦特色锻长板、构筑战略新优势"上,迈出了坚实的一步。超导技术作为具有战略意义的前沿引领技术,随着城市化和工业化的飞速发展,已在电力、能源、医疗、军工、磁浮交通、大科学装置等领域展现出了广泛的应用前景。目前中国已获得超导核心技术的重大突破,成为少数成功建设高温超导电缆示范工程的国家,长三角地区也形成了一支从材料生产、低温制冷、电缆集成到电缆应用的完整产业链。

● 2020 年 10 月 28 日,长三角示范区先行区将统一生态环保执法。

苏浙沪两省一市生态环境部门、一体化示范区执委会联合发布《长三角生态绿色一体化发展示范区生态环境管理"三统一"制度建设行动方案》,明确到 2022 年基本形成"三统一"(生态环境标准统一、环境监测统一和环境监管执法统一)制度体系。

● 2020 年 11 月 3 日,长三角共建海事监管信用管理合作示范区。

长三角海事一体化融合发展 2020 年度工作会议明确提出,自 2020 年开始,在三年至五年内基本建成长三角海事监管领域信用管理合作示范区。沪苏浙皖省级交通运输、海事主管部门在会上签署《长三角海事监管领域信用管理合作备忘录》,明确推进长三角海事一体化融合发展,畅通国内"大循环"。

● 2020 年 11 月 3 日,苏浙沪三地首次进行跨区域联合应急演练。

长三角生态绿色一体化发展示范区首次开展跨区域、多部门联合、全要素综合应急演练。本次演练以实战方式开展,重点检验突发环境事件及辐射事故的预警、响应和处置水平。

● 2020 年 11 月 9 日,长三角示范区 11 个项目融资 500 亿元。

长三角生态绿色一体化发展示范区吴江区建设工作现场会召开。会上,长三角投资发展(江苏)有限公司、示范区教师发展学院和华为 5G＋数字化人才产教融合基地揭牌。吴江区分别与江苏省环保集团、国家开发银行苏州分行就示范区生态环境科创中心建设、深化开发性金融合作签订合作协议。11 个示范区建设项目获得总金额 500 亿元的银团融资。

● 2020 年 11 月 12 日,长三角深化市场监管联动执法。

在第二届长三角地区市场监管执法协作会议上,上海、江苏、安徽、浙江市场监管部门在温州共同签署了《长三角地区市场监管网络案件联动执法合作协议》。协议明确,对涉及长三角区域具有一定普遍性的典型违法行为,联合开展跨省(市)的专项执法行动,实现生产、流通、仓储服务以及网上网下一体化、全链条打击。对涉及跨区域的案件线索,第一时间分享证据材料、通报协查。

● 2020 年 11 月 18 日,长三角技术交易额三年增加逾 14 倍。

第三届长三角科技成果交易博览会在上海嘉定区开幕。受邀参与的长三角城市已达 32 个,线上线下参展企业超过 300 家,涉及当下热门的物联网、先进制造、生物医疗、新能源汽车等产业,将进一步推动长三角朋友圈内的科技交流更趋活跃更有成效。技术交易成交总金额从 2018 年的 1 200 多万元,到 2019 年的 2 500 万元,再到 2020 年 11 月已达成 1.7 亿元。

● 2020 年 11 月 19 日,第三届长三角国际文化产业博览会开幕。

第三届长三角国际文化产业博览会(以下简称"长三角文博会")在国家会展中心(上海)如期举办。当前,沪苏浙皖已围绕文旅、电竞、影视、装备等产业领域签署了一系列合作协议,成立了一批合作联盟,形成了一系列合作机制,长三角文化共同体雏形显现。

● 2020 年 11 月 19 日,长三角产品质量安全监管合作备忘录在皖签署。

长三角三省一市市场监管局在安徽绩溪共同签署产品质量安全监管合作备忘录,推进结果互认是其中一项重要举措,对六个月内经长三角区域省级监督抽查的同一产品将不再重复抽查。对比原来各地自行组织抽查的方式,联动抽查可以避免对企业同一产品重复抽检,优化了市场营商环境。联动抽查互通数据、互认结果,有效探索市场一体化格局下监管标准趋同,保障长三角产品高质量供给。

● 2020 年 11 月 24 日,长三角三省一市签约共推新型显示产业一体化发展。

上海市经信委、江苏省工信厅、浙江省经信厅和安徽省经信厅近日在合肥签署协议,共同推进长三角新型显示产业一体化高质量发展。根据协议,三省一市工信主管部门将牵头构建长三角一体化新型显示产业高质量发展体系,促进长三角区域新型显示产业融合创新和迭代升级,努力把长三角区域打造成具有全球影响力和竞争力的新型显示产业高质量发展的示范区。

● 2020 年 11 月 26 日,三角携手打造征信链平台。

日前在南京举行的长三角征信机构联盟第二次例会公布,长三角征信链平台已完成 200 余万份企业征信报告的上链共享。长三角征信链由长三角三省一市的 6 家企业征信机构组建,可以实现信息异地共享,拓宽了数据渠道,节省了采数成本,扩大了协作空间,增强了服务能力,可以向政府机构、金融机构、企业提供多样化的金融服务和征信产品。

● 2020 年 12 月 31 日,长三角铁路 2020 年客发量有望突破 4.7 亿人次。

2020 年 1—11 月,长三角铁路发送旅客突破 4.3 亿人次,达到 4.33 亿人次(其中长途直通旅客 0.83 亿人次,短途管内旅客 3.50 亿人次),日均发送 129.1 万人次,占全国铁路客发总量 22%,全年客发量有望突破 4.7 亿人次。2020 年以来,长三角铁路客运呈现初期断崖式下跌、中期有序恢复、后期企稳回升三个阶段的特点。铁路日均客发量从 2 月的 21.1 万人次,逐步回升到 4 月的 84.6 万、6 月的 127.1 万、8 月的 171.6 万、10 月的 190.4 万人次。

● 2020年12月2日，长三角综保区一体化发展联盟启动。

在浙江省嘉善县举行的嘉兴综合保税区B区建区十周年主题活动暨投资环境推介会上，总投资31亿元的10个项目花落该区，其中世界500强项目5个，超过1亿美元项目3个，项目涵盖电子、医疗、服务等产业。会上，长三角综保区一体化发展联盟正式启动，标志着嘉兴综合保税区B区将与上海青浦综合保税区、吴江综合保税区共同携手探索长三角生态绿色发展新模式。

● 2020年12月22日，上海、南通、常州合作探索长三角养老服务一体化新路径。

上海市长宁区分别与江苏省南通市、常州市签署《长三角区域养老一体化服务协作备忘录》，加强三地养老资源共享和项目共建。2021年，长宁将搭建长三角区域内养老产业资源对接、项目合作、人才交流服务平台，积极推动长宁养老服务企业在结对地区的运营管理、康养基地等重要项目落地，让长三角养老服务质量的提升跑出"加速度"。

● 2020年12月27日，长三角一体化法治研究院成立。

上海市人大常委会办公厅与华东师范大学合作共建成立"长三角一体化法治研究院"。研究院设立了咨询委员会，邀请苏浙皖沪三省一市人大法制委等相关委办局领导担任首批委员，努力建设成为全国领先的区域法治协作研究高端新型智库。

● 2021年1月5日，首本《长三角养老产业发展指引》发布，推进长三角41城养老合作。

2021年长三角养老产业协同发展研讨会在上海长宁区举行。会上发布了 2021 年长三角养老深化合作五大任务和五大共建共享平台,将大力推进长三角 41 城养老合作,还发布了首本《长三角养老产业发展指引》。截至 2019 年底,长三角区域户籍人口总数达 2.15 亿人,其中 60 周岁以上老年人口为 4 676.89 万人,老龄化比例达 21.75%。

- 2021 年 1 月,嘉兴与上海、杭州、南京、合肥共同申报科创金融改革国家级试验区。

近日,浙江嘉兴会同上海、杭州、南京、合肥共同申报科创金融改革国家级试验区,有望 2021 年年内获批。从嘉兴参与申报的科创金融改革国家级试验区中看出,这一试验区将以"科创"为特色,也有望成为首个跨省合作的国家级金融改革试验区。

- 2021 年 1 月 13 日,长三角示范区推动公共服务共建共享。

长三角生态绿色一体化发展示范区执委会公布示范区第一批共建共享公共服务项目清单,共 20 项,涉及卫生健康、医疗保障、教育等 8 个方面。在具体内容上,有公共交通领域的跨省域公交联运;政务服务领域的示范区人才资质和继续教育互认、一网通办等。

- 2021 年 1 月 14 日,长三角示范区深入推进人才资质互认。

上海青浦区与苏州吴江区签署人才同城共享战略合作协议。到 2025 年,示范区人才总量要由现在的 60 多万增长到 100 万,净增 40 万,同时要打造产才协同新高地,加快形成示范区三地间协同互补的产才发展格局和统一的人才布局,推进人才资质互认和人才要素资源自由流动。

- 2021 年 1 月 20 日,全国铁路实施新列车运行图,长三角城市间时空大幅压缩。

全国铁路实施新列车运行图。长三角地区首次开行环线列车——始发站与终点站都在合肥南站,把沿线肥西、舒城、庐江、桐城、安庆、池州、铜陵、无为、巢湖等地串成了一个圈。未来,随着沪苏湖铁路、盐泰锡常宜铁路以及通苏嘉甬铁路建设,"环太湖高铁圈"也将形成。此次调图,使得长三角区域内铁路交通薄弱地区运力得以增强,其中江苏宿迁首开至上海、南京等始发终到动车组。

● 2021年1月31日,2020年长三角地区 GDP 总量突破 24 万亿元。

2019年,长三角地区 GDP 合计 23.7 万亿元,约占全国的 23.9%,同比增长 6.4%,高于全国增速 0.3 个百分点。而 2020 年,尽管受到疫情影响,长三角的经济发展水平依然再次实现跃升——浙江 64 613 亿元、安徽 38 680 亿元、上海 38 700 亿元、江苏 102 700 亿元,长三角地区 GDP 总量突破 24 万亿元。

● 2021年3月4日,长三角铁路春游运输方案出台。

春游黄金季节就要来了,长三角铁路近日出台春游运输方案,预计发送旅客 4 400 万人次,日均发送 157.1 万人次,客流恢复至疫情前同期的 76.8%。长三角铁路春游重点线路方向为沪宁、沪杭、杭甬、杭衢、杭黄等,铁路部门将统筹运力安排,在基本运行图的基础上,启用高峰线列车 60 对。

● 2021年3月8日,浙沪签订保税船用燃料油一体化供应协议。

中国(浙江)自由贸易试验区舟山管委会与上海市交通委员会在舟山签订保税船用燃料油一体化供应协议。根据协议,浙沪两地交通港航部门在中石油上港、浙江海港国贸两家供油企业试点基础上,共同建立一体化供油船舶名录库,两地相关经营备案手续、供油市场监管实施互认。

● 2021 年 3 月 9 日,长三角探索干部交流机制。

苏浙皖沪三省一市党委组织部在上海市青浦区朱家角召开推进长三角一体化干部交流工作座谈会。三省一市党委组织部相关负责同志共同签署了《推进长三角一体化干部交流工作合作备忘录》。

● 2021 年 3 月 21 日,沪皖携手共建 G60 松江·安徽科创园。

3 月 21 日,G60 松江·安徽科创园项目签约仪式在上海举行。G60 松江·安徽科创园以"人工智能和机器人科创"为核心,定位为皖企在沪的总部集聚基地、初创企业在沪孵化的加速基地、安徽招引全球创新资源的创新飞地、G60 科创走廊安徽成员单位的联络基地。该行动是上海松江与安徽省投资集团发挥各自优势,共同推动长三角一体化发展的生动实践。

● 2021 年 3 月 28 日,长三角协同立法促进保障长江流域禁捕。

浙江省人大常委会、安徽省人大常委会近日分别通过促进和保障长江流域禁捕工作的相关决定。为了体现长三角三省一市立法的协同性,决定的实施时间统一为 2021 年 4 月 1 日。三省一市在决定中提出,要探索建设覆盖三省一市的船舶登记信息共享平台、渔船动态监管平台、水产品市场流通追溯监管平台和执法信息互通共享平台,共同查处破坏禁捕的违法犯罪行为。

● 2021 年 3 月 31 日,苏浙皖沪凝聚检察合力高质量推进"长江大保护"。

苏浙皖沪检察机关通报长三角三省一市发挥检察职能促进和保障长江流域禁捕总体工作情况。目前,苏浙皖沪检察机关已联合制定服务保障长三角一体化发展 2021 年行动方案,进一步凝聚长江流域渔业生态资源跨域司法保护合力。

● 2021 年 3 月 31 日,沪苏浙皖四地林业部门推进长三角湿地保护。

上海、江苏、浙江、安徽林业部门在杭州发布《长三角湿地保护一体化行动联合宣言》,提出充分利用长三角一体化发展国家战略政策优势,共同推进湿地生态系统保护,打造长三角湿地保护建设先行示范区。三省一市拥有国际重要湿地 6 处、国家湿地公园 71 处。

● 2021 年 4 月 6 日,杭甬共融长三角　唱好"双城记"。

由浙江省发改委主持、杭州宁波两市政府参加的"共融长三角　唱好'双城记'"工作对接会在杭州召开。2021 年,杭甬两市将共同落实科技创新、制造业、服务业、开放、文旅融合、交通、公共服务、生态环境、数字化改革等九大专项行动,全方位深化合作。

● 2021 年 4 月 8 日,苏皖共同印发《南京都市圈发展规划》。

江苏省人民政府、安徽省人民政府联合印发《南京都市圈发展规划》(简称《规划》)。其规划范围包括南京、镇江、扬州、淮安、芜湖、马鞍山、滁州、宣城 8 市全域和常州市的金坛区、溧阳市,总面积 6.6 万平方公里,2019 年末常住人口约 3 500 万人。《规划》指出,要把南京都市圈打造成长江经济带重要的资源配置中心,推进重大基础设施建设,畅通对外联系通道,共同打造"畅达都市圈"。

● 2021 年 4 月 13 日,杭州都市圈全面深化文旅合作。

杭州都市圈合作发展协调会旅游和文化专委会 2021 年度工作会议在安徽省黄山市召开。值得注意的是数字文旅一体化方面,在 2020 年长三角 18 座城市共同推出长三角 PASS 卡的基础上,2021 年进一步推动覆盖面,杭州都市圈也将共同打造"99 玩一城,悠游都市圈"的旅游品牌形象,协同建立以社会保障卡为载体的居民服务"一卡通",推进交通出行、旅游观光、文化体验等长三角惠民服务实现"同城待遇"。

● 2021 年 4 月 19 日,长三角一体化示范区(上海)城市咨询有限公司揭牌。

上海城投集团、上海投资咨询集团和长三角一体化示范区执委会开展服务长三角对接座谈会,共同见证长三角一体化示范区(上海)城市咨询有限公司揭牌。公司成立后将通过积极参与示范区建设,有效实施区域发展需求与企业服务能力的零距离对接,以高品质服务内涵驱动长三角高质量城市投资建设和运营,更高效地服务于国家战略。

● 2021 年 4 月 19 日,沪苏浙皖四地政务服务"跨省通办"。

上海市杨浦区、江苏苏州高新区、浙江省台州市、安徽省亳州市开展四地政务服务"跨省通办"合作线上签约。今后,四地企业和群众,可以在当地行政服务中心就近办理企业设立、职工参保登记、新生儿出生一件事等"跨省通办"高频事项业务。

● 2021 年 4 月 20 日,长三角企业数字化转型公共服务平台在沪启动。

长三角企业数字化转型公共服务平台正式启动。该平台通过将工业要素在线汇聚和服务模式平台化创新,针对企业(尤其是广大中小企业)

在工业互联网创新发展方面存在的需求和问题,提供转型解决方案、智能检测和高端智库等公共服务,助推大中小企业数字化转型。

● 2021年4月21日,长三角示范区统一生态环境标准首批三项技术规范发布。

上海市、江苏省、浙江省两省一市市场监督管理局联合批准发布《长三角生态绿色一体化发展示范区挥发性有机物走航监测技术规范》《长三角生态绿色一体化发展示范区固定污染源废气现场监测技术规范》和《长三角生态绿色一体化发展示范区环境空气质量预报技术规范》三项示范区技术规范,长三角生态绿色一体化发展示范区生态环境标准统一工作取得了重大阶段性成果。

● 2021年5月1日,世界最大跨度!引江济淮渭河总干渠钢渡槽正式通水通航。

随着渭河总干渠水缓缓流进引江济淮渭河总干渠渡槽,标志着由中国中铁四局承建的世界最大跨度通水通航钢结构渡槽——引江济淮渭河总干渠渡槽充水试验成功,正式通水通航。引江济淮工程是安徽省的"南水北调"工程,工程建成后将对带动区域经济协调发展,加快南北经济文化交流,促进安徽省加速融入长三角一体化将发挥重要基础作用。

● 2021年5月2日,《长三角工业互联网协同创新倡议书》发布。

中国科大智慧城市研究院联合长三角工业互联网联合会等单位共同在安徽芜湖发布《长三角工业互联网协同创新倡议书》,呼吁加强长三角工业互联网深度融合、协同创新,把长三角打造成为中国乃至世界工业互联网创新策源地、产业集聚区。安徽省委书记李锦斌强调,要统筹推进工业互联网基础设施体系建设;要加快产业数字化,聚焦十大新兴产业发展;要深入推进长三角工业互联网共建共用,积极参与组建长三角工业互联网产业联盟。

● 2021年5月10日,长三角自贸试验区联盟成立。

长三角自由贸易试验区联盟成立大会在上海市举行,上海市委副书记、市长龚正和商务部党组副书记、国际贸易谈判代表、副部长俞建华共同为联盟秘书处揭牌,江苏省、安徽省、浙江省副省长出席。会上,商务部和沪苏浙皖一市三省负责同志共同见证联盟协议签订,发布首批长三角自由贸易试验区制度创新案例。

● 2021年5月11日,三省一市交运部门负责人商定2021年一体化发展要点。

长三角地区三省一市交通运输部门主要负责人座谈会在南京召开。会议研究通过长三角一体化发展交通专题合作组2021年工作要点,计划携手推进7个方面24项具体工作。并签署了长三角船舶和港口污染防治协同治理战略合作协议、长三角地区交通运输信用一体化合作协议、长三角公路水路省际通道中长期规划建设合作协议、长三角智慧高速公路建设战略合作协议等四项合作协议。

● 2021年5月11—12日,沪苏浙皖建立长江大保护司法行政协作机制。

沪苏浙皖司法厅(局)长三角一体化发展轮值会议在南通召开。会上,沪苏浙皖司法厅(局)共同发布《长三角区域司法行政机关共同守护长江保障绿色发展——沪苏浙皖司法厅(局)贯彻实施〈长江保护法〉用法治力量守护长江母亲河共同宣言》。会上还共同签署《关于建立长三角区域长江大保护司法行政协作方案》。

● 2021 年 5 月 13 日,长三角跨区域重大项目协同按下"快进键"。

《长三角生态绿色一体化发展示范区重大建设项目三年行动计划(2021—2023 年)》在上海发布。今后三年,长三角生态绿色一体化发展示范区重大建设项目将围绕先行启动区的集中示范,生态环保、设施互通、产业创新、民生服务四个方面的分类示范共五大板块,开展 18 项主要行动。2021 年以水乡客厅、青浦西岑科创中心、吴江高铁科创新城、嘉善祥符荡创新中心四片区为集中示范的"一厅三片"建设将陆续启动。

● 2021 年 5 月 13 日,《长三角区域工程建设标准一体化发展合作备忘录》在沪签署。

三省一市建设标准站或管理站在上海市签署《长三角区域工程建设标准一体化发展合作备忘录》。备忘录明确了一市三省联合工作小组成立、日常沟通机制建立、标准专家库建设、标准协同模式共商机制、标准研编工作推动等五方面重点内容。签署会后"长三角区域工程建设标准一体化机制研究""长三角区域轨道交通标准一体化研究"课题通过专家验收。

● 2021 年 5 月 13 日,《杭州都市圈 2021 年度行动方案》发布。

《杭州都市圈 2021 年度行动方案》正式发布,明确了 2021 年杭州都市圈十大重点工作和合作项目清单,并提出 2021 年将重点打造交通共联、产业集群、人文魅力、绿色生态和智慧民生五大主题都市圈。

● 2021 年 5 月 13 日,《合肥都市圈建设 2021 年工作要点》发布。

合肥都市圈建设领导小组办公室会同都市圈八市和省有关单位研究起草的《合肥都市圈建设2021年工作要点》，主要包括七个方面共25项具体任务。产业融合发展，是一体化发展的重中之重。要点不仅提出要加快产业基地建设，还提出推动产学研协同创新建设。在基础设施建设方面，一批高铁、城际铁路、高速公路将加快推进。

● 2021年5月13日，浙江省党政代表团在上海学习考察。

浙江省党政代表团在上海进行学习考察。两省市领导人高度评价彼此的发展成绩以及合作发展的效果，并在协同推进长三角更高质量一体化发展上达成共识。在考察期间，浙江省党政代表团还看望了在沪浙商代表，鼓励浙企创新发展不断擦亮"浙商"金名片，同时鼓励浙企反哺故土，推动浙江的发展。

● 2021年5月17日，长三角品牌职业学校联盟在长兴成立。

长三角品牌职业学校联盟在长兴成立。该联盟由浙江长兴、安吉，江苏溧阳、宜兴，安徽宣城、郎溪的六所职业类学校共同组建，以"一地六县"长三角生态优先绿色发展产业集中合作区建设为契机，以《职业教育提质培优行动计划（2020—2023年）》为指引，加强校际交流与合作，互惠互利、取长补短，努力提升办学水平，为长三角一体化发展作出更大贡献。

● 2021年5月18日，长三角科技成果上线拍卖。

第三届长三角G60科创走廊科技成果拍卖会在国家知识产权运营平台（上海）中心落槌，自上届拍卖会结束后至今的累计成交，共计200多个科技成果项目成功"牵手"，交易总额达10.23亿元，超过前两届交易额总和。

● 2021年5月19日,长三角地区政协首次开展委员联合视察。

苏浙皖沪政协围绕长三角生态绿色一体化发展示范区建设情况,采取"实地看＋座谈会"形式,首次开展委员联合视察。三省一市各地政协主席率队参加。委员们辗转青浦、吴江、嘉善三地,先后实地视察一体化制度创新展馆、华为青浦研发中心等,现场感受示范区建设取得的新成就。

● 2021年5月27日,长三角四大产业链联盟成立。

第三届长三角一体化发展高层论坛在江苏无锡举行。长三角科技创新共同体在现场建设办公室,长三角集成电路、生物医药、人工智能、新能源汽车四大产业链联盟,以及长三角一体化示范区新发展建设有限公司和长三角一体化示范区水乡客厅开发建设有限公司分别揭牌。

● 2021年5月27日,长三角两大联盟签署校企合作协议。

长三角企业家联盟、长三角研究型大学联盟签署合作协议,建立全面战略合作关系。双方将充分发挥两大联盟组织优势,就促进教育链、创新链与产业链深度融合展开合作,努力建设具有国际竞争力的世界级城市群,引领经济社会高质量发展。

● 2021年5月27日,苏浙皖沪签署《长三角自贸试验区一体化发展备忘录》。

长三角三省一市有关领导签署《长三角自贸试验区一体化发展备忘录》。根据备忘录,长三角自贸试验区结合三省一市各地实际,在发挥自贸试验区开放型经济引领带动作用方面互鉴互学、共同促进。

● 2021 年 5 月 27 日，2025 年将基本实现长三角 5G 全覆盖。

长三角三省一市政府与中国电信、中国移动、中国联通、中国铁塔（简称"电信运营商"）签署战略合作框架协议，将在"十四五"期间共同加速数字新基建，深化 5G 创新应用，服务长三角数字化转型。据悉，到 2025 年底，长三角区域将基本实现 5G 网络全覆盖、千兆宽带全普及、国际通信能力再提升。

● 2021 年 5 月 31 日，长三角一体化示范区"跨省通办"综合受理服务窗口启动。

长三角生态绿色一体化发展示范区"跨省通办"综合受理服务窗口启动仪式在上海市青浦区举行。长三角生态绿色一体化发展示范区执委会副主任唐晓东表示，示范区"跨省通办"综合受理服务窗口的启用是实实在在惠及民生的一项创新工作，标志着示范区在协同促进政务服务便利化、推进长三角区域合作上又迈出坚实一步。

● 2021 年 6 月 1 日，推动长三角一体化发展领导小组全体会议在北京召开。

推动长三角一体化发展领导小组全体会议在北京召开。中共中央政治局常委、国务院副总理、推动长三角一体化发展领导小组组长韩正主持会议并讲话。会议提到，要继续着力提升基础设施互联互通水平，统筹推进海铁联运、铁水联运发展，协同建设一体化综合交通体系。要推进三省一市更高水平协同开放，推动自由贸易试验区高质量发展，打造高水平开放平台。要加快提高科技创新能力，增强企业创新动力，培育一批研发能力强、有竞争力的企业。

● 2021 年 6 月 3 日,长三角一体化示范区绿色发展国际创新中心落户江苏吴江。

长三角一体化示范区绿色发展国际创新中心落地江苏省苏州市吴江区,旨在服务长三角一体化发展战略,打造绿色发展的创新聚集平台、示范平台和国际合作交流平台。根据协议,创新中心将开展政策研究与绿色示范,促进技术创新和产业聚集,推动绿色供应链标准体系建设,构建环境管理交流合作与服务平台,探索完善绿色金融制度,深化生态环保国际合作与交流,促进生态文明理念对外传播等。

● 2021 年 6 月 4 日,长三角国家技术创新中心揭牌。

长三角国家技术创新中心揭牌仪式和建设工作会议在上海举行。作为国家重点布局建设的三个综合类国家技术创新中心之一,长三角国家技术创新中心下一步将针对国家重大战略需求和长三角区域产业技术需求,立足长三角探索区域科技创新一体化协同机制,积极整合科创资源,在长三角区域布局建设一批专业研究所。

● 2021 年 6 月 5 日,长三角八城试点异地购房提取公积金服务。

长三角异地购房提取公积金服务在长三角"一网通办"平台成功上线后,实现了上海、南京、合肥、苏州、无锡、嘉兴、衢州、芜湖 8 个试点城市的职工在上述试点城市缴存住房公积金,并在上述试点城市购房,符合公积金缴存地提取条件的,不论购房地与缴存地是否为同一城市,均可通过长三角"一网通办"平台在线零材料、零等候申请购房提取住房公积金(申请人配偶在同一地区缴存的,可以一并申请提取)。

● 2021 年 6 月 9 日,长三角生物医药协同创新信息平台初步建成。

由上海市生物医药科技发展中心主办的第 23 届上海国际生物技术与医药研讨会上,长三角生物医药协同创新信息平台成立。中国科学院院士陈凯先表示,信息平台的启动促进区域内项目、技术和人才交流互动以及设备资源共享,旨在强化以高校和科研院所为主的源头创新,打通科技成果转化的第一公里。

● 2021 年 6 月 16 日,长三角人工智能创新药物研发产业峰会在合肥举办。

长三角人工智能创新药物研发产业峰会在合肥举办。安徽省副省长张红文出席并致辞。在致辞中强调,要在持续深度融入长三角一体化发展的过程中,强化在人工智能和生物医药产业方面的创新协作,不断增强自身创新驱动能力,推动产业链补链固链强链,促进安徽省生物医药产业和人工智能技术更好融合发展。

● 2021 年 6 月 23 日,长三角产业科技创新研讨会在婺城落幕。

长三角产业科技创新研讨会暨智江南论坛在金华市婺城区落幕。院士专家围绕产业创新链强化协同创新,提升区域协同创新能力为主题,共谋长三角一体化国家战略中的婺城方向与路径。活动期间,婺城区政府、浙江大学、氢途科技三方签订"浙江大学—氢途科技婺城氢能与燃料电池联合研发中心"合作协议。

● 2021 年 7 月 7 日,长三角水安全保障规划出炉。

近日印发的《长江三角洲区域一体化发展水安全保障规划》提出,推进长三角数字流域和水利智能化建设,在水利一张图的基础上构建数字流域,建立涵盖全要素的、时空密度适用的、天空地一体的智能感知网,推动水安全管理向主动管理、精细管理转变。规划明确了以长江沿线为主轴,环太湖区域为核心的长三角水安全保障总体布局。

● 2021年7月13—14日,长三角地区人大常委会主任座谈会在合肥召开。

长三角地区人大常委会主任座谈会在合肥召开,会上交流近年来三省一市人大依法护航长江大保护、开展长江流域禁捕联动监督、保障促进长三角科技创新共同体建设和固废污染协同治理等做法和下一步打算,商定2021年度人大协作重点工作计划,并签署会议纪要。

● 2021年7月13日,长三角一体化示范区制度创新成果发布。

长三角一体化示范区举行制度创新成果新闻发布会。2021年上半年,长三角生态绿色一体化发展示范区建设,聚焦"8+1"重点领域,推出18项具有突破性、首创性的制度创新成果,集中在规划管理、生态保护、项目管理、要素流动、公共服务和体制机制等重点领域。

● 2021年7月14日,江苏省推进长三角一体化发展领导小组第二次全体会议召开。

江苏省推进长三角一体化发展领导小组举行第二次全体会议。会议强调,要坚持以习近平新时代中国特色社会主义思想为指引,深入学习贯彻习近平总书记关于长三角一体化高质量发展的一系列要求和视察江苏的重要讲话指示精神,认真落实国家推动长三角一体化发展领导小组第三次全体会议和2021年度长三角地区主要领导座谈会的安排部署,以更好服务国家战略和推动江苏高质量发展的实际成效,确保"十四五"江苏省长三角一体化发展的工作开好局、起好步。

● 2021 年 7 月 19 日,未来杭甬两地将共同打造美丽长三角示范样板。

杭州市生态环境局和宁波市生态环境局在杭签订"共融长三角、唱好'双城记'生态环境共保联治"合作框架协议。未来,在此合作框架协议下,两地将进一步发挥"双核"引领作用,深化生态文明建设全面合作,高水平推进生态环境协同保护,打造美丽长三角示范样板。

● 2021 年 7 月 23 日,沿江综合交通运输体系规划建设座谈会在合肥召开。

国家发展改革委副主任胡祖才到安徽调研沿江高铁等项目,并在合肥市主持召开沿江综合交通运输体系规划建设座谈会。

● 2021 年 7 月 27 日,江苏省人大常委会听取沪苏浙区域协调立法实施情况报告。

江苏省十三届人大常委会第二十四次会议听取了三地人大常委会协同开展联合执法检查的情况报告。从江苏角度,检查组建议江苏省对标示范区建设重点任务,进一步细化分解,加大财政投入力度和转移支付力度,强化专项资金支持,保障示范区和吴江区在基础设施、环境保护、产业创新等方面率先发展。在用地保障上要提高土地资源配置效能,落实好吴江区国土空间规划有关用地指标。涉及重大基础设施项目的,要认真研究和对接沪浙相关政策,由省以上统筹安排,按照土地节约集约利用原则,建立建设用地指标周转机制。

● 2021 年 7 月 28 日,沪苏浙皖赣建立跨区域药品监管协作机制。

首届长三角药品科学监管与创新发展一体化协作大会在嘉善县举行。会上,江苏、浙江、安徽、江西及上海四省一市药品监督管理局签订了《长江三角洲区域药品科学监管与创新发展一体化建设合作备忘录》,以一体化示范区为先手棋和突破口,全力助推医药产业高质量发展。

● 2021 年 8 月 5 日,长三角示范区迎来 17 条发展"硬"举措。

上海市市场监管局、江苏省市场监管局、浙江省市场监管局、长三角生态绿色一体化发展示范区执委会联合发布《关于支持共建长三角生态绿色一体化发展示范区的若干意见》。意见提出 17 条举措,明确从加快制度集成创新、加强事中事后监管、夯实质量基础设施、提升企业服务能级等四方面支持长三角示范区建设。

● 2021 年 8 月 9 日,长三角生态示范区打造市场监管新范本。

上海市市场监管局、江苏省市场监管局、浙江省市场监管局、一体化示范区执委会联合发布《关于支持共建长三角生态绿色一体化发展示范区的若干意见》。意见提出十七条举措,从加快制度集成创新、加强事中事后监管、夯实质量基础设施、提升企业服务能级四个方面支持示范区建设。

● 2021 年 8 月 2 日,苏浙皖沪主要领导召开长三角一体化推进视频会。

长三角三省一市主要负责同志召开专题视频会议,会议围绕深入贯彻落实习近平总书记重要讲话精神,研究确定区域经济高质量发展、科技创新共同体建设、高水平改革开放、夯实长三角地区绿色发展基础、提升基础设施互联互通水平、促进基本服务便利共享、增强欠发达区域高质量发展动能以及推进长三角生态绿色一体化示范区建设作为长三角一体化发展重点协同深化事项。

● 2021 年 9 月 1 日,全国"质量月"苏浙皖赣沪共同行动启动。

2021 年全国"质量月"苏浙皖赣沪共同行动启动仪式在合肥举行。启动仪式上,苏浙皖赣沪市场监管局签署《消费品召回工作合作协议》,苏浙皖赣沪有关高校签署《质量发展工作联盟合作协议》,皖赣交接苏浙皖赣沪"质量旗"。

(大事记由华东师范大学城市发展研究院鲍涵整理。)

后　记

您现在看到的这本书,是"长三角议事厅"专栏文章(2020—2021年)合集。2020年11月,我们出版了"长三角议事厅"专栏文章(2019—2020年)合集的第一辑。我们希望每年能出版一本,记录长三角一体化发展进程。

2019年3月,"长三角议事厅"专栏在澎湃新闻网上线,截至2021年10月底,专栏累计发表了138篇文章。为了增加专栏的新闻性、及时回应新闻热点,从2020年7月开始,专栏增设了"周报"小版块,截至2021年底,一共推出了58期。

"长三角议事厅"专栏由教育部人文社会科学重点研究基地中国现代城市研究中心、上海市社会科学创新基地长三角区域一体化研究中心和澎湃研究所共同发起。作为全国首个且目前唯一的由高校与新媒体合作推出的政产学研用一体的专栏,"长三角议事厅"旨在增强学术界、实务者、政府官员与公众的互动,进一步扩大长三角一体化研究声音的传播,增加公众对长三角一体化发展的了解,为长三角一体化发展搭建一个更新颖、更务实的汇集各方力量的交流平台。

2021年,是"十四五"开局之年。根据《长三角一体化发展规划"十四五"实施方案》,到2025年,长三角地区将在科创产业、协同开放、基础设施、生态环境、公共服务等领域基本实现一体化。

作为一名持续关注长三角一体化发展的编辑,在编辑文章的过程中,我也能感受到长三角一体化正在发生的变化:更便捷的交通,从"轨道上的长三角"到水路、港口群、机场群大交通网络体系建设;更便民的服务,从医保异地结算到异地办医、办学;更畅通的协作,从科创资源平台搭建到产业强链固链补链协同;更全面的融合,从 G60 科创廊道建设到示范区"水乡客厅"绿色空间打造。

长三角一体化发展,是国家大战略,也事关百姓日常生活。伴随着长三角一体化发展,长三角议事厅专栏将持续聚焦长三角区域发展,努力讲好中国最大城市群创新故事。

最后,延续 2020 年的谢意。再次感谢华东师范大学中国现代城市研究中心,特别是中心主任曾刚教授对本次出版的支持,感谢格致出版社副总编辑忻雁翔老师对文稿的耐心等待与细心编辑。

澎湃研究所　吴英燕

2021 年 10 月于上海

图书在版编目(CIP)数据

长三角议事厅合集.新都市与新城镇/曾刚等著；
澎湃研究所编.—上海:格致出版社:上海人民出版
社,2021.12
ISBN 978 - 7 - 5432 - 3301 - 0

Ⅰ.①长… Ⅱ.①曾… ②澎… Ⅲ.①长江三角洲-
区域经济发展-研究 Ⅳ.①F127.5

中国版本图书馆 CIP 数据核字(2021)第 229083 号

责任编辑 王浩淼　忻雁翔
封面设计 张金伟
美术编辑 路　静

长三角议事厅合集·新都市与新城镇
曾刚　曹贤忠　易臻真 等著
澎湃研究所 编

出　　版	格致出版社	
	上海人民出版社	
	(201101　上海市闵行区号景路 159 弄 C 座)	
发　　行	上海人民出版社发行中心	
印　　刷	常熟市新骅印刷有限公司	
开　　本	720×1000　1/16	
印　　张	23	
插　　页	3	
字　　数	243,000	
版　　次	2021 年 12 月第 1 版	
印　　次	2021 年 12 月第 1 次印刷	
ISBN 978 - 7 - 5432 - 3301 - 0/F · 1412		
定　　价	95.00 元	